面向"中国制造"汽车类专业培养计划
普通高等教育规划教材

汽车保险与理赔

谢君平　陆颖　刘琰　主编

西安交通大学出版社
XI'AN JIAOTONG UNIVERSITY PRESS

内 容 简 介

本书主要介绍了从事汽车保险相关工作所需要的基础知识,包括汽车保险概述、汽车保险原则与合同、汽车保险产品及条款解析、汽车保险展业与承保实务、汽车保险理赔实务、汽车保险典型风险提示、汽车保险欺诈预防与识别,以及汽车保险法律体系等内容。

本书内容紧跟我国汽车保险行业的新形势、新政策和新规定,实用性强。除可作为本科、高职高专院校汽车保险与理赔专业(课程)的教学用书外,也可作为相关专业的自学考试用书以及汽车保险从业人员的培训用书。

图书在版编目(CIP)数据

汽车保险与理赔 / 谢君平,陆颖,刘琰主编.—西安:西安交通大学出版社,2021.2
 ISBN 978-7-5693-1141-9

Ⅰ.①汽… Ⅱ.①谢… ②陆… ③刘… Ⅲ.①汽车保险—理赔—中国 Ⅳ.①F842.634

中国版本图书馆 CIP 数据核字(2019)第 057352 号

书　　名	汽车保险与理赔
主　　编	谢君平　陆　颖　刘　琰
责任编辑	张瑞娟
出版发行	西安交通大学出版社 (西安市兴庆南路1号　邮政编码710048)
网　　址	http://www.xjtupress.com
电　　话	(029)82668357 82667874(发行中心) (029)82668315(总编办)
传　　真	(029)82668280
印　　刷	陕西天意印务有限责任公司
开　　本	787mm×1092mm　1/16　印张 17　字数 639千字
版次印次	2021年2月第1版　2021年2月第1次印刷
书　　号	ISBN 978-7-5693-1141-9
定　　价	69.80元

如发现印装质量问题,请与本社发行中心联系调换。
订购热线:(029)82665248　(029)82665249
投稿热线:(029)82668284

版权所有　侵权必究

前言

进入21世纪,我国汽车产业呈高速发展态势,特别是2009年以来,我国一跃成为世界第一大汽车产销国。随之而来的是行业对于汽车生产、销售与服务相关人才的需求量的大幅增长。然而在汽车保险领域,由于我国起步较晚,从业人员的素质良莠不齐,专业教育较为薄弱。为了满足高等院校交通运输、车辆工程、汽车市场营销、保险等专业学生的教育以及从事汽车保险理赔工作人员的培训需求,特别编写本书。

本书紧跟我国汽车保险行业的新形势、新政策和新规定,系统地介绍了从事汽车保险与理赔工作所需要的基础知识,包括汽车保险概述、汽车保险原则与合同、汽车保险产品及条款解析、汽车保险展业与承保实务、汽车保险理赔实务、汽车保险典型风险提示、汽车保险欺诈预防与识别,以及汽车保险法律体系等内容,基本能够满足机动车保险展业、查勘、核保、理赔等工作岗位的需要。

本书的特点主要包括:

(1)紧跟时代潮流。由于我国保险行业发展迅速,各种新问题不断出现,国家相关的法律、法规也处在不断调整、完善的过程中。本书力求反映最新的汽车保险法规内容、行业政策。特别是2014年8月,国务院颁布了《关于加快发展现代保险服务业的若干意见》(新"国十条"),为我国保险业的发展指明了新的方向,提出了新的要求。对此,我国保险监督管理委员会积极响应,于2015年3月起对我国商业车险领域开始进行重大改革,各险种保险费率、条款等均进行了调整;同时,对一些原来适用的车险相关的法律法规等,近年来也进行了修订或更替。这些最新的变化和调整内容均在本书中加以详细说明。

(2)内容难易适中。本书内容覆盖了汽车保险与理赔实务中展业、查勘、核保、理赔等岗位的基础知识,范围广,难度适中,便于广大学生和培训人员的学习和掌握。

(3)案例较多且较新。书中使用了较多较新的案例,既可以利用案例加深对相应内容的理解,也可以活跃思维和课堂氛围,增加学习的兴趣。

本书由江苏大学谢君平、陆颖以及陆军军事交通学院镇江校区刘琰担任主编,青岛理工大学潘福全、江苏科技大学吴颖、浙江科技学院梁晓娟担任副主编。编写分工情况:谢君平编写第8章及附录,陆颖编写第3、5、6章,刘琰编写第1章,潘福全编写第4章,吴颖编写第2章,梁晓娟编写第7章。全书由谢君平、刘琰统稿,青岛理工大学王冬梅、朱永强进行了校核。

本书的编写，参考了诸多国内出版的书籍、发表的专业论文以及网站的相关内容，在此对这些资料的作者表示由衷的感谢。

由于本书编写人员的理论背景、实践水平有限，书中难免有疏漏和错误之处，恳请广大读者批评指正。

编者

目 录

第1章 汽车保险概述 /1

1.1 风险与保险概述 /2
- 1.1.1 风险 /2
- 1.1.2 保险概念 /4

1.2 汽车保险概述 /13
- 1.2.1 汽车保险的含义与特点 /13
- 1.2.2 汽车保险的发展历史及现状 /16

1.3 汽车保险的经营 /18
- 1.3.1 我国汽车保险经营状况 /18
- 1.3.2 汽车保险经营的创新 /18
- 1.3.3 汽车保险发展方向 /20

1.4 汽车保险市场 /21
- 1.4.1 保险市场概述 /21
- 1.4.2 汽车保险市场的特殊性 /25

第2章 汽车保险原则与合同 /26

2.1 汽车保险原则 /28
- 2.1.1 保险利益原则 /28
- 2.1.2 最大诚信原则 /31
- 2.1.3 近因原则 /34
- 2.1.4 损失补偿原则 /36
- 2.1.5 分摊原则 /37
- 2.1.6 代位原则 /38

2.2 汽车保险合同特点 /40

2.3 汽车保险合同的签订与生效 /41
- 2.3.1 汽车保险合同的订立 /41
- 2.3.2 汽车保险合同的生效 /41

2.4 汽车保险合同的变更 /42
- 2.4.1 合同主体变更 /42

2.4.2　合同客体变更　/42
　　2.4.3　合同内容变更　/43
　　2.4.4　保险合同变更的办理　/43
2.5　汽车保险合同的解除　/43
　　2.5.1　投保人解除合同　/43
　　2.5.2　保险人要求解除合同　/44
2.6　汽车保险合同的终止　/44

第3章　汽车保险产品及条款解析　/47

3.1　机动车交通事故责任强制保险　/49
　　3.1.1　产生背景　/49
　　3.1.2　机动车交通事故责任强制保险的特征　/49
　　3.1.3　我国机动车交通事故责任强制保险　/50
3.2　机动车商业保险　/59
　　3.2.1　机动车商业保险概况　/59
　　3.2.2　机动车综合商业保险条款　/61
　　3.2.3　机动车单程提车保险条款　/82
　　3.2.4　商业险费率计算　/94

第4章　汽车保险展业与承保实务　/101

4.1　保险展业　/102
　　4.1.1　保险展业的主要方式　/102
　　4.1.2　保险展业的意义　/102
　　4.1.3　展业人员应具备的素质　/103
　　4.1.4　汽车保险展业环节　/103
4.2　接待投保　/105
　　4.2.1　投保内容　/105
　　4.2.2　投保的必要性　/111
　　4.2.3　投保阶段的义务与权利　/111
4.3　核保业务　/113
　　4.3.1　核保的原则和意义　/113
　　4.3.2　核保制度的建立　/114
　　4.3.3　核保操作　/116
　　4.3.4　科学核保体系的建立　/119

4.4 缮制与签发单证 /120
  4.4.1 缮制单证 /121
  4.4.2 复核单证 /121
  4.4.3 收取保险费 /121
  4.4.4 保险单证补录 /121
  4.4.5 保险单证清分与归类 /121
  4.4.6 相关单证 /122
4.5 批改、续保与退保 /124
  4.5.1 批改 /124
  4.5.2 续保 /126
  4.5.3 退保 /127

第5章 汽车保险理赔实务 /133

5.1 汽车保险理赔概述 /134
  5.1.1 汽车保险理赔含义 /134
  5.1.2 汽车保险理赔特点 /135
  5.1.3 汽车保险理赔原则 /135
  5.1.4 汽车保险理赔流程 /136
  5.1.5 汽车保险理赔意义 /138
5.2 报案与接受报案 /139
  5.2.1 报案 /139
  5.2.2 接受报案 /139
5.3 现场查勘 /143
  5.3.1 事故现场分类 /143
  5.3.2 现场查勘的含义 /144
  5.3.3 现场查勘的准备 /145
  5.3.4 现场查勘的主要内容 /146
  5.3.5 现场查勘方法 /147
  5.3.6 现场查勘工作 /148
5.4 保险责任确定与立案 /154
  5.4.1 确定保险责任 /154
  5.4.2 立案 /154
5.5 定损与核损 /155
  5.5.1 车辆损失确定 /156
  5.5.2 人身伤亡费用确定 /160

5.5.3 其他财产损失的确定 /167
5.5.4 施救费用确定 /169
5.5.5 残值确定 /170
5.5.6 核损 /170

5.6 赔款理算 /171
5.6.1 交强险赔款的理算 /171
5.6.2 商业车险赔款理算 /175
5.6.3 机动车保险典型案件赔款理算 /181

5.7 核赔 /187
5.7.1 核赔的含义与意义 /187
5.7.2 核赔的流程 /188
5.7.3 核赔的主要内容 /188

5.8 赔付结案 /189
5.8.1 结案登记 /189
5.8.2 单据清分 /189
5.8.3 理赔案卷管理 /189

5.9 特殊案件处理 /190
5.9.1 简易赔案 /190
5.9.2 疑难案件 /191
5.9.3 注销案件 /192
5.9.4 拒赔案件 /193
5.9.5 预付案件 /194
5.9.6 代位追偿案件 /194
5.9.7 损余物资处理 /199

5.10 理赔工作监督管理 /200
5.10.1 车险理赔监督 /200
5.10.2 车险理赔指标控制 /203

5.11 保险索赔 /203
5.11.1 被保险人在索赔阶段的权益 /203
5.11.2 被保险人索赔程序 /205
5.11.3 索赔注意事项 /206

第6章 汽车保险理赔典型风险提示 /211

6.1 合同订立阶段风险 /212
6.1.1 销售保险时没有依法履行说明义务 /212

    6.1.2 投保单等保险文书代签名情况严重 /214
    6.1.3 保险条款未送达投保人或送达无签收 /215
    6.1.4 投保前未对高额被保险车辆进行认真检验 /215
  6.2 接报案阶段的风险 /216
    6.2.1 接报案人员录入信息错误 /216
    6.2.2 接报案人员未详细了解事故损失情况 /216
    6.2.3 接报案人未对报案人进行必要指导导致损失扩大 /217
    6.2.4 接报案后未及时派员查勘现场 /218
  6.3 估损、核损、定损阶段的风险 /220
    6.3.1 定损、核损环节对财产损失认定不统一 /220
    6.3.2 复勘现场不及时造成难以判定事故的真实性 /221
  6.4 理赔阶段的风险 /221
    6.4.1 对被保险人提供的索赔材料提出过分要求 /221
    6.4.2 做出拒赔决定后疏于书面通知被保险人并说明理由 /222
    6.4.3 对预估拒赔的案件未注意收集并保存证据 /222
  6.5 开展保险中介业务中的风险 /223
    6.5.1 中介机构不合规开展业务 /223
    6.5.2 中介机构订立的保险代理合同内容不完善 /224
    6.5.3 中介机构人员素质参差不齐 /224
    6.5.4 中介机构造假客户信息 /224
    6.5.5 中介机构与被代理保险公司产生纠纷殃及顾客 /224
  6.6 处理客户投诉中的风险 /224
    6.6.1 部分保险公司无专门处理投诉的岗位或部门 /224
    6.6.2 多人接待、多种说法、久拖不决 /225
    6.6.3 服务态度差 /225
  6.7 保险条款和保险文书设计中的风险 /226

第7章 汽车保险欺诈预防与识别 /229

  7.1 汽车保险欺诈及其成因 /230
    7.1.1 汽车保险欺诈的定义 /230
    7.1.2 保险欺诈产生的原因 /230
  7.2 汽车保险欺诈的主要表现形式及特点 /232
    7.2.1 保险欺诈的表现形式 /232
    7.2.2 汽车保险欺诈的主要特点 /238
  7.3 汽车保险欺诈防范与调查 /239

7.3.1 汽车保险欺诈防范措施 /239
7.3.2 汽车保险欺诈调查取证与分析 /241

第8章 汽车保险法律体系 /245

8.1 我国汽车保险立法 /246
  8.1.1 保险法的概念 /246
  8.1.2 我国保险法律体系 /246
  8.1.3 我国汽车保险法律体系 /246
8.2 我国汽车保险相关法律法规简介 /247
  8.2.1 中华人民共和国保险法 /247
  8.2.2 中华人民共和国民法通则 /248
  8.2.3 中华人民共和国民法总则 /248
  8.2.4 中华人民共和国合同法 /249
  8.2.5 机动车交通事故责任强制保险条例 /251
8.3 道路交通安全相关法律法规简介 /251
  8.3.1 中华人民共和国道路交通安全法 /251
  8.3.2 中华人民共和国道路交通安全法实施条例 /252
8.4 道路交通事故处理及车辆管理相关法律法规简介 /253
  8.4.1 道路交通事故处理程序规定 /253
  8.4.2 最高人民法院关于审理道路交通事故损害赔偿案件适用法律若干问题的解释 /254
  8.4.3 机动车驾驶证申领和使用规定 /254
8.5 人身损害赔偿法律法规 /255
  8.5.1 最高人民法院关于审理人身损害赔偿案件适用法律若干问题的解释 /255
  8.5.2 人体损伤致残程度分级 /256
  8.5.3 最高人民法院关于确定民事侵权精神损害赔偿的司法解释 /256

参考文献 /261

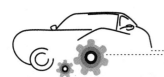

第1章 汽车保险概述

学习目标

本章主要讲述风险、保险和汽车保险的基本知识。要求了解风险的定义、构成要素，保险的定义、保险与风险的关系、要素、特征以及汽车保险的发展历史；理解汽车保险的含义、特点与作用；熟悉我国汽车保险经营状况和未来的发展趋势。

重点难点

(1) 风险的定义与要素；
(2) 汽车保险的含义、特点与作用；
(3) 汽车保险经营的创新；
(4) 汽车保险市场的机制与功能。

引导案例

天有不测风云，人有旦夕祸福。蜈蚣百足，行不及蛇，家鸡翼大，飞不如鸟。马有千里之程，无人不能自往。人有凌云之志，非运不能腾达。文章盖世，孔子尚困于陈邦。武略超群，太公垂钓于渭水。盗跖年长，不是善良之辈。颜回命短，实非凶恶之徒。尧舜至圣，却生不肖之子。瞽叟顽呆，反生大圣之儿。张良原是布衣，萧何称谓县吏，晏子身无五尺，封为齐国首相。孔明居卧草庐，能作蜀汉军师，韩信无缚鸡之力，封为汉朝大将。冯唐有安邦之志，到老半官无封。李广有射虎之威，终身不第。楚王虽雄，难免乌江自刎。汉王虽弱，却有河山万里。满腹经纶，白发不第，才疏学浅，少年登科。有先富而后贫，有先贫而后富。蛟龙未遇，潜身于鱼虾之间。君子失时，拱手于小人之下。天不得时，日月无光。地不得时，草木不长。水不得时，风浪不平。人不得时，利运不通。

——节选自宋代吕蒙正《命运赋》

1.1 风险与保险概述

1.1.1 风险

1. 有关风险的不同观点

风险是保险研究和处理的主要对象。因此,要学习保险首先要了解风险。关于风险的定义,存在着多种解释和表述,理论界至今还没有一个统一的说法,而风险的起因是与未来有关的不确定性的存在。由于风险是复杂系统中的重要概念,不同领域有不同的定义,但综合来看,大致可以分为两类:

第一类定义强调风险的不确定性;

第二类定义强调风险损失的不确定性。

第一类定义认为风险是指在特定客观环境下,特定时期内,某一事件其预期结果与实际结果的变动程度,变动程度越大,风险越大,反之则越小;风险是在一定条件下,一定时期内可能产生结果的变动,如结果只有一种可能,不存在发生变动,则风险为零;如果可能产生的结果有几种,则风险存在。可能产生的结果越多,变动越大,风险也就越大。预期结果和实际结果的变动,意味着猜测的结果和实际结果的不一致或偏离。统计学家和经济学家把风险和变量联系在一起,根据这一观点,通常把风险定义为预期结果与实际结果间的相对变化。预期结果和实际结果不一致会存在三种情况:两种结果基本一致;实际结果小于预期结果,称为负收益,即损失;实际结果大于预期结果,称为正收益,即盈利。

第二类定义强调风险损失的不确定性。其中主要观点有风险是未来结果的不确定性产生损失的可能性;在风险定义中,低于预期价值结果的可能性称为"损失",而高于预期价值结果的称为"收益"。我们研究更多的是"损失",因此这种狭义的风险定义强调损失的不确定性结果的偏差。这类风险在保险学中称为纯粹风险,即可保风险。目前多数学者同意"关于风险是指风险损失的不确定性"的表达,因为它揭示了风险的本质特性,并且指出风险与损失紧密相连。

2. 保险学中风险的科学表达

在保险学中,风险是指狭义上的风险。狭义的风险是指只有损失而无获利可能的风险。风险就是损失的不确定性。在保险学中风险的定义可以从以下四个方面来把握:

一是风险是肯定会发生的一种客观存在。即大家常说的"天有不测风云,人有旦夕祸福"。风险可以利用概率量度其发生可能性的大小,概率事件分布的期望值和标准差决定风险发生的可能频率。

二是风险损失是不确定的。保险学研究中风险损失的不确定性是指在一定客观条件下,某种风险损失发生的不确定性。用概率表述:在一定时期内某个事件 A 发生的概率在 $(0,1)$ 之间的开区间,即 $P(A)=(0,1)$。$P(A)=0$ 表示某种事件肯定不会发生,不存在风险;$P(A)=1$ 表示某种事件发生的必然性、确定性。已经确定的事件,经济损失已经发生,这种情况会发生风险消费需求,但是有悖于保险人经营风险的不确定性的要求,因此不会产生相应的保险产品供给。只有在 $0<P(A)<1$ 时,具有不确定性,风险才存在。

由以上分析可以看出,概率与数理统计的应用在风险与保险行业中十分重要。在决定保险费率时,保险公司的精算师经常会遇到这样的矛盾:保险费要足够高,以支出所有的损失和费用但又不能太高,否则投保人负担不起,并使公司在同行竞争中处于劣势。精算师通常利用大数法则从已有的损失水平中,分析预测损失水平及其偏差。大数法则是大量随机现象的平均结果具有稳定性的一系列定理。大数法则是概率论的法则之一,是保险的数理基础。保险人对任何一个风险损失的概率做出比较精确的估计时,都需要根据大数法则的需要,通过大量的观察和统计得出损失概率。根据大数法则,承保的风险单位越多,损失概率的偏差越小;反之则越大。一般非寿险的保险费率大小是以损失率的大小为依据的,损失率大的风险和费率就高;损失率小的风险和费率就低。

三是风险是在特定的环境下和限定的时期内存在的,当客观环境发生变化后,风险内容也会发生变化。

四是风险与人类经济活动相伴。没有人类的经济活动,就没有发生损失的可能。

3. 风险的构成要素

风险是由多种要素构成的,这些要素相互作用,共同决定了风险的存在、发展和变化。一般认为风险的构成包括风险因素、风险事故和风险损失。

1) 风险因素

风险是指能产生或增加损失频率和损失幅度的要素。它是造成损失的内在或间接的原因。例如:粗心大意导致失窃;房屋年久失修导致倒塌;路面结冰导致车祸等。那么粗心、房屋年久失修、路面结冰等,就分别是失窃、房屋倒塌、车祸等事故的风险因素。

风险因素有很多,概括起来可分为以下三类:

(1) 自然风险因素,即由自然力量或物质条件所构成的风险因素,例如:闪电、暴雨、海啸、年久失修的房屋等;

(2) 道德与心理风险因素,即由道德品性及心理因素等潜在的主观条件产生的风险因素,如恶意(如纵火、投毒等)、缺乏责任心、粗心大意等;

(3) 社会风险因素,即由社会经济状况产生的风险因素,如动乱、战争、恐怖袭击、通货膨胀等。

2) 风险事故

风险事故是指造成人身伤亡或财产损失的偶然事件,是造成风险损失的直接的、外在的原因,也是风险因素诱发的结果。风险事故使风险的可能性转化为现实,如路面结冰酿成车祸导致人员伤亡,其中路面结冰是风险因素,车祸是风险事故,人员伤亡是损失。如果仅是路面结冰而未造成车祸,则不会导致人员伤亡。就某一事故来说,在一定条件下,可能是造成损失的直接原因,则它就成为风险事故;在其他条件下,它又可能是造成损失的间接原因,则它又成为风险因素。如暴风雨,如果是暴风雨毁坏房屋、庄稼,暴风雨就是风险事故;如果是暴风雨造成路面积水、能见度差、道路泥泞引发车祸,暴风雨就是风险因素,车祸才是风险事故。在这里,判定的标准就是看是否直接引起损失。

3）风险损失

风险损失是指非故意的、非预期的和非计划的经济价值的减少,通常以货币衡量。风险损失的定义要把握两方面条件:一是非故意的、非预期的和非计划的概念;二是经济价值的概念,即损失必须以货币来衡量,二者缺一不可。例如:机器的耗损是有规律和可预期的经济价值的减少,因此不能定义为风险损失。

4）风险因素、风险事故和风险损失之间的关系

风险是由风险因素、风险事故和风险损失三者构成的,其相互关系可概括为风险因素引起风险事故,风险事故导致风险损失。风险因素是发生事故的隐患,它在一定的内外部条件下转变为现实结果;风险事故是从风险因素到风险损失的一个中间环节,是导致风险损失的直接因素;风险损失则是风险事故的直接结果,如图1-1所示。通常情况下,通过对风险因素的控制和防范,可有效避免事故的发生;通过对风险事故的控制和施救,可有效减少风险损失。

图1-1 风险因素、风险事故与风险损失三者之间的关系

1.1.2 保险概念

1. 保险的定义

保险有广义和狭义之分。广义的保险是指保险人向投保人收取保险费,建立专门用途的保险基金,并对投保人负有法律或合同规定范围内的赔偿和给付责任的一种经济补偿制度;广义保险包括社会保险、商业保险以及合作保险。狭义的保险特指商业保险,即通过合同的形式,运用商业化经营原则,由专门机构向投保人收取保险费,建立保险基金,用作对被保险人在合同范围内的财产损失进行补偿、人身伤亡以及年老丧失劳动能力者经济损失给付的一种经济保障制度。

保险既是一种经济制度,也是一种法律关系。保险可以从以下四个角度进行理解:

（1）从经济角度看,保险是分摊意外事故损失的一种财务安排。投保人参加了保险,实质上是将他的不确定性的大额损失变成确定的小额支出,即保险费;而保险人集中了大量的同类风险,能借助大数法正确预见损失的发生额,并根据保险标的的损失概率确定保险费率。通过向所有被保险人收取保险费建立保险基金,用于补偿少数被保险人遭受的意外事故损失。因此,保险是一种有效的财务安排。

（2）从法律角度看,保险是一种合同行为,是一方同意补偿另一方损失的一种合同安排,提供损失赔偿的一方是保险人,接受损失赔偿的另一方是被保险人,体现的是一种民事法律关系。

（3）从社会角度看,保险是社会经济保障制度的重要组成部分。由于保险具有经济补偿和给付保险金的职能,任何单位只要缴付了保险费,一旦发生保险事故,便可以得到经济补偿,消除因自然灾害和意外事故造成的人员、经济损失引起的社会不安定因素,保证了国民经济持续稳定的发展。

（4）从风险管理的角度看,保险是风险管理的一种方法,可以起到分散风险、消化损

失的作用。保险公司作为经营风险的特殊企业,在其经营管理中积累了丰富的风险管理经验,可以协助被保险人提高事故防范意识,减少社会财产损失。

《中华人民共和国保险法》(1995年颁布,2015年第四次修订,以下简称《保险法》)第二条规定:"本法所称保险,是指投保人根据合同约定,向保险人支付保险费,保险人对于合同约定的可能发生的事故因其发生所造成的财产损失承担赔偿保险金的责任,或者当被保险人死亡、伤残、疾病或者达到合同约定的年龄、期限等条件时承担给付保险金责任的商业保险行为。"这说明我国的保险包含以下几层含义:一是商业保险行为;二是合同行为,即保险双方当事人建立的保险关系通过订立保险合同来进行;三是权利义务行为,即保险双方当事人分别承担相应的民事义务,投保人有向保险人缴纳保险费的义务,而保险人则在保险事故发生后有向被保险人或受益人承担损失补偿或保险金给付的义务,一方的义务就是另一方的权利,一方义务的不履行就意味着其相应权利的不享有;四是经济补偿或保险金给付以合同约定的保险事故发生为条件。

2. 有关保险名词的解释

1) 保险标的

保险标的是保险保障的目标和实体,是保险合同向双方当事人权利和义务所指向的对象。保险标的可以是财产、与财产有关的利益或责任,也可以是人的身体或生命。

保险标的是直接获得保险合同保障的物品、民事权利、民事责任、人的身体与寿命等保险合同权利义务的直接的对象。不同的保险标的,保险价值不同,所面临的危险种类、危险因素多少、危险程度高低不同,直接影响着保险人所承担的义务,也使投保人所付的对价(保险费)随之变化。因此,保险标的是保险合同客体的重要组成部分,影响着保险合同的权利义务等内容。但它不等同于保险合同的客体。保险合同的客体不是保险标的本身,而是指保险利益。

2) 保险利益

《保险法》第十二条规定:"保险利益是指投保人或者被保险人对保险标的具有的法律上承认的利益。"保险利益产生于投保人或被保险人与保险标的之间的经济联系,它是投保人或被保险人可以向保险公司投保的利益,体现了投保人或被保险人对保险标的所具有的法律上承认的利害关系,即投保人或被保险人因保险标的遭受风险事故而受损失,因保险标的未发生风险事故而受益。原《保险法》(1995年)第十二条规定:"投保人对保险标的应当具有保险利益。投保人对保险标的不具有保险利益的,保险合同无效。"此条款未考虑被保险人这一重要主体与保险利益的关系,也未明确具有保险利益的时间限制,在保险司法实践中存在一些争议。《保险法》第二次修订(2009年)之后除对保险利益的定义进行了完善,同时第十二条也对保险利益的时间限制做出规定:"人身保险的投保人在保险合同订立时,对被保险人应当具有保险利益。财产保险的被保险人在保险事故发生时,对保险标的应当具有保险利益。"自此,明确了考察是否具有保险利益应当区分人身保险和财产保险,二者在时间上的要求有所不同。

3) 投保人

《保险法》第十条规定:"投保人是指与保险人订立保险合同,并按照合同约定负有支付保险费义务的人。"投保人可以是自然人,也可以是法人或其他组织。投保人应当具备以下三个条件:第一,投保人必须具有相应的权利能力和行为能力,否则所订立的保险合同不发生法律效力;第二,在人身保险合同订立时,投保人对保险标的必须具有保险利益,即对保险标的具有法律上承认的利益,否则投保人不能与保险人订立保险合同,若保险人在不知情的情况下与不具有保险利益的投保人签订了保险合同,该保险合同无效;第三,投保人应承担支付保险费的义务,无论是投保人为自己利益,还是为他人利益订立保险合同,均应承担支付保险费的义务。

4)被保险人

《保险法》第十二条规定:"被保险人是指其财产或者人身受保险合同保障,享有保险金请求权的人。投保人可以为被保险人。"在财产保险中,投保人可以与被保险人是同一人。如果投保人与被保险人不是同一人,则财产保险的被保险人必须是保险财产的所有人,或者是财产的经营管理人,或者是与财产有直接利害关系的人,否则不能成为财产保险的被保险人。在人身保险中,被保险人可以是投保人本人,如果投保人与被保险人不是同一人,则投保人与被保险人存在行政隶属关系或雇佣关系,或者投保人与被保险人存在债权和债务关系,或者投保人与被保险人存在法律认可的继承、赡养、抚养或监护关系,或者投保人与被保险人存在赠予关系,或者投保人是被保险人的配偶、父母、子女或法律所认可的其他人。

5)保险人

保险人又称承包人。《保险法》第十条规定:"保险人是指与投保人订立保险合同,并按照合同约定承担赔偿或者给付保险金责任的保险公司。"保险人是法人,自然人不能作为保险人。保险人具有以下特点:第一,保险人是保险基金的组织、管理和使用人;第二,保险人必须是依法成立并允许经营保险业务的法人;第三,保险人是履行补偿损失或给付保险金义务的人;第四,保险人是有权向投保人请求缴付保险费的人。

6)受益人

受益人只出现在人身保险合同中。《保险法》第十八条规定:"受益人是指人身保险合同中由被保险人或者投保人指定的享有保险金请求权的人。投保人、被保险人可以为受益人。"如果投保人既不是被保险人,也不是受益人,那么投保人对于人身保险合同只承担缴纳保险费义务,而并不享有什么权利。当投保人为自己的利益投保时,投保人、被保险人为同一人,被保险人或投保人一般会指定自己的家庭成员、亲属为受益人,也可以指定其他任何人为受益人。《保险法》第三十九条规定:"投保人指定受益人时须经被保险人同意。投保人为与其有劳动关系的劳动者投保人身保险,不得指定被保险人及其近亲属以外的人为受益人。被保险人为无民事行为能力人或者限制民事行为能力人的,可以由其监护人指定受益人。"这说明我国《保险法》并没有规定人身保险的受益人必须是被保险人的直系亲属,而只是规定了当投保人为其有劳动关系的人投保时受益人必须为被保险人或其近亲属。在一份人身保险合同中,可以只指定一名受益人,也可以指定若干名受益人。《保险法》第四十条规定:"受益人为数人的,被保险人或者投保人可以确定受益顺序和受益份额;未确定受益份额的,受益人按照相等份额享有受益权。"

7)保险责任

保险责任是指保险人承担的经济损失补偿或人身保险金给付的责任。在保险合同中约定的由保险人承担的风险范围,在保险事故发生时所负的赔偿责任,包括损害赔偿、责任赔偿、保险金给付、施救费用、救助费用、诉讼费用等。

投保人签订保险合同并交付保险费后,保险合同条款中规定的责任范围,即为保险人承担的责任。在保险责任范围内发生财产损失、人身保险事故或达到约定年限后,保险人均要负责赔偿或给付保险金。保险人赔偿或给付保险金的责任包括损害发生在保险责任内;保险责任发生在保险期内;以保险金额为限度。所以,保险责任既是保险人承担责任的范围,也是负责赔偿和给付保险金的依据;同时,还是被保险人要求获得赔偿或给付的依据。

8)除外责任

除外责任又称责任免除,指保险人依照法律规定或合同约定,不承担保险责任的范围,是对保险责任的限制。除外责任可以以列举式的方式在保单中列举除外事项,也可以以不列举方式明确除外责任,即凡未列入承保范围的灾害事故均为除外责任。

9)保险期限

保险期限也称保险期间,指保险合同的有效期限,即保险合同双方当事履行权利和义务的起讫时间。由于保险期限一方面是计算保险费的依据之一,另一方面又是保险人和被保险人双方履行权利和义务的责任期限,所以,它是保险合同的主要内容之一。对于具体的起讫时间,各国法律规定不同。我国目前的保险条款通常规定保险期限为约定起保日的零时开始到约定期满日24时止或合同双方协商后按约定时间生效。值得一提的是,保险期限与一般合同中所规定的当事人双方履行义务的期限不同,保险人实际履行赔付义务可能不在保险期限内。

财产保险按保险期限的不同分为定期保险和不定期保险。定期保险以一定的时间标准即年、月、日、时来计算保险责任的开始与终止,其中超过1年期的为长期保险,1年期以下的为短期保险,相应确定不同的费率标准。保险期限一经确定,无特殊原因,一般不得随意更改。不定期保险,也称航程险、航次险,其保险责任的开始与终止主要不是按确定的时间标准,而是根据保险标的行动过程来确定,如船舶保险、货物运输保险均如此。

10)保险价值

保险价值又称为保险价额,是指保险标的在某一特定时期内以金钱估计的价值总额,是确定保险金额和确定损失赔偿的计算基础。投保人与保险人订立保险合同时,作为确定保险金额基础的保险标的的价值,也即投保人对保险标的所享有的保险利益在经济上用货币估计的价值额。保险价值是保险标的物的实际价值,它有时间性,是一个动态值,决定于市场供求关系的变化。因此对于同样的保险标的物,甚至是同一保险标的物,在不同的时期或在不同的地区会有不同的价值量。

在财产保险合同中,保险价值的确定有两种方式:一种是定值保险;另一种是不定值保险。

定值保险是指保险价值由投保人和保险人在订立合同时约定,并在合同中明确做出记载。合同当事人通常都根据保险财产在订立合同时的市场价格估定其保险价值,有些不能以市场价格估定的,就由双方当事人约定其价值。事先约定保险价值的合同为定值保险合同,采用这种保险合同的保险,是定值保险。属于定值保险的,发生保险责任范围内的损失时,不论所保财产当时的实际价值是多少,保险人都要按保险合同上载明的保险价值计算赔偿金额。

不定值保险是指保险价值可以在保险事故发生时,按照当时保险标的的实际价值确定。采取不定值保险方式订立的合同为不定值保险合同。对于不定值保险的保险价值,投保人与保险人在订立保险合同时并不加以确定,因此不定值保险合同只记载保险金额,不记载保险价值。

在人身保险合同中,由于人的身体和寿命无法用金钱衡量,不存在保险价值的问题,只需在保险合同中约定一个保险金额,由保险人在保险事故发生时依约定给付,因此也称为定额保险。

11)保险金额

保险金额,简称保额,是指在一个保险合同项下保险人承担赔偿或给付保险金责任的最高限额,即投保人对保险标的的实际投保金额;同时又是保险公司收取保险费的计算基础。在财产保险合同中,对保险价值的估价和确定直接影响保险金额的大小。保险价值等于保险金额是足额保险;保险金额低于保险价值是不足额保险,保险标的发生部分损失时,除合同另有约定外,保险公司按保险金额与保险价值的比例赔偿;保险金额超过保险价值是超额保险,超过保险价值的保险金额无效,恶意超额保险是欺诈行为,可能使保险合同无效。在人身保险合同中,人身的价值无法衡量,保险金额是人身保险合同双方约定的,由保险人承担的最高给付的限额或实际给付的金额。

12)保险费

保险费是投保人为转移风险、取得保险人在约定责任范围内所承担的赔偿(或给付)责任而交付的费用;也是保险人为承担约定的保险责任而向投保人收取的费用。保险费是建立保险基金的主要来源,也是保险人履行义务的经济基础。《保险法》第十四条规定:"保险合同成立后,投保人按照约定交付保险费,保险人按照约定的时间开始承担保险责任。"缴纳保险费是投保人的义务。如果投保人不按时交纳保险费,在自愿保险中,则保险合同失效;在强制保险中,就要处罚一定数额的滞纳金。

13)主险与附加险

主险又称基本险,是指不需附加在其他险别之下的,可以独立承保的险种。与其相对应的是附加险,是指不能单独投保和承保的险种,只能附加于主险投保,主险因失效、解约或满期等原因效力终止或中止时,附加险效力也随之终止或中止。投保人只能在投保基本险的基础上,根据自己的需要选择加以投保。

主险和附加险之间的关系是主合同与补充合同的关系,即主险的条款是主合同,相对应的附加险条款是主合同的补充合同。二者具有主附关系,附加险的存在依附于主险的存在,而主险通常可以与附加险有密切的联系,但又不依附于附加险。通常主险与附加险之间的关系是附加险合同的未尽事宜以主险合同为准,相抵触的部分以附加险合同为准。所谓的"未尽事宜"是指附加险合同没有约定而主险合同有约定的内容,而"相抵触"是指主险和附加险两部分就同一事项有相反的规定,在这种情况下,可以按条款规定以附加险为准。

3. 保险与风险之间的关系

"无风险无保险",这句话道出了风险与保险两者的依存关系。风险是保险产生和发展的基础,具体表现如下:

(1) 风险是保险产生和存在的前提。无风险则无保险。风险是客观存在的,时刻都威胁着人的生命和物质财富的安全,是不以人的意志为转移的。风险的发生直接影响个人、家庭的幸福以及社会的安定和发展,因而产生了人们对损失进行补偿的需要。保险是一种被社会普遍接受的经济补偿方式,因此风险是保险产生和存在的前提。

(2) 风险的发展是保险发展的客观依据。社会的进步、生产的发展、现代科学技术的应用,给社会、企业和个人带来了更多的风险。风险的增多对保险提出了新的要求,促使保险业不断设计新险种并开发新业务。

(3) 保险是处理风险传统而有效的措施。人们面临的各种风险损害,一部分可以通过各种控制手段减轻或减少,但不可能完全消除。面对各种风险造成的损失,单靠自身力量解决,就需要留存与风险损失等量的后备基金,这样既造成资金浪费,又难以解决巨灾损失的补偿问题。这时转移就成为风险管理的重要手段,保险作为转移方法之一,长期以来被人们视为传统的处理风险的手段。通过保险,把不能自行解决承担的集中风险转嫁给保险人,以小额的固定支出换取对巨额风险的经济保障,使保险成为处理风险的有效措施。

(4) 保险经营效益受风险管理技术的制约。保险经营效益的大小受多种因素的制约,风险管理技术作为非常重要的因素,对保险经营效益有着巨大的影响。例如:对风险的识别是否全面,对风险损失的频率和造成的损失的大小预测是否准确,哪些风险可以接受承保,哪些风险不可以承保,保险的范围应有多大,程度应如何,保险的成本与效益的比较等,都制约着保险的经营效益。

(5) 保险与风险管理是相辅相成的。一方面,保险人对风险管理有丰富的经验和知识,企业、个人与保险人合作,能够使企业和个人更好地了解风险,正确地减小风险损失和规避风险,从而促进了风险管理的发展;另一方面,企业、个人的风险管理意识的增强,必然要求保险人提供更多、更好的保险服务,以满足自身的需求,这又促进了保险业的发展。

4. 保险的要素

保险的要素包括以下五个方面,即可保风险的存在、大量同质风险的集合与分散、保险费率的厘定、保险基金的建立、保险合同的订立。

(1) 可保风险的存在。可保风险是指符合保险人承保条件的特定风险,并非所有破坏物质财富或威胁人身安全的风险,保险人都能承保。可保风险应具备以下条件:第一,风险必须是纯粹风险,而不是投机风险。纯粹风险与投机风险的区别在于,纯粹风险是只有损失机会而无获利的可能,其变化具有一定的规律性,可以通过大数法则加以测算,发生结果往往是社会的净损失。而投机风险既有损失机会又有获利的可能,其变化往往不规则,难以通过大数法则加以测算,发生结果往往是社会财富的转移,而不一定是社会的净损失。第二,风险须使标的存在遭受损失的可能,但对具体标的而言,当事人无法事先确定是否发生损失、发生损失的时间和损失的严重程度。第三,风险必须有导致重大损失的可能,否则人们缺乏购买保险的动力。第四,风险不能使大多数保险对象同时遭受损失,这是保险人能够盈利的前提。第五,风险从总体上看必须具有现实的可测性,即在保险合同期限内的预期损失是可计算的,保险人承保某一特定风险,必须在保险合同期限内收取足额保险费,以聚集资金支付赔款和各项开支,并获得合理利润。

(2) 多数人同质风险的集合与分散。保险的过程既是风险的集合过程,又是风险的分散过程。众多投保人将其面临的风险转嫁给保险人,保险人通过承保而将众多的风险集合起来。当发生保险责任范围内的损失时,保险人将少数被保险人发生的风险损失分摊给全部投保人,即通过保险的补偿行为分摊损失,将集合的风险予以分散转移。保险风险的集合与分散应具备两个前提:一是多数人的风险。如果是少数人或个别人的风险,就无所谓集合与分散,而且风险损失发生的概率难以预测,大数法则不能有效发挥作用。二是同质风险。如果风险为不同质风险,那么不同质风险损失发生的概率和损失程度有较大的差异;如果进行集合与分散,会导致保险经营的不稳定,保险人将不能提供保险供给。

(3) 费率的合理厘定。保险费率,是应缴纳保险费与保险金额的比率。保险费率是保险人用以计算保险费的标准。保险人承保一笔保险业务,用保险金额乘以保险费率就得出该笔业务应收取的保险费。保险费率一般由纯费率和附加费率两部分组成。纯费率也称净费率,是保险费率的主要部分,它是根据损失概率确定的。按纯费率收取的保险费叫纯保费,用于保险事故发生后对被保险人进行赔偿和给付。附加费率是保险费率的次要部分,按照附加费率收取的保险费叫附加保费。它是以保险人的营业费用为基础计算的,用于保险人的业务费用支出、手续费支出以及提供部分保险利润等。如果厘定的费率过高,保险需求会受到限制;费率过低,保险供给得不到保障,这些都不能称为合理费率。因此,厘定合理的费率,即制定保险商品的价格,便构成了保险的基本要素。

(4) 保险基金的建立。保险的分摊损失与补偿损失功能是通过建立保险基金实现的。保险基金是用以补偿因自然灾害、意外事故等所致经济损失和人身伤害的专项基金,它主要源于开业资金和保险费收入,并以保险费收入为主。保险基金具有分散性、广泛性、专项性与增值性等特点,保险基金是保险赔偿的基础。

(5) 订立保险合同。保险是投保人与保险人之间的经济关系通过合同的订立来确定的。保险是专门针对意外事故和不确定事件造成的经济损失给予赔偿,风险是否发生,何时发生,损失的程度如何,均有较大的随机性,即保险活动具有很强的射幸性。这一特性要求保险人与投保人应在契约约束下履行各自的权利与义务。假如不具备在法律或合同上规定的权利与义务,那么保险经济关系就难以成立。因此,订立保险合同是保险得以成立的基本要素,是保险成立的法律保证。

5. 保险的特征

1）经济性

保险是一种经济保障活动。这种经济保障活动是整个国民经济活动的一个组成部分。此外,保险体现了一种经济关系,即商品等价交换关系。保险经营具有商品属性。

2）互助性

保险在一定条件下,分担了个别单位和个人所不能承担的风险,从而形成了一种经济互助关系。它体现了"一人为众,众人为一"的思想。互助性是保险的基本特性。

3）法律性

保险的经济保障活动是根据合同来进行的。所以,从法律角度看,保险又是一种法律行为。

4）科学性

保险是以数理计算为依据而收取保险费的。保险经营的科学性是代表保险存在和发展的基础。

6. 保险的分类

随着经济的发展,保险的险种越来越多,所涉及的领域及具体做法也在不断地扩大和发展。然而,迄今为止各国对保险的分类尚无统一标准,只能从不同的角度进行大体上的分类。

1）按保险的性质分类

保险按具体的性质可分为商业保险、社会保险和政策保险。

(1) 商业保险。商业保险是指投保人与被保险人订立保险合同,根据保险合同约定,投保人向保险人支付保险费,保险人对可能发生的事故因其发生所造成的损失承担赔偿责任,或者当被保险人死亡、疾病、伤残或者达到约定的年龄期限时给付保险金责任的保险。在商业保险中,投保人与保险人是通过订立保险合同建立保险关系的。投保人之所以愿意交付保险费进行投保是因为保险费用要低于未来可能产生的损失,保险人之所以愿意承保是因为可以从中获取利润。因此,商业保险既是一个经济行为,又是一个法律行为。目前,一般保险公司经营的财产保险、人身保险、责任保险、保证保险均属商业保险性质。

(2) 社会保险。社会保险,过去我国称为劳动和社会保险,是社会保障的重要组成部分,是指国家通过立法对社会劳动者暂时或永久丧失劳动能力或失业时提供一定的物质帮助以保障其基本生活的社会保障制度。当劳动者遇到生育、疾病、死亡、伤残和失业等危险时,国家以法律的形式由政府指定的专门机构为其提供基本生活保障。我国于2011年正式颁布实施《中华人民共和国社会保险法》,更好地维护公民参加社会保险和享受社会保险待遇的合法权益。社会保险与商业保险不同,商业保险的当事人均出于自愿,而社会保险一般都是强制性的,凡符合法律规定条件的成员无论是否愿意,均需参加。在保险费的交纳和保险金的给付方面,也不遵循对等原则。所以,社会保险实质上是国家为满足劳动者在暂时或永久丧失劳动能力和待业时的基本生活需要,通过立法采取强制手段对国民收入进行分配和再分配而形成的专项消费基金,用以在物质上给予社会性帮助的一种形式和社会福利制度。

（3）政策保险。政策保险是指政府由于某项特定政策的目的以商业保险的一般做法而举办的保险。例如：为辅助农牧、渔业增产增收的种植业保险；为促进出口贸易的出口信用保险。政策保险通常由国家设立专门机构或委托官方或半官方的保险公司具体承办。例如：我国的出口信用保险是由中国出口信用保险公司承办的，该公司受中央直接管理。

2）按保险标的分类

按不同的保险标的，保险可分为财产保险、责任保险、信用保证保险和人身保险。

（1）财产保险。财产保险是指以各种有形财产及其相关利益为保险标的的保险，保险人承担对各种保险财产及相关利益因遭受保险合同承保责任范围内的自然灾害、意外事故等风险，因其发生所造成的损失负赔偿责任。财产保险包括财产保险、农业保险、责任保险、保证保险、信用保险等以财产或利益为保险标的的各种保险。

（2）责任保险。责任保险的标的是被保险人依法应对第三者承担的民事损害赔偿责任。在责任保险中，凡根据法律或合同规定，由于被保险人的疏忽或过失造成他人的财产损失或人身伤害所应付的经济赔偿责任，由保险人负责赔偿。

（3）信用保证保险。信用保证保险的标的是合同双方权利人和义务人约定的经济信用。信用保证保险是一种担保性质的保险。按照投保人的不同，信用保证保险可分为信用保险和保证保险两种类型：信用保险的投保人和被保险人都是权利人，所承担的是契约的一方因另一方不履约而遭受的损失。例如：在出口信用保险中，保险人对出口人（投保人、被保险人）因进口人不按合同规定支付货款而遭受的损失负赔偿责任。保证保险的投保人是义务人，被保险人是权利人，保证当投保人不履行合同义务或有不法行为使权利人蒙受经济损失时，由保险人承担赔偿责任。例如：在履约保证保险中，保险人担保在承包工程业务中的工程承包人不能如期完工或工程质量不符合规定致使权利人遭受经济损失时，承担赔偿责任。综上所述，无论是信用保险，还是保证保险，保险人所保障的都是义务人的信用，最终获得补偿的都是权利人。

（4）人身保险。人身保险是以人的身体或生命作为标的的一种保险。人身保险以伤残、疾病、死亡等人身风险为保险内容，被保险人在保险期间因保险事故的发生或生存到保险期满，保险人依照合同规定对被保险人给付保险金。由于人的价值无法用金钱衡量，具体的保险金额是根据被保险人的生活需要和投保人所支付的保险费，由投保人和保险人协商确定。人身保险主要包括人寿保险、健康保险和人身意外伤害保险。

3）按保险形式分类

按保险的实施形式，保险可分为强制保险与自愿保险。

（1）强制保险。强制保险又称法定保险，是指国家对一定的对象以法律或行政法规的形式规定其必须投保的保险。这种保险依据法律或行政法规的效力，而不是从投保人和保险人之间的合同行为而产生。例如：新中国建国初期曾经实行过的国家机关和国有企业财产都必须参加保险的规定以及旅客意外伤害保险均属强制保险。凡属强制保险承保范围内的保险标的，其保险责任均自动开始。例如：中国人民保险公司对在国内搭乘火车、轮船、飞机的旅客实施的旅客意外伤害保险,就规定自旅客买到车票、船票、机票开始旅行时起保险责任就自动开始,每位旅客的保险金额也由法律按不同运输方式统一规定。

(2)自愿保险。自愿保险又称任意保险,是由投保人和保险人双方在平等自愿的基础上,通过协商订立保险合同并建立起保险关系的。在自愿保险中,投保人对于是否参加保险,向哪家保险公司投保,投保何种险种,以及保险金额、保险期限等均有自由选择的权利。在订立保险合同后,投保人还可以中途退保,终止保险合同。至于保险人也有权选择投保人,自由决定是否接受承保和承保金额。在决定接受承保时,对保险合同中的具体条款,如承保的责任范围、保险费率等也均可通过与投保人协商决定。自愿保险是商业保险的基本形式。

1.2 汽车保险概述

1.2.1 汽车保险的含义与特点

1. 汽车保险的含义

汽车保险是指对汽车由于自然灾害或意外事故所造成的财产损失或人身伤亡负赔偿责任的一种商业保险。

汽车保险是以汽车本身、汽车所有人或驾驶人因驾驶汽车发生意外事故所负的责任为保险标的的,所以它既属于财产损失保险范畴,又属于责任保险范畴,是一个综合性的险种。

汽车保险为不定值保险(Unvalued Insurance),指投保人与保险人在订立合同时只列明保险金额,不预先确定保险标的的价值,须至保险事故发生后,再行估计其价值而确定其损失。我国汽车保险主要分为主险和附加险两部分,其中附加险不能单独投保。主险一般包括机动车损失保险、机动车第三者责任保险、机动车车上人员责任保险、机动车全车盗抢保险等;附加险包括玻璃单独破碎险、自燃损失险、新增加设备损失险、车身划痕损失险、发动机涉水损失险、修理期间费用补偿险、车上货物责任险、精神损害抚慰金责任险、不计免赔率险、机动车损失保险无法找到第三方特约险、指定修理厂险等。未投保主险的,原则上不得投保相应的附加险。主险保险责任终止时,相应的附加险保险责任随之终止;附加险条款解释与主险条款解释相抵触之处,以附加险条款解释为准。

2. 汽车保险的特点

1)自身特点

汽车保险自身具有以下特点:

(1)标的流动。作为运输工具,汽车的基本功能是实现人和货物在空间上的位移,这就决定了其绝大多数时间处于运动中。汽车的流动性增大了保险人经营的不确定性,使得保险人在研究险种条款和费率的同时,需要更加注重核保、核赔以及风险的防范,也加大了核保时"验标承保"的难度;保险人对承保风险的实际控制能力减弱,更需防范道德风险和完善监控机制;还增加了保险责任事故发生时查勘和理赔的难度。保险人应建立和完善保险事故查勘检验的规程以及代理网络。

(2) 出险率高。据统计,全球每年因交通事故死亡的人数大约为 50 万。表 1-1 为我国 2011—2016 年道路交通事故统计情况。

表 1-1 2011—2016 年我国道路交通事故统计

年份	2011	2012	2013	2014	2015	2016
事故数/次	210812	204196	198394	196812	187781	212846
直接经济损失/万元	107873	117490	103897	107543	103692	120760

(3) 影响因素多。影响汽车出险的因素较多,一般包括以下几个方面:

① 汽车自身因素。汽车由于大多数时间处于动态,容易出险。

② 外部环境因素。主要体现在汽车的使用环境上,即行驶和停放环境,尤其是汽车行驶的道路环境对其风险影响最大。

③ 使用因素。如车况风险,包括车辆性能、技术参数、防盗性能、使用年限、保养情况、电器是否老化等;再如车辆用途风险,不同用途的汽车风险显然不同,营业用车、公车、私家车的使用频率和状态都有较大的差异;又如车辆驾驶人员风险,不同驾驶人的风险也有很大差异,主要涉及驾驶人的年龄、性别、性格、驾驶年限、驾驶技术等。

2) 比较特点

汽车保险相对于其他财产保险而言,具有以下特点:

(1) 占财产险比重大。对于国内各保险公司,汽车保险业务保险费收入均占其财产保险公司总保险费收入的 70% 以上,已成为我国各财产公司的"支柱险种"(表 1-2)。车险经营的盈亏,直接关系到整个财产保险行业的经济效益。

表 1-2 2011—2016 年财产保险公司保险费收入与机动车保险保险费收入情况

年份	2011	2012	2013	2014	2015	2016
产险公司保险费收入/亿元	4779.00	5530.00	6481.00	7544.00	8423.00	9265.70
机动车保险保险费收入/亿元	3504.56	4005.17	4720.79	5515.93	6199.00	6834.20
机动车保险保险费收入占产险公司保险费收入的比例/%	73.33	72.43	72.84	73.12	73.60	73.76

(2) 对象(包括被保险人和保险标的)广泛且差异大。

① 被保险人方面。随着我国汽车普及率的提高,汽车与越来越多人的生活息息相关,且大多数人为转嫁风险自愿投保,这就决定了被保险人的广泛性,而广泛性则决定了差异性。

② 保险标的方面。汽车以逐步摆脱了单一生产工具的属性,这决定了其使用的广泛性。同时,汽车的差异性逐步体现,如车型逐年增多、生产厂家多样、价格差异较大等。

(3) 保险人竞争的焦点。由于我国民用汽车保有量的迅速上升,使得汽车保险费的收入相对稳定并且不断扩大,各财产保险公司都集中主要力量在汽车保险市场展开竞争。另外,汽车保险能使保险公司接触到社会各界,可让社会各界通过汽车保险这个窗口直接体验到本公司的服务质量,可以有效树立形象。

(4)新技术的试验田。汽车保险具有面广、量大、品种单一等特点,便于新技术的推广。风靡全球的保险网上销售和电话销售,就是首先在汽车保险产品的销售上被应用并取得极大的成功。我国在汽车保险业务方面也广泛采用了多项现代技术,如计算机远程核保、远程出单、网上销售和电话销售等。

3)发展特点

我国汽车保险的发展具有以下趋势:

(1)费率自由化。2003年1月1日前,我国在全国范围施行统一车险费率。2002年8月,中国保险监督管理委员会(以下简称"保监会";根据国务院部署,2018年3月起中国保险监督管理委员会与中国银行业监督管理委员会合并为中国银行保险监督管理委员会,以下简称"银保监会")下发《关于改革机动车辆保险条款费率管理制度的通知》(保监发[2002]87号),规定自2003年1月1日起,在全国范围实施新的车险条款和费率管理制度。此后,各家保险公司纷纷调整汽车保险产品的价格,展开价格竞争。2006年7月,我国推出机动车交通事故责任强制保险(以下简称"交强险"),并实行全国统一费率。中国保险行业协会(以下简称"中保协")同时推出机动车商业保险(以下简称"商业险")A、B、C三套条款,各保险公司从中选择一套执行,并自行开发附加险条款,所以此时各公司主险的费率基本一致,附加险的费率差别较大;2007年4月,中保协对已有的商业险A、B、C三套条款进行完善,主要的附加险也给予了统一,此时主险、主要的附加险费率都基本一致,只有其他的附加险费率由各公司自行制定;2007年6月,保监会发布《机动车交通事故责任强制保险费率浮动暂行办法》,规定自2007年7月1日起交强险费率实行浮动费率;2008年2月,交强险责任限额进行调整,价格做了一定幅度的降低,与此相对应,商业险的价格也进行了调整;2012年3月,中保协合并原商业险三套条款为一套,正式发布《中国保险行业协会机动车商业保险示范条款(2012版)》(以下简称《2012版示范条款》);2015年3月,中保协对2012年版商业车险示范条款进行修订完善,发布《中保协机动车辆商业保险示范条款(2014版)》(以下简称《2014版示范条款》);与此同时,保监会印发《深化商业车险条款费率管理制度改革试点工作方案》(保监产险[2015]24号),进一步深化我国商业车险条款与费率改革工作。总之,我国汽车保险费率不断调整的目的在于维护汽车保险市场稳定的同时积极探索市场化方式运作。

(2)为汽车产业保驾护航。汽车产业对推动我国经济持续、稳定地发展具有重要作用。汽车产业想要获得更大发展,必须解决好汽车使用带来的问题,特别是交通风险,如果处理不好,将会影响到汽车产业的发展,甚至整个社会的稳定。

3. 汽车保险的作用

我国自1980年恢复保险业务以来,汽车保险业务取得了长足进步,在社会生产和生活中发挥了越来越突出的作用,主要表现在:

(1)促进汽车工业的发展,扩大了对汽车的需求。从目前经济发展情况看,汽车工业已成为我国经济健康、稳定发展的重要动力之一,汽车产业政策在国家产业政策中的地位越来越重要,汽车产业政策要产生社会效益和经济效益,要成为中国经济发展的原动力,离不开汽车保险与之配套服务。汽车保险业务自身的发展对于汽车工业的发展起到了有力的推动作用。汽车保险的出现,解除了企业与个人对使用汽车过程中可能出现的风险的担心,一定程度上提高消费者购买汽车的欲望,一定程度扩大了对汽车的需求。

(2)稳定了社会公共秩序。随着我国经济的发展和人民生活水平的提高,汽车作为重要的生产运输和代步工具,成为社会经济及人民生活中不可缺少的一部分,其作用显得越来越重要。车辆所有者为了转嫁使用汽车带来的风险,愿意支付一定的保险费投保。在汽车出险后,从保险公司获得经济补偿。由此可知,开展汽车保险既有利于社会稳定,又有利于保障保险合同当事人的合法权益。

(3)促进了汽车安全性能的提高。在汽车保险业务中,经营管理与汽车维修行业及其价格水平密切相关。原因是在汽车保险的经营成本中,事故车辆的维修费用是其中重要的组成部分,同时车辆的维修质量在一定程度上体现了汽车保险产品的质量。保险公司出于有效控制经营成本和风险的需要,除了加强自身的经营业务管理外,必然会加大事故车辆修复工作的管理,一定程度上提高了汽车维修质量管理的水平。同时,汽车保险的保险人从自身和社会效益的角度出发,联合汽车生产厂家、汽车维修企业开展汽车事故原因的统计分析,研究汽车安全设计新技术,并为此投入大量的人力和财力,从而促进了汽车安全性能方面的提高。

(4)汽车保险业务在财产保险中占有重要的地位。目前,大多数发达国家的汽车保险业务在整个财产保险业务中占有十分重要的地位。美国汽车保险保险费收入,占财产保险总保险费的45%左右,占全部保险费的20%左右。日本汽车保险的保险费占整个财产保险总保险费的比例更是高达58%左右。从我国情况来看,随着积极的财政政策的实施,道路交通建设的投入越来越多,汽车保有量逐年递增。在过去的30年,汽车保险业务保险费收入每年都以较快的速度增长。近几年,在国内各保险公司中,汽车保险业务保险费收入占其财产保险业务总保险费收入的60%以上,部分公司的汽车保险业务保险费收入占其财产保险业务总保险费收入的70%以上。汽车保险业务已经成为财产保险公司的"吃饭险种",其经营的盈亏,直接关系到整个财产保险行业的经济效益。可以说,汽车保险业务的效益已成为财产保险公司效益的"晴雨表"。

1.2.2 汽车保险的发展历史及现状

1. 汽车保险的起源

国外汽车保险起源于19世纪中后期。当时,随着汽车在欧洲一些国家的出现与发展,因交通事故而导致的意外伤害和财产损失随之增加。尽管各国都采取了一些管制办法和措施,汽车的使用仍对人们的生命和财产安全构成了严重威胁。因此引起了一些精明的保险人对汽车保险的关注。1896年11月,由英国的苏格兰雇主保险公司发行的一份保险情报单中,刊载了为庆祝"1896年公路机动车辆法令"的顺利通过,而于11月14日举办伦敦至布赖顿的大规模汽车赛的消息。在这份保险情报中,还刊登了"汽车保险费年率"。最早开发汽车保险业务的是英国的"法律意外保险有限公司",该公司于1895年签发了世界上最早的汽车保险单——汽车责任保险单,保险费为10～100英镑,并与

1898年率先推出了汽车第三者责任保险,并可附加汽车火险。到1901年,保险公司提供的汽车保险单,已初步具备了现代综合责任险的条件,保险责任也扩大到了汽车的失窃。

2. 汽车保险在国外的发展

20世纪初期,汽车保险业在欧美得到了迅速发展。1903年,英国创立了"汽车通用保险公司",并逐步发展成为一家大型的专业化汽车保险公司。

到1913年,汽车保险已扩大到了20多个国家,汽车保险费率和承保办法也基本实现了标准化。

1927年是汽车保险发展史上的一个里程碑。美国马萨诸塞州制定的举世闻名的强制汽车(责任)保险法的颁布与实施,表明了汽车第三者责任保险开始由自愿保险方式向法定强制保险方式转变。此后,汽车第三者责任法定保险很快传播到世界各地。第三者责任法定保险的广泛实施,极大地推动了汽车保险的普及和发展。车损险、盗窃险、货运险等业务也随之发展起来。

自20世纪50年代以来,随着欧、美、日等地区和国家汽车制造业的迅速扩张,机动车辆保险也得到了广泛的发展,并成为各国财产保险中最重要的业务险种。到20世纪70年代末期,汽车保险已占整个财产险的50%以上。

3. 我国汽车保险的发展历程

1)萌芽时期

我国的汽车保险业务的发展经历了一个曲折的历程。汽车保险进入我国是在鸦片战争以后,但由于我国保险市场处于外国保险公司的垄断与控制之下,加之旧中国的工业不发达,我国的汽车保险实质上处于萌芽状态,其作用与地位十分有限。

2)试办时期

中华人民共和国成立以后,创建不久的中国人民保险公司就于1950年开办了汽车保险。但是因宣传不够和认识的偏颇,不久就出现对此项保险的争议,有人认为汽车保险以及第三者责任保险对于肇事者予以经济补偿,会导致交通事故的增加,对社会产生负面影响。于是中国人民保险公司于1955年停止了汽车保险业务。直到20世纪70年代中期,为了满足各国驻华使领馆等外国人拥有的汽车保险的需要,开始办理以涉外业务为主的汽车保险业务。

3)发展时期

1980年,中国人民保险公司逐步全面恢复中断了近25年之久的汽车保险业务,以适应国内企业和单位对于汽车保险的需要。但当时汽车保险仅占财产保险市场份额的2%。

随着改革开放形势的发展,社会经济和人民生活也发生了巨大的变化,机动车辆迅速普及和发展,机动车辆保险业务也随之得到了迅速发展。1983年汽车保险改为机动车辆保险,使其具有更广泛的适应性。在此后的近20年过程中,机动车辆保险在我国保险市场,尤其在财产保险市场中始终发挥着重要的作用。到1988年,汽车保险的保险费收入超过20亿元,占财产保险份额的37.6%,第一次超过了企业财产险(35.99%)。从此以后,汽车保险一直是财产保险的第一大险种,并保持高增长率,我国的汽车保险业务进入了高速发展的时期。

与此同时,机动车辆保险条款、费率以及管理也日趋完善,尤其是国家保监会和中保协分别于1998年和2001年成立,对全面规范我国机动车保险市场,促进机动车辆保险业务的发展起到了积极的作用。

1.3 汽车保险的经营

1.3.1 我国汽车保险经营状况

2000年以来,我国车险保险费占财产险保险费收入的比重一直维持在60%以上,车险市场的发展状况对财产保险市场有着举足轻重的作用。

2001年以来,车险市场赔付率增长速度远快于保费收入增长速度,导致保险公司的赔付压力过大,盈利水平下降。营运车辆的高赔付,是车险赔付率高的主要原因。长期以来,营运车辆赔付率都在80%左右,出租车赔付率几乎达到100%,5t~10t载重车赔付率超过150%,10t以上载重车赔付率在200%左右。2003年以来,新车销售量大幅增加,新手驾车的情况也相应增加,出险频率极高。目前,私家车赔付率已高达70%以上,远超出车险赔付率的警戒线。更重要的是,在案件很小的情况下,保险公司都得照常履行理赔程序,有时理赔金额可能只有几十元,但保险公司往往要为此支付上百元的成本。所以,我国车险行业商业险业务一直处于微利状态,而交强险业务一直处于亏损状态,直至2017年才首次实现盈利。如何激发我国车险市场的活力,持续提高全行业的盈利水平,还需要我国保险监管部门和各保险公司不断地努力和探索。

1.3.2 汽车保险经营的创新

1. 车险产品的创新

保监会于2012年3月发布了《关于加强机动车辆商业保险条款费率管理的通知》(保监发〔2012〕16号),鼓励各车险经营公司创新条款,制定新的车险产品。车险产品创新,成了全行业关注的重点之一。从当前的情况来看,车险产品的创新有两个途径:一是扩展,二是细分。

从扩展的途径来看,要深挖市场需求,借助我国持续深化汽车保险市场改革的有利时机,进行新险种的尝试。例如:2017年5月,中国保险行业协会牵头制定了《机动车第三者责任保险法定节假日限额翻倍示范条款》。该款商业车险附加险产品针对节假日自驾出游频率较高或具有特定风险保障需求的客户,投保了机动车第三者责任保险并投保该附加险的被保险人,在法定节假日发生相关事故后,第三者责任保险限额可以在保单基础上增加一倍。该款产品由于切合市场,很快就得到了市场的认可,2018年以来已有多家保险公司获批采用该条款,起到了很好的示范带头作用。此外,新能源汽车、二手车等新车型、新市场均有许多领域值得挖掘。

从细分的途径来看,有不少值得思考的地方。其一,中国的车险市场整体框架是在传统的计划经济时代设计的,面对国内汽车市场日新月异的变化,可以考虑借鉴国外一些成功的经验来创新车险产品;其二,某些责任可以考虑拆分。例如:在车损险中的"雷击、暴风、暴雨、洪水、龙卷风、冰雹、台风、热带风暴、地陷、崖崩、滑坡、泥石流、雪崩、冰陷、暴雪、冰凌、沙尘暴"等责任条款,可否根据不同的地理环境进行有选择地剔除,这样可以减少客户实际上并不需要的保障,适当降低费率,有利于产品的销售;其三,应该考虑不同层次、不同特点客户的需求,制定更加细致的保障责任。

2. 车险保单形式的创新

传统的车险保单为单期保单,保险合同期间通常为一年,需要不断年复一年的续保。这为保险人控制承保风险带来了一定的好处,但也存在着很多弊端。可从以下几个方面考虑,将单期保单转为复式保单。

(1)单期保单操作繁琐。这种年复一年的续保,保单责任方面几乎没有任何改动,但是每次都需要投保方出示大量的证件、证明,对投保方来说费时费力。

(2)单期保单增大保险公司管理成本。每年的续保,都需要保险公司花费大量人力物力,大大提高了保险公司的管理成本,降低了保险公司的利润。

(3)将单期保单转为复式保单,仍可以采用其他方式来合理地控制承保风险,如免赔或无赔款优待系统。

3. 将车险与家庭财产保险捆绑销售

从保险公司经营的角度考虑,目前车险需求量很大,但是全行业效益欠佳;而家庭财产保险的保费收入并不大,却可以给保险公司带来一定的利润。如果将两者结合起来,则可以达到一种相互补充,既能提高家庭财产保险在财产保险中的份额,又能弥补部分车险业务的亏损。对于两者的销售方式,则可以采用组合销售的方式。例如:购买一定险别的车险,可以搭售一定保额的家财险,而且在费率上给予一定的优惠。

从保户的角度考虑,对于个人保户来说,拥有私家车的个人家庭经济状况一般比较好。在我国,一般家庭还是先有房后有车,因此这些保户的家庭财产安全也是至关重要的,这些人对家财险的潜在需求是很大的。通过这样一种搭配方式,既可以得到车辆的保障,又能得到对家庭财产的保障。

4. 将车险与人身保险相结合

车险与人身保险的结合,主要是从信息共享的角度来考虑。随着我国国民生活水平的提高,拥有私家车的家庭也会越来越多,形成一个大的"驾驶人"群体。从死亡率的角度来考虑,经常驾车的人的死亡率比不经常驾车的人的死亡率要高。车险产品通过承保、理赔会不断积累被保险人的个人信息及出险状况,这可以为人身保险公司提供"驾驶人"群体的死亡、伤残数据,有利于人身保险公司调整保险责任和费率;同时,人身保险公司也可以提供被保险人的个人信息、健康状况等资料,为车险产品的核保提供方便。

与此同时,可以考虑在人身保险的基础上附加车险"因素"。例如:可以在责任中加入"如果由于交通事故死亡,可以支付额外的保险金",也可以采用投保人身保险同时可以低价投保车险的办法来吸引客户,增加保费收入。

5. 将车险与投资相结合

在政策允许时,将车险与投资相结合,可以使得保户在得到车辆保障的同时,获得投资收益,这也有助于保险公司吸引客户。但是需要注意以下问题:

(1)具有一定的需求。个人保户基本上属于高收入阶层,对投资收益的追求一定不在少数,在车险中加入投资因素,正好可以满足这些人的投资需求。

(2)需要考虑保单的长度。一般公认的观点:具有投资功能的保单,要求具有长期性,而目前车险市场上的产品几乎全部为短期险种,这就限制了投资与车险的结合。为解决这个问题,需要将车险保单由单期保单向复式保单转变。

(3)需要考虑车辆的使用寿命。由于汽车一定年限后可能被淘汰,车险责任终结,保单的长期投资就不能得到保障。针对这个问题,可以考虑增加适当的条款来解决,例如:可以在合同中注明,在车辆淘汰后,只有重新购买机动车辆,并适当调整保费后,投资账户才能继续有效,否则扣除一部分费用后退还投资账户价值。

(4)考虑短期投资。不改变保单长度,而将其同短期投资账户结合,不保证最低收益,一年一结算。如果当期期满仍继续投保的保户,可以给予适当优惠。

6. 在服务中考虑投保人独特的需求

当前的车险经营仍然属于粗放型,没有从人性化的角度考虑少数人的需求。在与汽车保险相关的领域,保险公司同样可以提供服务。

例如:购车服务,由于保险公司掌握大量的车损数据,因此购车者可以到保险公司咨询,掌握相关的车辆损毁原因以及车辆的安全性能等多方面的信息,帮助购车者买到称心如意的车辆,同时也可借此机会销售公司的车险产品。

再如:路况信息服务。保险公司可以实行差别化费率,在不同的地区的费率可以不同。只有充分了解当地的路况、气候、自然条件的情况,才能在此基础上制定相关的系数。而保险公司可以凭借其对各地区路况、气候、自然条件的了解,为到外地行车的驾驶人提供相关服务。

1.3.3 汽车保险发展方向

1. 险种多元化

我国地域辽阔,保险产品的需求在不同地区、不同环境、不同类型的消费者中有着较大的差异,为满足不同需求,需推进险种多元化车险。

随着我国 2015 年开始的新一轮商业车险条款费率管理制度改革的不断推进,车险市场上将会出现越来越多的个性化保险产品,险种多元化将会持续推进。

2. 费率合理化

目前,我国对车险费率的监管政策仍处于不断调整过程中,总体方向是引导保险公司之间展开理性竞争,推进费率进一步合理化。

另外,从 2015 年开始的新一轮商业车险条款费率管理制度改革,在商业车险费率计算公式中一改以往只考虑车价的做法,重点突出从地区、车型、使用年限、使用性质等不同维度,准确反映被保险机动车的行业平均赔付水平。今后"从车""从人"的费率厘定模式将会进一步得到强化,基于使用行为的车险(Usage-Based Insurance,UBI)可能会重构我国车险生态圈。

3. 无赔优待明显

无赔款优待制度是汽车保险业中所特有的制度,其目的是解决由于风险的不均匀分布使保险费与实际损失相联系的问题,使保险人实际收取的保费能够更加真实地反映风险的实际情况,充分体现了经营中对于风险个性特征的考虑。

由于汽车风险受驾驶人员主观影响程度较大,因此在汽车保险中应用无赔优待制度具有明显的优越性。主要表现:一是可以使保险人收取的保险费更接近于真正的单一和均匀的风险;二是可以鼓励被保险人增强安全意识,谨慎驾驶,以减少交通事故;三是被保险人在损失小于折扣额时就不会报案,可以减少保险人小额赔偿的处理成本和管理费用。因此,在各国的汽车业务中均采用了无赔优待制度。我国目前在商业车险费率计算中专门设置无赔款优待系数,今后这一做法还将继续完善和发展。

4. 营销电子化

随着计算机网络的普及以及电子商务的流行,保险可以最大限度地发挥网络优势,促进市场营销电子化,扩大客户群和业务量。网络保险作为一种全新模式,具有成本低、业务时间和空间不受约束的优点。由于汽车保险的风险较为规范,相应的保险产品及其定价也较为清晰明了,这些特点为车险开展营销电子化提供了有利条件。随着互联网车险的发展和商车费改的推进,相关法律相继出台,为互联网渠道汽车保险营销健康有效地发展创造了新环境。

5. 紧随业态变化

2017年4月,工业和信息化部、发展改革委、科技部联合印发了《汽车产业中长期发展规划》,对未来汽车产业中的许多新业态、新领域进行了规划。其中新能源汽车、智能网联汽车以及节能汽车将是我国汽车行业未来发展的重点。新技术必然伴随新风险,我国汽车保险也会紧随这一业态变化,不断推进自身改革,在变革中求生存、求发展。

同时二手车市场在我国不断壮大,交易量不断增加,二手车质保、残值保险等领域将成为今后车险行业业务推进和革新的主要领域之一。

1.4 汽车保险市场

1.4.1 保险市场概述

1. 保险市场的含义

保险市场是指保险商品交换关系的总和或是保险商品供给与需求关系的总和。它既可以指固定的交易场所,如保险交易所,也可以是所有实现保险商品让渡的交换关系的总和。现代保险市场已经突破了传统的有形市场概念,可以通过各种媒介,包括电话、互联网等来实现。

2. 保险市场的主体

保险市场的主体是指保险市场交易活动的参与者,包括保险商品的供给者、需求方和充当供需双方媒介的中介方。

保险商品的供给方是指在保险市场上,提供各类保险商品,承担、分散和转移他人风险的各类保险人。他们以各类保险组织形式出现在保险市场上,如国有形式、私营形式、合营形式、合作形式等。

保险商品的需求方是指在一定时间、一定地点等条件下,为寻求风险保障而对保险商品具有购买意愿和购买力的消费者的集合。

保险市场中介方既包括活动于保险人与投保人之间,充当保险供需双方的媒介,把保险人和投保人联系起来并建立保险合同关系的人包括保险代理和保险经纪人,也包括独立于保险人与投保人之外,以第三者身份处理保险合同当事人委托办理的有关保险业务的公证、鉴定、理算、精算等事项的人,如保险公证人(行)或保险公估人(行)、保险律师、保险理算师、保险精算师、保险验船师等。

3. 保险市场的客体

保险市场的客体是指保险市场上供求双方具体交易的对象,这个交易对象就是保险商品。保险商品是一种特殊形态的商品;第一,这种商品是一种无形商品;第二,这种商品是一种"非渴求商品";第三,保险商品具有灾难的联想性。

4. 保险市场机制

保险市场机制是指将市场机制一般引用于保险经济活动中所形成的价值规律、供求规律及竞争规律之间相互制约、相互作用的关系。现代意义的市场是以市场机制为主体进行经济活动的系统和体系,市场机制的具体内容包括价值规律、供求规律和竞争规律及其相互关系。

保险市场机制是指将市场机制应用于保险经济活动中所形成的价值规律、供求规律和竞争规律三者之间相互制约、相互作用的关系。但由于保险市场具有不同于一般市场的独有特性,市场机制在保险市场上表现出特殊的作用。

1) 价值规律

价值规律在流通领域中要求等价交换,即要求价格与价值相一致。价值规律在流通领域中的运动,表现为价格的运动。价格既反映价值量,又反映供求状况;它既不能时时处处与价值相一致,又不能长久低于或高于价值,而是以价值为中心,围绕着价值上下波动。保险商品是一种特殊商品,这种商品的价值一方面体现为保险人提供的保险保障(包括有形的补偿和无形的心理保障)所对应的等价劳动的价值,另一方面体现为保险从业人员社会必要劳动时间的凝结。保险费即为保险商品的价格。投保人所交纳的保险费是为换取保险人的保险保障而付出的代价,无论是从个体还是总体角度,都表现为等价交换。但是,因为保险费的主要构成是根据过去的、历史的经验测算出来的未来损失概率,所以价值规律对于保险费率的自发调节作用,只能限于凝结在费率中的附加费率部分的社会必要劳动时间。因此,保险人只能通过改进经营技术、提高服务效率来降低附加费率。

我国汽车保险行业曾一度出现一些公司为追求短期利润和局部利益,置价值规律于不顾,盲目降低费率、向投保人支付高额回扣、无限提高代理费用、随意放宽赔偿条件等,这些做法严重背离了市场经济的价值规律,最终受到了经济规律的惩罚,整个保险市场也为此付出了极大的代价。

2)供求规律

供求规律是流通领域的一条重要规律。供求规律表现为供给与需求之间的关系。这种关系是供给总是追随需求。但在商品经济条件下,供给不是大于需求就是需求大于供给,二者很难正好相等。同时,供给不能过久、过多地大于或小于需求。从发展趋势看,供给量与需求量是大致相等的。

供求规律通过对供需双方力量的调节达到市场均衡,从而决定均衡价格。就一般商品而言,其价格的形成直接取决于市场供需状况。但是,在保险市场上的商品价格即保险费并不完全取决于市场供求的力量对比。保险市场保险费率的形成,一方面取决于风险发生的频率,另一方面取决于保险商品的供求情况。汽车保险的费率也是如此。因此,保险市场的保险费不是完全由市场供求情况决定的,而需要由专门的精算技术确定。尽管保险费的确定需要考虑供求情况,但是供求本身并不是确立保险费的主要因素。

3)竞争规律

竞争包括供给者之间的竞争、需求者之间的竞争以及供求之间的竞争。供给者、需求者、供求者在竞争过程中优胜劣汰。竞争导致供给和需求、社会生产和社会消费总是在相互脱离又相互一致的两种状态间运动。但从总的趋势看,二者是趋向平衡的。

价格竞争是商品市场的重要特征。一般的商品竞争,就其手段而言,价格是最有利的竞争手段。而在保险市场上,由于交易的对象与风险直接相关,使得保险商品费率的形成并不完全取决于供求力量的对比,相反风险发生的频率即保险金额损失率才是决定费率的主要因素。因此,一般商品价格竞争机制,在保险市场受到某种程度的限制。

随着社会的进步,人们对于竞争已经有了较为理性的认识,市场竞争已从单纯的价格竞争转变为服务等非价格竞争。

5.保险市场功能

保险市场的功能主要包括以下几方面:

(1)合理安排风险,维护社会稳定的功能。保险市场通过保险商品交易合理分散风险,提供经济补偿,在维护社会稳定方面发挥着积极的作用。

(2)聚集、调节资金,优化资源配置的功能。保险资金收入和支出之间有一个时间差,保险市场通过保险交易对资金进行再分配,从而充分发挥资金的时间价值,为国民经济的发展提供动力。

(3)实现均衡消费,提高人民生活水平的功能。保险市场为减轻居民消费的后顾之忧提供了便利,使之能够妥善安排生命期间的消费,提升人民生活的整体水平。

(4)促进科技进步,推动社会发展的功能。保险市场运用科学的风险管理技术,为社会的高新技术风险提供保障,由此促进新技术的推广应用,加快科技现代化的发展进程。

6.保险市场模式

1)完全竞争模式

完全竞争型保险市场模式的市场份额是由众多规模相对偏小的保险公司共享的市场模式,资源自由流动,但公司利润微薄。保险市场上存在数量众多的保险公司,任何公司都可以自由进入保险市场,它们对市场的信息充分了解,市场实行完全开放政策,保险公司数量没有严格规定,公司数量由市场自行调节,市场秩序没有保证。很显然,完全竞争型的保险市场在当今已经不具有任何现实性,没有一个国家、一个地区的保险市场是完全竞争型。因此,这种保险市场模式只具有理论上的研究价值,而无任何现实意义。

2)完全垄断模式

完全垄断型保险市场模式又称独家垄断型模式。它是指在一个保险市场上只有一家或者少数保险公司垄断所有保险业务,保险市场上没有竞争。完全垄断型保险市场上的保险公司既可以是国有保险公司,也可以是私营保险公司。在实践中,完全垄断型保险市场模式有两种变通形式:一种是专业型完全垄断模式,即在一个保险市场上同时存在两家或两家以上的保险公司,各个保险公司垄断不同的保险业务,相互间业务不交叉,从而保持完全垄断模式的基本性质;另一种是地区型完全垄断模式,即在一国保险市场上存在两家或两家以上的保险公司,它们分别垄断不同地区的保险业务,相互间业务没有交叉。完全垄断型保险市场模式在当今世界几乎不存在。

3)垄断竞争模式

垄断竞争模式是指在一个保险市场上存在大量的保险公司,并且大型公司与小型公司并存,少量大型保险公司占有大量市场份额的保险市场模式。以大、小保险公司混合存在的垄断竞争型模式则较为普遍,如位居第一的美国保险市场就是该模式,以英国为主的欧洲国家大多具有垄断竞争型市场模式。1998年德国、英国、美国前10家非人身保险公司的市场份额分别为59%、55%、45%,而人身保险市场,市场份额集中度更高。

4)寡头垄断模式

寡头垄断型保险市场是指在一个保险市场上,只存在少数相互竞争的保险公司。在这种模式的市场中,保险业经营依然以市场为基础,但保险市场具有较高的垄断程度,保险市场上的竞争是国内保险垄断企业之间的竞争,形成相对封闭的国内保险市场。这种保险市场模式有一个十分明显的特点,即国家保险监管机关对市场规模控制得非常严格,新公司难以进入市场,保险市场的结构较为稳定。近年来,我国保险公司的数量明显增加,这说明我国多主体的市场格局虽然已基本形成,但市场结构属于寡头垄断型市场。

7. 保险市场营销模式

保险市场营销是指保险人为了充分满足保险市场上存在的风险保障需求和欲望而开展的总体和系统性的活动。具体包括保险市场的调查和预测、保险市场营销分析、投保人行为研究、新险种开发、保险营销渠道选择、保险商品推销以及售后服务等一系列活动。

保险市场营销模式是指保险公司获得业务的渠道和模式。各家保险公司可以根据本公司的具体情况和市场特点,选择市场营销模式。

1)直接业务模式

直接业务模式是指保险公司利用自己的职工进行市场营销获得业务的模式。这种模式可以通过保险公司的员工拜访客户,或是接待客户上门获得业务,或是采用电话营销。

2)代理业务模式

代理业务模式是指保险公司通过其代理人,包括专业代理人、兼业代理人和个人代理人等渠道获得业务。

3）经纪人业务模式

经纪人业务模式是指保险公司通过经纪人或经纪公司的渠道获得业务。

1.4.2 汽车保险市场的特殊性

汽车保险在保险市场中有其特殊性，不应该将其简单地视为一种普通的经济合同，它对于人们生产和生活的影响已经超出了合同双方的范围，成为一种具有一定意义的经济制度。汽车保险市场除具有保险市场的一般属性外，还包括如下特点：

(1) 被保险人具有广泛性。汽车保险不再是以企业和单位为主要业务对象，而逐步发展成为以私人为主要对象的业务。随着我国民用汽车产业的迅速发展，汽车保险正在成为与越来越多的人生活息息相关的险种类别。

(2) 汽车保险，尤其是第三者责任法定保险，在稳定社会关系和维护社会公共秩序方面的特殊作用，使其不仅是合同双方的经济活动，更是社会法制体系的重要组成部分。

(3) 汽车保险的保险标的经常处于流动状态中，因此造成汽车保险的出险率高。与其他险种相比，保险人的理赔技术和服务质量至关重要。

(4) 汽车保险的业务量和保险费收入已经对整个保险市场起到了举足轻重的作用。无论是保险公司经营管理，还是监管部门对于保险市场的监督管理，汽车保险均具有十分突出的地位。

复习思考题

(1) 风险的定义和构成要素有哪些？
(2) 保险的定义是什么？
(3) 保险有哪些特征？
(4) 汽车保险的含义是什么？
(5) 汽车保险有哪些作用？
(6) 我国当前汽车保险的经营状况如何？
(7) 汽车保险市场的特殊性有哪些？

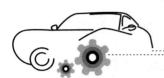

第 2 章

汽车保险原则与合同

▼ 学习目标

本章主要讲述汽车保险合同的基本知识。通过学习,要求掌握保险利益原则、最大诚信原则、近因原则、损失补偿原则以及分摊原则、代位原则的含义与主要规定,熟悉汽车保险合同的订立、生效、变更、履行以及解除的具体法律规定。并能将这些原则以及规定灵活运用于汽车保险实务中。

▼ 重点难点

(1)汽车保险基本原则的含义及主要规定;
(2)汽车保险合同的订立、生效、变更、履行以及解除的具体法律规定。

▼ 引导案例

2003年1月29日,田某用了12.3万元从北京市旧机动车交易市场购买了一辆奥迪,并向某保险公司投保了车辆损失险、第三者责任险、盗抢险、不计免赔特约条款。投保时,田某选择奥迪车的新车购置价32万元作为保险金额,缴纳保险费5488元。6月3日该车发生火灾,全部被毁。事故发生后,田某向保险公司提出索赔,经过现场勘察,保险公司只同意按照奥迪车的实际价值12.3万元承担责任。理由:依据《保险法》,保险金额不能超过保险价值,超过的部分无效,即使保险金额高于车辆实际价值,也只能以车辆的实际价值12.3万元理赔。但田某认为自己是按32万元投保和缴纳保险费的,保险公司理当赔付32万元。双方争执不下,于是田某将其保险公司告上法庭。经过审理,石景山法院判决:保险公司按车辆的实际价值即新车购置价扣减折旧金额后承担责任,赔付22万元。

第一,本案的判决结果是否违背了损失补偿原则?
根据损失补偿原则,保险事故发生后,被保险人有权获得补偿,但保险人的补偿数额以使标的物恢复到事故发生前的状态为限。本案中田某购买车辆时仅花费了12.3万元,但其却得到22万的赔偿,是否获得了额外利益?

需要注意,本案中保险条款规定:"按投保时车辆的新车购置价确定保险金额的,发生全部损失时,在保险金额内计算赔偿,保险金额高于保险事故发生时保险车辆实际价值的,按保险事故发生时保险车辆的实际价值计算赔偿。"而在保险金额如何确定一部分,规定:"保险金额可以按投保时保险车辆的实际价值确定。本保险合同中的实际价值是指同类型车辆新车购置价减去折旧金额后的价格。"

从理论上讲,出现在一份保险合同中的术语应作相同的解释,因此可以认为在发生全部损失时,"按保险事故发生时保险车辆的实际价值计算赔偿"中的实际价值也是指新车购置价减去折旧金额后的价格。根据合同自由原则,依照当事人双方的自由意愿订立的保险合同对当事人具有法律约束力,当事人必须严格遵守,按照约定履行自己的义务;依法成立的合同受法律保护。

本案中,法院判定保险公司按照新车购置价扣减折旧后的金额赔付,虽与损失赔偿原则不符,但也应按此条款理赔。

第二,保险公司按实际价值承担责任,是否违背了公平原则?

本案中被保险人一直坚持保险公司应赔付新车购置价,认为保险公司按照32万元的保险金额收取保险费,但是全损时却按照实际价值赔付,有失公平。

车险合同是一份附和合同,投保人并不能参与合同条款的制定,但为了保证弱者的利益,我国《合同法》规定:"采用格式条款的一方应当注意免除或者限制其责任的条款,按照对方的要求,对该条款予以说明。"

本案中保险公司虽然是按照32万元计收保险费的,但值得注意的是,影响保险费数额高低还有一个因素,即保险费率。若是车辆全损时,保险人一律按新车购置价承担责任,则保险费率将有所上升,而绝不是现行的费率。因此很难说上述条款违反了公平原则。

基于本案例,专家建议,首先应在保险金额条款中删除保险金额确定部分。既然是不定值保险合同,保险金额的确定就应依照保险价值和赔偿方式来确定,无须规定保险金额的确定方法,只需明确保险价值的概念即可,以避免产生"我按新车购置价确定保额,全损却得不到新车购置价的赔付"的不必要争论。

在车辆损失险中也应采用以实际价值为基础的不定值保险赔偿方式,保险价值是出险时的实际价值。即全损时,按保险金额赔偿,若保险金额高于保险价值,按保险价值赔偿;分损时,按实际支出的修理费用扣除以新换旧的差额赔偿,若保险金额低于保险价值,按照此保障程度计算赔偿。

此外,可在附加险中增加"重置成本保险特约(分损)"。由于在车辆损失险时采用以实际价值为基础的不定值保险,部分损失时,被保险人不能得到车辆修理时以新换旧差额部分的赔付,不能满足一部分被保险人的需求,因此可制定"重置成本保险特约(分损)",加保此特约后,一旦发生部分损失,保险人可按照实际支出的修理费用赔偿,而不扣除折旧。在估算车辆的实际价值时,可按折旧年限确定,也可按市场交易价格确定,以低者为准。

此案例发生的时间较早,反映出的问题也是此前社会较为关注的车损险"高保低赔"的问题,具有典型性。被保险人与保险人争论的焦点实则是在保险费计算与赔偿处理时保险金额的基准问题。条款概念的模糊,增加了纠纷和诉讼发生的可能性也给基层司法工作造成困扰。《中国保险行业协会机动车综合商业保险示范条款(2014版)》(以下简称《2014版示范条款》)中明确约定车损险的保险金额按投保时被保险机动车的实际价值确定,即新车购置价减去折旧金额后的价格确定。在发生全部损失时,按照保险金额为基准计算赔付;发生部分损失,按实际修复费用在保险金额内计算赔偿。条款的推出从根本上杜绝了此类矛盾的发生,切实维护了广大消费者的合法权益。

2.1 汽车保险原则

汽车保险的基本原则是集中体现保险法本质和精神的基本准则。它既是保险立法的依据,又是保险活动中必须遵循的准则,也是汽车保险过程中要遵循的基本原则。汽车保险的基本原则是通过保险法的具体规定来实现的;而保险法的具体规定,必须符合基本原则的要求。

保险的基本原则有保险利益原则、最大诚信原则、近因原则、损失补偿原则、分摊原则以及代位原则。

2.1.1 保险利益原则

1. 保险利益原则的含义及意义

1)保险利益原则的含义

根据我国《保险法》第十二条的规定:"保险利益是指投保人或者被保险人对保险标的具有的法律上承认的利益。"它体现了投保人或被保险人与保险标的之间的利害关系。具体来说,人身保险的投保人在保险合同订立时,对被保险人应当具有保险利益;财产保险的被保险人在保险事故发生时,对保险标的应当具有保险利益。就财产保险而言,如果保险标的安全,被保险人可从中获益;一旦保险标的受损,被保险人必然会蒙受损失。正是由于保险标的与被保险人的经济利益息息相关,投保人才会为保险标的投保以转嫁各种可能发生的风险,而保险公司则通过风险分摊来保障被保险人的经济利益。

在机动车辆保险与理赔实务中,被保险人主要有下列的保险利益关系:

(1)所有关系:机动车的所有人拥有保险利益。

(2)租赁关系:机动车的承租人对于所租赁的车辆具有保险利益。

(3)借贷关系:以机动车作为担保物,债权人拥有保险利益。

(4)雇佣关系:受雇人对于其使用的机动车拥有保险利益。

(5)委托关系:机动车运输人对于所承运的机动车具有保险利益。

2)保险利益应当具有三个要素

(1)必须是法律认可并予以保护的利益。法律上不予承认或不予保护的利益不构成保险利益,所签订的保险合同均无效。例如:投保人以盗窃的汽车或购买来的赃车或走私车投保,该保险合同无效。

(2)必须是客观存在的利益。指事实上或客观上的利益,而不是当事人主观估计的利益。

(3)必须是确定的经济利益。指能够用货币估价的,对于无价之宝,没有办法确定其价格,保险人就无法承保。

3)保险利益原则的意义

(1)避免赌博行为的发生。投保人或被保险人对保险标的具有保险利益,否则,保险就可能成为一种赌博,丧失其补偿经济损失、给予经济帮助的功能。

(2)防止道德风险。是否具有保险利益,是判断保险合同有效或无效的根本依据。

(3)有效地限制了保险补偿或给付的程度,即不论保险标的损失的价值有多大,被保险人所能获得的补偿程度要受保险利益的限制。

2. 保险利益原则对投保人与被保险人的要求

保险利益原则在保险合同的订立、履行过程中,有不同的适用要求。就财产保险而言,合同成立后,被保险人可能因保险标的的买卖、转让、赠予、继承等情况而变更。因此,发生保险事故时,被保险人应当对保险标的具有保险利益,否则就不能得到保险公司的合理赔偿,而投保人是否仍具有保险利益,则无关紧要。在汽车保险实践中,这就要求在车辆转让或交易时应及时通知保险公司,否则,如果转让后被保险车辆在转让后的危险程度显著增加,在发生保险事故后将得不到保险人的相应赔偿。就人身保险而言,投保时,投保人必须对被保险人具有保险利益,至于发生保险事故时,投保人是否仍具有保险利益,则无关紧要。

案例分析2-1 没有保险利益合同无效

案情介绍:A(男)与B(女)为大学同学,在读大学期间两人确立了恋爱关系。毕业之后两人分配到了不同的地方工作,但仍有书信往来,不改初衷。A的生日快要到了,为了给A一个惊喜,B悄悄为A投保了一份人身意外伤害险,准备作为生日礼物送给他。谁知天有不测风云,当A从外地匆匆赶往B所在的城市时,却遭遇了翻车事故,A当场死亡。B悲痛之余想到了自己为A投保的保单,于是向保险公司请求支付死亡保险金2万元。保险公司在核保时,得知A这份意外险是在本人不知情的情况下,由B擅自购买的,于是,保险公司便以B没有保险利益为由,拒绝给付保险金。B因此将保险公司告上法庭,法院最终支持了保险公司的主张。

本案分析:我国《保险法》第三十一条对人身保险的保险利益人范围作出了规定:"投保人对下列人员具有保险利益:(一)本人;(二)配偶、子女、父母;(三)前项以外与投保人有抚养、赡养或者扶养关系的家庭其他成员、近亲属;(四)与投保人有劳动关系的劳动者。除前款规定外,被保险人同意投保人为其订立合同的,视为投保人对被保险人具有保险利益。"可见,B和A仅仅是恋爱关系,B对A并无法律上认可的保险利益;如果B在投保时征得A的同意,那么B对A的保险利益获得法律支持,保险公司就没有理由拒绝给付死亡保险金了。

在保险实务中,由于投保人或者被保险人对保险标的不具有保险利益而引发的保险纠纷屡见不鲜。大多数个案产生的原因源自投保人对该原则的理解不清,结果在程序上处理不当,从而产生纠纷。这就要求保险人及其代理人在拓展业务和签发保单时仔细地对该原则进行解释说明。另外,投保人也不应该有任何投机取巧的心理,违反保险利益原则的结果便是保险的自始无效。

案例分析 2-2 保险标的转让未通知保险公司的理赔

案情介绍:2009年1月5日,某汽车出租公司将其所有的桑塔纳轿车向当地某保险公司投保了机动车辆险、第三者责任险和附加盗抢险,被保险人为该出租车公司,保险期限自2009年1月6日0时起至2010年1月5日24时止。合同签订后,出租车公司如期交付了保险费。2009年5月2日,出租车公司将一辆桑塔纳轿车过户给罗某个人所有,同时罗某与出租公司约定,其每年向出租车公司交纳管理费和各种税费,车辆以出租车公司的名义向保险公司投保,保险费由罗某个人交付。2009年10月10日,罗某驾车营运时在某地遭到歹徒劫持,并将其车抢走。事故发生后,出租车公司向保险公司提出索赔,保险公司以保险标的转让没有通知保险公司办理批改为由拒赔。罗某不服,遂起诉至法院。

本案分析:本案争议的焦点:在保险合同有效期内,保险标的的依法转让,如果被保险人没有通知保险公司办理批改,发生保险事故时,保险公司是否承担赔偿责任。根据本案当时适用《保险法》(2002年)第三十四条规定:"保险标的的转让应当通知保险人,经保险人同意继续承保后,依法变更合同。但是货物运输保险合同和另有约定的合同除外。"从该条规定来看,除货物运输保险合同和另有约定的合同外,其他保险标的的转让应当通知保险人。在机动车辆保险合同中,投保人与保险人一般都在被保险人的义务中约定"在保险合同有效期内,保险车辆转卖或增加危险程度,被保险人应当事先通知保险人并申请办理批改。"本案中的保险标的,即机动车。其转让虽然被保险人没有通知保险人办理批改手续,但被保险人的这一作为只是违反了保险合同中双方约定的义务,并且其违反的这一义务也没有使标的物的危险程度增加。《保险法》(2002年)第三十七条规定:"在保险合同有效期内,保险标的危险程度增加的,被保险人按照合同约定应当及时通知保险人,保险人有权要求增加保险费或者解除合同。被保险人未履行前款规定的通知义务的,因保险标的危险程度增加而发生的保险事故,保险人不承担赔偿责任。"从该条规定来看,被保险人具有危险程度增加的通知义务,如果被保险人未履行该义务,保险人对因危险程度增加而发生的保险事故不承担赔偿责任。本案中,保险标的从出租车公司转让给罗某,罗某因由使用人变为所有人而增加了对标的物的管理注意程度,可见,其危险程度不但没有增加,反而有所减少。最后法院认为,出租车公司与保险公司签订的保险合同合法有效。在保险合同有效期内,出租车公司将保险车辆转让给罗某,虽然没有通知保险公司,但该车仍由出租车公司管理,保险事故发生时,出租车公司对该车具有保险利益,保险公司应承担赔偿责任。

上述案例发生在我国《保险法》2009年第二次修订生效以前,之后相关条款已作了调整。现行《保险法》(2015年第四次修订)第四十九条规定:"保险标的转让的,保险标的的受让人承继被保险人的权利和义务。"因此,保险公司在不能证明被保险车辆的转让使其危险程度显著增加的情况下,不得以被保险人或者受让人未及时履行通知义务而拒绝赔偿。当然,被保险人或者受让人应及时按照保险合同约定履行通知义务,可以极大地避免类似的纠纷发生。

2.1.2 最大诚信原则

1. 最大诚信原则的含义及意义

由于保险关系的特殊性,人们在保险实务中越来越感到诚实守信用的重要性,要求保险合同双方当事人最大限度地遵守诚实守信用原则,故称最大诚信原则,即要求双方当事人对于与保险标的有关的重要事实,不隐瞒、不虚报、漏报或欺诈,以最大诚信的态度全面履行各自的义务,以保证对方权利的实现。

所谓的重要事实是指那些足以影响保险人判别风险大小、确定保险费率或影响其决定承保与否及承保条件的每一项事实。对保险人而言,它可以使保险人有效地选择风险和控制风险,有利于维护保险活动的经营秩序;对于投保人而言,最大诚信原则可以确保其承担的保险费率合理。在机动车辆保险中,车辆的结构、技术状况以及驾驶员的习惯等事实,投保人最清楚,而对于保险合同的条款内容,保险人也最清楚。因此,只有如实告知,诚实守信,双方当事人才能互相清楚。

2. 最大诚信原则的内容

最大诚信原则是合同双方当事人都必须遵循的基本原则,最大诚信原则在投保人一方体现为投保人的告知、保证义务;在保险人一方体现在弃权、禁止抗辩等方面。

1)履行如实告知义务

履行如实告知义务是最大诚信原则对投保人的要求。由于保险人面对广大的投保人,不可能一一去了解保险标的的各种情况,因此,投保人在投保时应当将足以影响保险人决定是否承保,足以影响保险人确定保险费或增加特别条款的重要情况,向保险人如实告知。保险实务中一般以投保单为限,即投保单中询问的内容投保人必须如实填写,除此之外,投保人不承担任何告诉、告知义务。

投保人因故意或过失没有履行如实告知义务,将要承担相应的法律后果,包括保险人可以据此解除保险合同;如果发生保险事故,则保险人有权拒绝赔付等。

2)履行说明义务

履行说明义务是最大诚信原则对保险人的要求。由于保险合同由保险人事先制定,投保人只有表示接受与否的选择,通常投保人又缺乏保险知识和经验,因此,在订立保险合同时,保险人应当向投保人说明合同条款内容。对于保险合同的一般条款,保险人应当履行说明义务。对于保险合同的责任免除条款,保险人应当履行明确说明义务,未明确说明的,责任免除条款不发生效力。

3)履行保证义务

这里的保证是指投保人向保险人作出承诺,保证在保险期间遵守作为或不作为的某些规则,或保证某一事项的真实性,因此,这也是最大诚信原则对投保人的要求。

保险上的保证有两种,一种是明示保证,即以保险合同条款的形式出现,是保险合同的内容之一,故为明示。如机动车辆保险中有遵守交通规则、安全驾驶、做好车辆维修和保养工作等条款,一旦合同生效,即构成投保人对保险人的保证,对投保人具有作为或不作为的约束力。另一种是默示保证,即这种保证在保险合同条款中并不出现,往往以社会上普遍存在或认可的某些行为规范为准则,并将此视作投保人保证作为或不作为的承诺,故为默示。如财产保险附加险盗窃合同中,虽然没有明文规定被保险人外出时应该关闭门窗,但这是一般常识下应该做的行为,这种社会公认的常识,即构成默示保证,也成为保险人之所以承保的基础。所以,因被保险人没有关闭门窗而招致的失窃,保险人不承担保险责任。

4)弃权和禁止抗辩

这是最大诚信原则对保险人的要求。所谓弃权,是指保险人放弃法律或保险合同中规定的某项权利,如抗拒承保的权利、解除保险合同的权利等。所谓禁止抗辩,与弃权有紧密联系,是指保险人既然放弃了该项权利,就不得向被保险人或受益人再主张这种权利。

3. 违反最大诚信原则的处理

最大诚信原则是保险合同的基础。如果没有遵守此原则,就要受到相应的处理。

(1)对于投保人而言,违反如实告知义务的主要表现为遗漏、隐瞒、伪报、欺诈等行为。可以视情况决定是否从违约开始废止保险合同,也可以对某一个索赔案拒绝赔付。

按照我国《保险法》第十六条对违反告知义务主要有如下具体规定:

①投保人故意或者因重大过失未履行前款规定的如实告知义务,足以影响保险人决定是否同意承保或者提高保险费率的,保险人有权解除合同。

②投保人故意不履行如实告知义务的,保险人对于合同解除前发生的保险事故,不承担赔偿或者给付保险金的责任,并不退还保险费。

③投保人因重大过失未履行如实告知义务,对保险事故的发生有严重影响的,保险人对于合同解除前发生的保险事故,不承担赔偿或者给付保险金的责任,但应当退还保险费。

(2)对保险人而言,违反如实说明义务的主要表现是未履行明确说明义务,责任免除条款不发生效力。如果保险人已经弃权,那么其后果是保险人将丧失基于被保险人的某特定违约行为而产生的合同解除权和抗辩权。但如果投保人、被保险人、受益人有其他违约行为,则保险人仍可依法律或约定享有抗辩权或合同解除权。

案例分析2-3　　保险人的不作为适用弃权与禁止抗辩

案情介绍:一家保险公司于某年6月3日承保了张某的机动车辆保险,在张某未交付保费的前提下,业务员将保单正本和保费收据一并交给了张某,此后多次催促张某支付保费,张某均以资金不足为由拖延。同年10月10日,张某的车辆肇事,发生损毁。事后,在10月11日张某立即向保险公司以现金方式补交了全年保费此时,保险公司还不知道已经发生了事故,为了核销挂账的该笔应收保费,保险公司接受了此保费。随后张某向保险公司报案,保险公司调查真相后,以张某在发生事故前未及时交付保费为由予以拒赔,张某不服,以保险公司已接受了其保费而未履行赔偿义务为由,向法院提起诉讼。

本案分析:对于此案,首先按照保险条款规定投保人应当在投保时一次交付保费。如未按照保险合同约定的时间和金额履行交费义务,则保险合同是不能发生效力的。投保人履行交付保费的义务是保险人在保险期内履行赔偿义务的前提条件,这正是保险作为商品等价交换的有偿合同的体现。然而,本案由于保险人在合同管理中既已发现问题保单,却没有及时采取终止合同的措施,使本来简单的案情复杂化。首先,保险公司在尚未收到保费的情况下,就将保险单正本连同保费收据一并交给了投保人,不规范的展业行为给经营带来风险,将保险人自身置于十分被动的地位;其次,保险人在合同管理中既已发现投保人始终不交纳保费,原来的保险单已经成了问题保险单,已经是无效的保险合同,却没有及时采取终止合同的措施,迁就不作为,等于放弃自己应该作为的权利,无疑默认对方的行为;最后,在被保险人发生事故后,补交的保险费没有做任何核实检查就接受了。接受补交保险费的行为本身证明保险公司否认了原合同的失效,或者说是事实上推翻了保险条款关于被保险人对保险车辆的情况应如实申报并在签订保险合同时一次交清保险费的规定。这给被保险人道德风险的发生提供了机会。当然,如果客户中途缴纳保险费时,首先应当由保险公司的财务人员通知业务管理人员查阅此保险单项下是否在此之前曾有出险索赔记录,以便明确各自的责任,对于有交费时间方式约定的保单,实际收到保费之前发生事故保险公司是不承担赔偿责任的,一定要书面通知双方,而不是简单地见钱即收。保险公司是赔还是不赔呢? 如果能够证明投保人是10月11日发生补交保险费这一行为,那么保险公司可以此举证,事故发生在前,补交保险费在后,是一起明显来自被保险人从头到尾故意的损害保险人利益的道德风险,应该予以拒绝赔偿。如果保险人无法举证投保人的行为属于道德风险,则被保险人凭借其手中的保单正本和保费发票可以作为向保险公司索赔的合法依据提出索赔,保险公司必须按照合同予以赔付。最后由于本案中保险公司拿出证据证明了张某的骗保行为,法院经审理后未支持张某的主张,然而保险公司这次疏忽差点儿让人钻了空子。

案例分析 2-4　　以报废汽车投保出险的理赔

案情介绍：某企业一辆货车因年久且设备老化，经批准予以报废，但该企业并未按规定将该车作为废车处理，而是以数千元的价格卖给王某。王某将该车重新加以拼装整修，并通过关系经当地车管部门年审合格后，以1.5万元的价格卖给运输个体户赵某。赵某明知该车有"乾坤"，但也抵不住价格的诱惑将车买下，并向某保险公司投保了机动车辆基本险，保险金额为6万元。几个月后，该车翻在路沟，损毁较重。保险公司派人勘查后，决定以8000元将其修复，但赵某不同意，而是要求保险公司全额赔付。

本案分析：赵某明知该货车有问题，但仍以低价买入，投保时他不仅超额投保了机动车辆基本险，还隐瞒了该货车的真实情况，违反了被保险人的义务，由此，根据我国《保险法》第十六条第二款和第四款的规定："投保人故意或者因重大过失未履行前款规定的如实告知义务，足以影响保险人决定是否同意承保或者提高保险费率的，保险人有权解除合同。投保人故意不履行如实告知义务的，保险人对于合同解除前发生的保险事故，不承担赔偿或者给付保险金的责任，并不退还保险费。"据当时适用的《机动车辆保险条款》第二十二条第一款的规定："被保险人及其驾驶员应当做好机动车辆的维护、保养工作，保险车辆装载必须符合规定，使其保持安全行驶技术状态。"因此，该车虽然通过了车检部门年审，但实际上并不符合投保车辆的技术、质量标准，且赵某投保金额远远高于其购入车价，出险后又拒绝保险人修复受损车辆的建议，其意图在于骗取高额保险赔款，根据我国《民法通则》第五十八条的有关规定："一方以欺诈、胁迫或者乘人之危，使对方在违背真实意思的情况下所为的"民事行为无效，"以合法形式掩盖非法目的的"民事行为无效。因此，该保险合同是无效合同，从开始订立起就没有法律效力。

2.1.3　近因原则

1. 近因原则的含义及意义

保险关系上的近因并非是指在时间上或空间上与损失最接近的原因，而是指造成保险标的损害的直接、有效、起决定性作用的危险因素或危险事故。因此对损害起间接、次要作用的危险因素或危险事故就不是近因。

近因原则的含义：损害结果必须与危险事故的发生具有直接的因果关系，若危险事故属于保险人责任范围的，保险人应赔偿或给付。

保险理赔的重要程序之一就是保险人一方必须确定被保险人的损失是否因保险危险所引起，保险危险造成了多大损失，保险公司该不该对被保险人赔偿，这就需要运用近因原则来分清责任和确定责任，判断是否应该给予被保险人赔偿。

2. 判定近因的原则

在实际生活中损害结果可能由单因或多因造成，因此对近因的判断就比较复杂，需要理赔人员很好地运用近因原则，作出公正合理的判断。

单因比较简单，即造成保险标的损失的原因只有一个，该原因就是近因。如果该近因属于保险风险,则保险人应该承担赔偿或给付保险金的责任;如果该近因属于除外风险,则保险人不承担赔偿或给付保险金的责任。

多因则比较复杂,主要有以下几种情况:

(1)多因同时发生。若同时发生的都是保险事故,则保险人承担责任;若其中既有保险事故,也有责任免除事故,保险人只承担保险事故造成的损失。

(2)多因连续发生。两个以上灾害事故连续发生造成损害,一般以最近的(后因)、最有效的原因为近因,若属于保险事故,则保险人承担赔付责任。但后果是前因直接自然的结果、合理连续或自然延续时,以前因为近因。

(3)多因间断发生。即后因与前因之间没有必然因果关系,彼此独立。这种情况的处理与单因大致相同,即保险人视各种独立的危险事故是否属于保险事故,决定是否赔付。

案例分析 2-5　交通事故诱发疾病导致死亡情形下保险人的赔付责任

案情介绍:某日,王女士驾驶二轮电动自行车在交叉口左转时被同向直行的机动车撞倒,致王女士受伤。经交警部门认定,机动车在进入交叉口时疏于观察,承担事故全部责任。机动车在某保险公司投保有交强险,事故发生在保险期间内。事故发生后,王女士被送往医院救治,诊断为胸壁软组织挫伤。王女士在住院治疗当晚突发心肌梗死,经抢救无效死亡。当地公安部门经鉴定认为,王女士在患有疾病的基础上,由于交通事故致胸部软组织损伤住院,诱发心梗造成死亡。王女士家人在要求肇事机动车所在保险公司在交强险死亡伤残赔偿限额内进行赔偿时遭拒绝。保险公司认为王女士在事故中受伤并不严重,其死亡原因是自身疾病所造成,因此不能按照交强险死亡伤残限额进行赔偿。王女士家人不服,遂将保险公司诉至法院。法院审理后认为,王女士的死亡与交通事故存在因果关系,机动车驾驶员对本次交通事故负全部责任,据此判决某保险公司在交强险死亡伤残赔偿限额内赔偿王女士家人 11 万元。

本案分析:本案争议的焦点是本起交通事故是不是导致王女士死亡的直接原因?在司法实践中,近因原则是判断保险人是否承担保险责任的一个重要标准。保险法中的近因原则,是指导致保险事故的原因是造成损失的最直接、最有效,能够起主导作用的原因,并且这个原因属于保险责任范围。在这种情形下,保险人应当承担保险责任。本案中,王女士本身患有心脏冠状动脉粥样硬化,根据公安部门的鉴定结论,交通事故造成了王女士胸壁组织挫伤,进而诱发心肌梗死导致死亡。可见,王女士的死亡是由交通事故与疾病两个原因复合在一起才导致的,疾病与交通事故都是造成王女士死亡的原因,二者缺一不可。所以,交通事故是造成王女士死亡的原因之一,并且属于保险责任范围。法院据此判决保险公司承担赔偿责任,是正确的。本案争议的另一个焦点是交通事故只是造成王女士死亡的原因之一,保险公司是否应当按照责任比例进行赔偿?交强险是保护交通事故受害者的强制性保险,被保险机动车辆在交通事故中只要存在责任的,就应当在交强险责任限额内全额赔付,超出交强险限额部分的才按责任分担。因此,法院判决肇事车辆所在保险公司在交强险死亡伤残赔偿限额内承担全部赔偿责任11万元,也是正确的。本案的判决也说明了特殊体质人群在适用法律上不应给予差别化待遇。如果要求特殊体质的人群在基本无过错的情况下为自身特殊体质"买单",这就从根本上违背了法律面前人人平等的宪法原则。

案例分析2-6 不慎从高处掉落引发肺炎死亡是否应获得保险赔偿?

案情介绍:被保险人购买了意外伤害保险。外出打猎时不慎从树上掉下来,受伤后的被保险人爬到公路边等待救援,因夜间天冷又染上肺炎导致死亡。肺炎是意外险保单中的除外责任,保险公司以此拒绝给付保险金。被保险人家属不服,上诉法院。

本案分析:法院经审理后认为被保险人的死亡近因是意外事故——从树上掉下来,因此保险公司应给付赔偿金。由于夜晚天气过于寒冷,在得不到必要保暖庇护的情况下普通人很难存活。至于肺炎只是意外事故发展进程中的必然,可以说,没有"从树上掉下来",也就不会发生肺炎及死亡的结果。因此,意外从高处掉落是属于决定性、支配性的原因,是导致被保险人死亡的近因。

2.1.4 损失补偿原则

1. 损失补偿原则的含义及意义

损失补偿原则是财产保险特有的原则,是指保险事故发生后,保险人在其责任范围内,对被保险人遭受的实际损失进行赔偿的原则。损失补偿原则主要包括以下三个含义:

(1)只有被保险人发生了实际损失,保险人才予以赔偿。没有发生损失则保险人不予以赔偿。

(2)必须是在保险人的责任范围内发生的损失,即保险人只有在保险合同规定的期限内,以约定的保险金额为限,对合同中约定的危险事故所致损失进行赔偿。

(3)赔偿应当以实际损失为限。按照民事行为的准则,赔偿应当以保险标的的实际损失价值为限,使被保险人不能从保险上获得额外利益。换言之,保险人的赔偿应当恰好使保险标的恢复到保险事故发生前的状态。

损害补偿原则的意义:

(1)防止与减少道德危险因素与赌博行为。因为损害补偿原则使未受到损害的投保人或被保险人得不到补偿,从而防止了道德危险因素与赌博行为。

(2)限制了保险理赔的金额必须以保险价值或实际损失为限额,促进保险费的合理。损害补偿原则使保险人承担的保险责任有一定的确定性。损害补偿原则使保险人的赔付金额有一定限制,防止投保人与被保险人获取额外的不正当的赔付保险金,从而可减轻全体投保人和被保险人的保险费负担,维持保险经营的稳定性。

2. 损失补偿原则的运用

在财产保险损失赔偿中,被保险人想从保险人处获得赔偿金,必须满足以下条件:

①被保险人必须对保险标的具有保险利益。②保险标的的损失是由保险责任范围内的风险造成的。根据近因原则,只有当造成保险事故的近因属于保险责任范围内的可保风险,保险人才给予赔偿。否则,近因属于除外风险,保险人则不予赔偿。③保险标的的损失价值必须能用货币来衡量。

财产保险损失赔偿方式:①货币赔偿。又称为现金赔付,指保险人对于被保险人所遭受到的损失支付相应的货币。②修复。当保险标的发生部分损失时,保险人委托有关维修厂对保险标的的受损部位予以修复,使保险标的恢复到损失发生前的状态。③重置。当发生保险标的损毁或灭失的情况,保险人重新购置与原保险标的等价的财产进行置换。出于规范业务流程的需要,目前我国汽车保险基本采用货币赔偿方式。

2.1.5 分摊原则

1. 分摊原则的含义

分摊原则是损失补偿原则的派生原则,它仅适用于财产保险业务中的重复保险。其特点是被保险人所能得到的赔偿金,由各保险人采用适当的办法进行损失分摊。

投保人对同一标的、同一保险利益、同一保险事故分别与两个以上保险人订立保险合同的,就构成重复保险,其保险金额的总和往往超过保险标的的实际价值。发生保险事故时,按照补偿原则,被保险人极有可能向两个或两个以上的保险人提出索赔,但如果由几个保险人同时赔偿实际保险金额,那么被保险人获得的赔偿金额就会超过保险标的的实际价值或者实际损失,也就是说被保险人从保险赔偿中获益。这就违背了保险的初衷,所以规定了重复保险的分摊原则:只能由承保保险标的的几个保险人根据不同比例对被保险人的财产损失进行分摊,以免造成重复赔款,而使被保险人因重复保险而获得超过实际损失以外的额外收益。

2. 分摊原则的运用

重复保险的投保人应该将重复保险的有关情况告知各保险人。

保险人之间赔款分摊方式有三种:比例责任分摊、限额责任分摊、顺序责任分摊。

(1)比例责任分摊。比例责任分摊是指当损失发生的时候,如果保险合同均属有效,按照各保险合同中承保的保险金额占总保险金额的比例分摊损失,但其赔偿总额不能超过保险标的的实际价值,即

$$赔款 = 损失金额 \times \frac{该保险人的保险金额}{各保险人保险金额总和}$$

《保险法》第五十六条第二款规定:"重复保险的各保险人赔偿保险金的总和不得超过保险价值。除合同另有约定外,各保险人按照其保险金额与保险金额总和的比例承担赔偿保险金的责任。"

(2)限额责任分摊。限额责任分摊是假定在没有重复保险的情况下,由各保险人单独应负的责任限额比例分摊损失金额,即

$$赔款 = 损失金额 \times \frac{该保险人的责任限额}{各保险人责任限额总和}$$

(3)顺序责任分摊。顺序责任分摊是根据多个保险合同生效的先后顺序,由先出具

保险单的保险人首先负责赔偿,第二个保险人只负责赔偿超出第一保险人保险金额的部分。如仍有超出,则依次由第三、第四个保险人负责赔偿。在纯商业车险中,由于这种分摊方式不符合公平原则,所以很少使用。

目前由于计算机网络技术的普及,重复保险情况已杜绝,因此比例责任分摊和限额责任分摊已很少应用。唯一还存在的是顺序责任分摊,即对于交强险,由于其强制性,因此会发生此类分摊方式:先由交强险进行赔偿,超出部分再由商业险进行赔偿。

2.1.6 代位原则

代位原则是指保险人依照约定,对被保险人遭受的损失进行赔偿后,依法取得向对损失负有责任的第三者进行追偿,或取得被保险人对保险标的的所有权。

代位原则由代位追偿和物上代位两部分组成。

1. 代位追偿

代位追偿又称为权利代位,是指在财产保险中,由于第三者的过错致使保险标的发生保险责任范围内的损失,保险人按照保险合同的约定给付了保险金后,保险人取得被保险人作为受害人的地位,行使向致害人(侵权者)进行民事侵权索赔的权利。

保险合同中的代位追偿是保险损失补偿原则又一条派生原则。财产保险合同是经济补偿合同,具有经济补偿性,保险人只能对被保险人的实际损失进行补偿。在财产保险中,因第三者对保险标的的损害而造成保险事故的,受害人(被保险人)与致害人、被保险人与保险人之间存在两种不同的法律关系。一方面,根据被保险人与保险人因保险标的有关利益签订的保险合同而产生的民事合同法律关系,当发生合同约定的保险事故时,保险公司依约承担赔偿责任。另一方面,受害人(被保险人)与致害人之间是因侵权行为而产生的一种民事侵权法律关系,致害人按照有关法律规定承担民事赔偿责任。当由于第三者原因导致的保险事故发生后,被保险人既可以根据保险合同向保险人索赔,也可以根据有关法律向致害人请求予以赔偿。这样被保险人就可通过双重索赔而获利,这就违背了损害补偿原则。因此,在保险实务中就产生了代位追偿权原则。

1)代位追偿权产生的条件

根据我国《保险法》的有关规定及保险原则,代位追偿权只有在下列情形之一下才能产生:

(1)保险标的损失必须是由第三者造成的,依法应由第三者承担赔偿责任。所谓第三者是指保险人与被保险人以外的人。

(2)造成保险标的的损失是保险责任范围内的风险因素,根据保险合同的约定,保险公司理应承担赔偿责任。如汽车保险中的车辆损失险,保险车辆因碰撞发生保险事故造成损失,根据保险合同的约定,保险公司应负责赔偿。如果不属于保险责任范围内的损失,则不适用代位追偿。

(3)代位追偿权的产生必须在保险人给付保险金之后,保险人才能取代被保险人的地位与第三者产生债务债权关系。

2) 代位追偿权适用的对象

代位追偿的对象是负民事赔偿责任的第三者,既可以是法人、自然人,也可以是其他经济组织。被保险人本人及其家庭成员或其组成成员的过失行为造成的被保险财产损失,不适用代位追偿的规定。

3) 代位追偿权的范围

(1) 保险人通过代位追偿得到的第三者的赔偿额度,只能以保险人支付给被保险人的实际赔偿的保险金额为限,超出部分的权利属于被保险人,保险人无权处理。

(2) 如果被保险人向有责任的第三者请求并得到全部赔偿,保险人不再履行任何赔偿义务,也无代位追偿可言。

(3) 如果被保险人向有责任的第三者请求并得到部分赔偿,则仍然有权向保险人提出索赔要求,保险人的赔偿责任是保险标的的实际损失与被保险人已获得第三者赔偿的差额。对于此差额部分,保险人具有代位追偿权。

2. 物上代位

物上代位是指保险标的发生保险责任事故遭受损失,保险人在履行了对被保险人的赔偿义务后,代位取得对受损标的的所有权。

《保险法》第五十九条规定:"保险事故发生后,保险人已支付了全部保险金额,并且保险金额等于保险价值的,受损保险标的的全部权利归于保险人;保险金额低于保险价值的,保险人按照保险金额与保险价值的比例取得受损保险标的的部分权利。"

物上代位实际上是一种物权的转移,当保险人在处理标的物时,若得到的利益超过赔偿的金额,应属保险人所有。这一点区别于代位追偿。

案例分析 2-7 被保险人私自处理残车引发纠纷

案情介绍:个体运输专业户张某将其私有东风牌汽车向某保险公司足额投保了车辆损失险,保险金额10万元,以及第三者责任险,保险金额为4万元。保险期为1年。在保险期限内的某一天,该车在外出办事途中坠入悬崖下一条湍急的河流中,该车驾驶员有合格驾驶执照,张某的堂兄随车遇难。事故发生后,张某向保险公司报案索赔。该保险公司经过现场查勘,认为地形险要,无法打捞,按推定全损处理,当即赔付张某人民币10万元;同时声明,车内尸体及善后工作保险公司不负责任,由车主自理。后来,为了打捞堂兄尸体,张某与王某达成一协议,双方约定:由王某负责打捞汽车,车内尸体及死者身上采购货物的2800元现金归张某,残车归王某,王某向张某支付4000元。残车终于被打捞起来,张某和王某均按约行事。保险公司知悉后,认为张某未经保险公司允许擅自处理实际所有权已转让的残车是违法的。双方争执不果而诉讼。

本案分析:第一,保险公司推定该车全损,给予车主张某全额赔偿。按照《保险法》第五十九条规定:"保险事故发生后,保险人已支付了全部保险金额,并且保险金额等于保险价值的,受损保险标的的全部权利归于保险人。"本案保险人已取得残车的实际所有权,只是认为地形险要而暂时没有进行打捞。因此,原车主张某未经保险公司同意转让残车是非法的。第二,保险公司对车主张某进行了推定全损的全额赔偿,而张某又通过转让残车获得4000元的收入,其所获总收入大于总损失,显然不符合财产保险中的损失补偿原则,即俗话说的"买保险不能赚钱。"因此,保险公司要求追回张某所得额外收入4000元,正是保险损失补偿原则的体现。第三,王某获得的是张某非法转让的残车,但由于他是受张某之托打捞,付出了艰辛的劳动,且获得该车是有偿的,可视为善意取得,保险公司如果要求其归还残车,则应该补偿王某打捞付出的艰辛劳动,以及支付给张某的4000元。

财产保险中的物上代位原则是指保险标的遭受保险责任事故,发生实际全损或推定全损,保险人在按保险金额全额给付保险赔偿金之后,即拥有了该保险标的物的所有权。保险公司推定全损,进行了全额赔偿,获得了对残车的实际所有权;张某打捞并转让残车,未经保险公司同意,则为非法,但本案中张某的行为主要是为了打捞堂兄尸体,情有可原,保险公司可追回其所获额外收入4000元。王某的行为可视为善意取得,不追究其民事责任。其实,在物上代位中,保险人取得了对保险标的的所有权后,也取得了一种义务。此义务是保险人对物上代位标的物的看护义务。取得对残值标的物的所有权和义务有时候并无实际意义,反而背上对残值的义务,是很不经济的。最好是尽快处理,如拍卖。当然,成功地处理物上代位残值使保险公司获利的例子也不少。

2.2 汽车保险合同特点

汽车保险合同在履行时,界定承担责任与否的关键是保险合同在订立时是否符合《保险法》《合同法》等相关法律文件的要求。汽车保险合同同时具有下列法律特征。

1. 汽车保险合同是当事人双方的一种法律行为

汽车保险合同是投保人提出保险要求,经保险人同意,并且双方意见一致方可成立。汽车保险合同是双方当事人在社会地位平等的基础上产生的一项经济活动,是双方当事人平等、等价的一项民事法律行为。

2. 汽车保险合同是射幸合同

射幸合同是相对于"等价合同"而言的。通俗地讲,射幸合同就是一种不等价合同,是合同的履行内容在订立合同时并不确定的合同。

汽车保险合同的射幸性表现在投保人以支付保险费为代价买到一个将来可能补偿的机会。如果在保险期内,被保险车辆发生保险责任事故造成损失,被保险人在保险人处得到的补偿可能远远超过所支付的保险费;如果被保险车辆未发生保险事故,被保险人支付了保险费而没有得到任何收入。而对于保险人来讲,情况正好相反,发生较大的保险事故时,其赔偿的保险金可能远远大于所收取的保险费;如果未发生保险事故,其收取了保险费而没有赔付。

3. 汽车保险合同是有偿合同

有偿合同是指双方当事人在获得某种利益的同时,必须付出相应的代价。保险人在获得保险费的同时,必须承担保险责任;投保人在保险标的获得保障的同时,必须支付保险费。

在汽车保险中,投保人以支付保险费作为对价换取保险人来承担风险。投保人的对价是支付保险费,保险人的对价是承担保险事故风险,并在保险事故发生时承担赔偿损失的义务,这种对价是相互和有偿的。

4. 汽车保险合同是最大诚信合同

任何合同的订立,都应本着诚实、信用的原则。提出签订合同的要约后,就必须将汽车保险合同中规定的要素如实告知保险人,这一点是所有投保汽车保险的投保人应当明白的规则。因为保险人如果发现投保人对车辆本身的主要危险情况故意隐瞒或者做错误告知,使得车辆危险程度显著增加的,即便保险合同已经生效,保险人也有权不负赔偿责任。汽车保险合同的诚信原则不仅是针对投保人而言的,也是针对保险人而言的。也就是说,汽车保险合同双方当事人都应共同遵守诚信原则。作为投保人,应当将机动车辆本身的情况,如是否是营运车、是否进行过改装等情况如实告知保险人,或者如实回答保险人提出的问题,不得隐瞒;而保险人也应将保险合同的内容及特别约定事项、免赔责任如实向投保人进行解释,不得误导或引诱投保人参加汽车保险。因此,最大诚信原则对投保人与保险人是同样适用的。

5. 汽车保险合同是双务合同

双务合同是指合同当事人双方互相承担义务、互相享有权利。投保人承担支付保险费义务,保险人承担被保险车辆发生约定事故造成损失后的赔款义务;被保险人在约定事故发生后有权向保险人索赔,而保险人也有权要求投保人缴纳保险费。

6. 汽车保险合同是附和合同

附和合同是指合同双方当事人不充分商议合同的重要内容,而是由一方提出合同的主要内容,另一方只能取与舍,即要么接受对方提出的合同内容,签订合同,要么拒绝。汽车保险合同的主要内容一般是由保险人事先拟定好的,供投保人或被保险人选择,没有变更或修改的余地。

2.3 汽车保险合同的签订与生效

2.3.1 汽车保险合同的订立

汽车保险合同的订立是指投保人与保险人就汽车保险合同的内容进行协商,达成一致的过程。其实务操作一般包括:投保、核保、保险单证缮制与签发、保险单证清分与归类等环节。

2.3.2 汽车保险合同的生效

保险合同的生效是指保险合同对当事人双方发生约束力,即合同条款产生法律效力。保险合同的生效与成立的时间不一定一致。保险合同双方当事人可以对合同的效力约定附生效条件或附生效期限。保险合同多为附条件合同。

保险合同的有效是指保险合同是由当事人双方依法订立,并受国家法律保护。

中保协《2014版示范条款》总则第五条规定:"除本保险合同另有约定外,投保人应在保险合同成立时一次交清保险费。保险费未交清前,本保险合同不生效。"

我国保险公司普遍推行"零时起保制",把保险合同生效的时间放在合同成立日的次日零时。所以保险合同的成立和生效时间往往不一致。保险合同生效前发生的保险事故,保险人一般不承担保险责任,这一做法容易引发纠纷。对此,保监会于2009年3月25日下发了《关于加强机动车交强险承保工作管理的通知》(保监厅函[2009]91号),规定投保人在购买交强险后可以与保险人约定即时生效,不必担心在合同生效前发生事故。对于商业车险,《中国保险行业协会机动车辆商业保险示范条款(2012)》(以下简称《2012版示范条款》)中删除了保险单中"次日零时生效"的约定,遵循契约自由原则,允许投保人在"零时起保"或者"即时生效"之间做出选择。

2.4 汽车保险合同的变更

保险合同的变更是指在保险合同的有效期内,当事人根据主、客观情况的变化,依据法律规定的条件和程序,在协商一致的基础上,对保险合同的某些条款进行修改或补充,其过程也称为批改。《保险法》第二十条规定:"投保人和保险人可以协商变更合同内容。变更保险合同的,应当由保险人在保险单或者其他保险凭证上批注或者附贴批单,或者由投保人和保险人订立变更的书面协议。"

2.4.1 合同主体变更

1. 保险人变更

在通常情况下,保险人是不会变更的。但在特殊情况下,例如:保险人破产、被责令停业、公司合并或分立时,也有可能导致保险人的变更。这种情况,为了维护被保险人的权益,各国都制定了相关法律严格保险人的准入制度,加强日常管理和监督,必要时由政府出面协调保险合同的转移以保证被保险人的利益。

2. 投保人变更

因为汽车保险合同属于短期合同(一般为一年),且多为一次性缴足保险费,所以汽车保险合同中一般不会出现变更投保人的情况。但在人身保险合同中,由于合同期限较长,保险费一般分多年缴纳,可能会出现投保人死亡或不愿继续承担缴费义务的情况,所以会出现为使保险合同继续有效变更投保人的情况。

3. 被保险人变更

变更被保险人的情况在汽车保险合同中经常出现。由于目前我国二手汽车交易市场的繁荣,随着车辆的转让保险标的的所有权也发生转移,原被保险人已失去对保险标的的保险利益,被保险人应变更为保险标的的新所有者。

2.4.2 合同客体变更

保险合同的客体是保险利益,保险利益的载体是保险标的,因此,保险合同客体的变更是指在保险合同有效期内,投保人和保险人通过协商,变更保险标的的保险范围。在汽车保险合同中,保险标的出现数量增减、保险价值改变等导致保险利益明显变化时,被保险人应向保险人提出保险合同客体变更申请。

2.4.3 合同内容变更

保险合同内容的变更是指在主体不变的情况下,改变合同中约定的当事人双方的权利和义务。在汽车保险中,常见的合同内容变更情况是车辆用途改变、危险程度增加、扩大或缩小保险责任范围和条件、延长或缩短保险期限等。这些情况都会影响保险人所承担的风险大小,导致保险费的增减,所以必须变更保险合同内容。

2.4.4 保险合同变更的办理

保险车辆在保险期限内,发生上述变更事项时,应办理保险合同变更(批改)手续。

1. 保险合同变更的形式

批单是车险实务中保险合同变更时必须使用的书面凭证。在批单中,需要列明变更条款的内容。保险合同一经变更,变更的那一部分内容即取代了原合同中被变更的内容,与原合同中未变更的内容一起,构成了一个完整的合同。保险双方应以变更后的合同履行各自的义务。保险合同的变更没有溯及既往的效力,即对合同变更前已经履行的部分没有约束力,任何一方都不能因为保险合同的变更而单方面要求另一方按照变更后的内容改变已经做出的履行。

2. 保险合同变更流程

保险车辆在保险期限内,发生变更事项,投保人应提出书面申请,办理变更手续。具体变更流程:首先投保人提出书面变更申请;然后保险人对原保险单和有关情况进行核对,按照有关规定验车并提出处理意见,或是增加保险费,或是减少保险费;最后保险人签发批单,保险合同变更生效。

2.5　汽车保险合同的解除

汽车保险合同的解除是指在保险合同有效期内,当事人双方或者一方依法解除保险合同的行为。当保险合同解除后,保险合同的法律效力也就解除了。保险合同的解除分为投保人解除和保险人解除。

2.5.1 投保人解除合同

《保险法》第十五条规定:"除本法另有规定或者保险合同另有约定外,保险合同成立后,投保人可以解除合同,保险人不得解除合同。"根据这一规定,投保人可以随时向保险人提出解除保险合同的要求,既可以在保险责任开始之前,也可以在保险责任开始之后。同时,《保险法》第五十八条规定:"保险标的发生部分损失的,自保险人赔偿之日起三十日内,投保人可以解除合同;除合同另有约定外,保险人也可以解除合同,但应当提前十五日通知投保人。合同解除的,保险人应当将保险标的未受损失部分的保险费,按照合同约定扣除自保险责任开始之日起至合同解除之日止应收的部分后,退还投保人。"因此,投保人提出解除保险合同的要求既可以在保险事故发生之前,也可以在保险标的发生部分损失之后。具体到汽车保险实务,由于部分损失后退保计算过于复杂,一般保险公司规定保险合同须在有效期内并且被保险人没有向保险公司报案或索赔方可退保。

从保险公司得到过赔偿的投保人不能退保;仅向保险公司报案而未得到赔偿的投保人也不能退保。

2.5.2 保险人要求解除合同

《保险法》第十五条规定:"除本法另有规定或者保险合同另有约定外,保险合同成立后,保险人不得解除保险合同。"这一规定表明,非依法律明文规定,保险人不得行使法定解除权。《保险法》更是明确地规定了保险人法定解除权的行使条件,主要有以下几项:

(1)投保人违反如实告知义务。《保险法》第十六条第二款规定:"投保人故意或者因重大过失未履行前款规定的如实告知义务,足以影响保险人决定是否同意承保或者提高保险费率的,保险人有权解除合同。"

(2)投保人、被保险人违反防灾减损义务。《保险法》第五十一条第三款规定:"投保人、被保险人未按照约定履行其对保险标的的安全应尽责任的,保险人有权要求增加保险费或者解除合同。"

(3)被保险人违反危险增加通知义务。《保险法》第五十二条第一款规定:"在合同有效期内,保险标的的危险程度显著增加的,被保险人应当按照合同约定及时通知保险人,保险人可以按照合同约定增加保险费或者解除合同。"

(4)被保险人、受益人谎报事故。《保险法》第二十七条第一款规定:"未发生保险事故,被保险人或者受益人谎称发生了保险事故,向保险人提出赔偿或者给付保险金请求的,保险人有权解除合同,并不退还保险费。"

(5)投保人、被保险人或受益人故意制造保险事故。《保险法》第二十七条第二款规定:"投保人、被保险人故意制造保险事故的,保险人有权解除合同,不承担赔偿或者给付保险金的责任。"

2.6 汽车保险合同的终止

保险合同的终止是指保险合同双方当事人消灭保险合同确定的权利和义务的行为。在合同终止后,保险合同当事人失去了原来享有的权利,同时也无须再履行其应承担的责任。导致保险合同终止的原因很多,除前面的保险合同解除会导致合同效力终止外,还包括以下几种情况:

(1)因期满而终止。保险合同因期限届满而终止,是最普遍、最基本的情况。保险合同签订后,虽然未发生任何保险事故,但如果合同的有效期已满,则保险人的保险责任也终止。

(2)因义务履行而终止。若保险期内发生保险事故,保险人依合同规定履行了赔付保险金的全部责任,即保险人完成了合同的全部义务,保险合同即终止。这里的全部责任,是指发生了保险事故并且保险人按约定的保险金额进行了全部赔付。

(3)因非保险事故造成保险标的全部灭失而导致保险合同终止。保险标的因非保险事故而灭失后,保险合同失去了保障对象,导致无法履行其责任,保险合同不得不终止。

课后案例思考

1. 2005年4月8日,某棉麻公司为其车辆在一家保险公司购买了车辆损失险、第三者责任险、盗窃险,保险期限自2005年4月25日起至2006年4月24日止。棉麻公司及时交付了保险费。2005年10月25日,棉麻公司将该车转让给个体户林某,并同时在车辆管理所办理了过户手续。11月14日,驾驶员廖某驾驶该车辆与另一货车相撞,经汽车修理厂维修评估,两辆事故车的修理费分别为3.8万元和4.5万元。根据公安交警大队出具的道路交通事故责任认定书,廖某应对交通事故负全部责任。2006年5月,棉麻公司和林某一起向保险公司提出索赔申请,并于同年6月10日向保险公司出具了该车在车管所过户的证明。保险公司以保险车辆已过户转让但未申请办理保险批改手续为由,向被保险人发出拒赔通知书,双方为此引起诉讼。

由于本案发生在我国《保险法》第二次修订之前,法院根据原《保险法》(1995年)第三十三条规定:"保险标的的转让应当通知保险人,经保险人同意继续承保后,依法变更合同。"由于棉麻公司和林某未通知保险公司保险标的权利已转移,致使保险公司未就被保险人变更为林某办理变更手续,故林某不能因依法取得被保险车辆的所有权而自然取得保险赔偿请求权。因此宣布林某败诉。

思考:本案如果发生在现在,根据《保险法》(第四次修订)第四十九条规定:"保险标的转让的,保险标的的受让人承继被保险人的权利和义务。保险标的转让的,被保险人或者受让人应当及时通知保险人,但货物运输保险合同和另有约定的合同除外。因保险标的转让导致危险程度显著增加的,保险人自收到前款规定的通知之日起三十日内,可以按照合同约定增加保险费或者解除合同。保险人解除合同的,应当将已收取的保险费,按照合同约定扣除自保险责任开始之日起至合同解除之日止应收的部分后,退还投保人。被保险人、受让人未履行本条第二款规定的通知义务的,因转让导致保险标的危险程度显著增加而发生的保险事故,保险人不承担赔偿保险金的责任。"本案的审理结果会是怎样?从本案中我们可以得到哪些经验和教训?

2. 2004年8月17日,老王给自己的汽车购买了车辆损失险、第三者责任保险、车上人员责任保险、全车盗抢险,保险期限一年。同年10月7日,他在开车回老家的路上,被老李的车追尾。经交警认定,老李负全部责任。老王修车花费5000元,并从保险公司索要了赔款,同时将向老李追偿的权利转给了保险公司。保险公司在代替老王向老李索要事故损失赔偿时,老李认为事故原因是由于自己驾驶技术不熟练,责任在自己,心中十分内疚,于是马上拿出了6000元,给了保险公司人员小赵。小赵将6000元全部交回了保险公司。一段时间后,老王听说了此事,向保险公司要多余的1000元,保险公司坚决不给。

2005年5月3日,老王的汽车被盗,老王马上向公安部门和保险公司报案,60天后车子仍未找回,保险公司按照合同约定,按车辆的实际价值全额赔付老王10万元。又过了几天车辆被找回,保险公司按规定获得车辆的所有权。之后保险公司对车辆进行拍卖,竟拍出了15万元的价格。老王听说此事后,又向保险公司索要该车辆多卖出的5万元,保险公司还是坚决不给。

思考：保险公司的两次拒绝付款是否有法律依据？你如果为双方调解，应如何处理？

复习思考题

(1) 保险合同的订立原则有哪些？

(2) 汽车保险合同的特征有哪些？

(3) 汽车保险合同的生效要注意什么问题？

(4) 汽车保险合同变更的内容主要有哪些？什么情况下需要变更？

(5) 在哪些情况下保险人可以解除汽车保险合同？

(6) 汽车保险合同终止的条件有哪些？

第3章

汽车保险产品及条款解析

学习目标

本章主要介绍各类汽车保险产品。通过本章的学习,要求了解我国交强险与商业保险产生的背景及发展历程。掌握交强险的条款及相关定义。掌握机动车商业保险主要险种的保险责任、责任免除、责任限额以及赔偿处理的相关规定。

重点难点

(1)我国交强险的特征、作用、实施、条款含义及费率计算;
(2)机动车商业保险主险与附加险的基本条款;
(3)主险与附加险的区别和适用关系。

引导案例

商业车险改革再进一步。

2月4日,中国保险行业协会(下称"中保协")就新版商业车险示范条款公开征求意见。保监会下发的《关于深化商业车险条款费率管理制度改革的意见》(以下简称《意见》)中明确,条款改革方面初期将以行业示范条款为主、创新条款为辅。

此轮征求意见中的多项变革中,值得关注的是条款的简化和车型定价的明确。据《第一财经日报》记者了解,中保协自2012年3月即开始组织对商业车险条款进行修订,目前已基本完成2014版商业车险行业示范条款(征求意见稿)及配套单证(以下简称《2014版示范条款》)的修订工作,2月4日正式向社会公开征求意见。

"十年磨一剑":条款改革进阶。

"条款改革的意义相当于一所房子的内部结构和装饰,商业车险改革的开启是明确了整所房子的骨架,而细节内容均将一步一步完善。而条款则相当于房子的内部结构和装饰。"一位业内人士以这个比喻来探讨条款改革的意义。

据中保协有关负责人介绍:"《2014版示范条款》和配套单证与现行商业车险条款及单证相比,主要在六个方面进行了重大改进和提升:一是扩大保险责任范围,提高保障服务能力;二是积极回应社会关注热点,维护消费者的合法权益;三是厘清歧义概念和表述,减少纠纷和诉讼的发生;四是精简整合附加险,扩大了主险承保范围;五是精简优化条款体例,方便消费者阅读理解;六是规范优化配套单证,便利消费者理赔。"

"此轮条款改革是十几年来较大的一次,之前只在2006年和2009年有一些修订,较为符合目前行业发展的现状。"上述业内人士表示,"合法性、合理性、通俗性原则、人性化原则是此轮条款改革的要义,而通俗性是主要减少公众在条款理解方面的困难。"

对比2009年版商业车险条款,《2014版示范条款》精简优化了保险条款体系和结构,除对特种车、摩托车、拖拉机、单程提车单独设置条款外,其余机动车均采用统一的保险条款。其中值得注意的是,《2014版示范条款》中整合了附加险,扩大主险保障范围,将38个附加险整合成现有11个车险条款附加险。

车型定价是最大进步。

事实上,条款改革的征求意见还是商业车险改革的初步。据一位财险业内人士分析:"不管是条款改革还是费率改革,对于商业车险改革而言,除了产品本身的与时俱进外,背后的行业基础设施的完善也是重要条件。"这些行业基础设施包括行业沟通、信息共享机制,行业专家争议委员会亦纳入其中。

"车型定价将是此轮条款改革的亮点。"据记者了解,《2014版示范条款》合理确定了保险金额和赔偿处理问题,明确约定车损险的保险金额按投保时被保险机动车的实际价值确定,投保时被保险机动车的实际价值由投保人与保险人根据投保时的新车购置价减去折旧额后的价格协商确定或其他市场公允价值协商确定。其中,新车购置价中隐含的是和维修相关的内容。

而在发生全部损失时,按照保险金额为基准计算赔付。发生部分损失,按实际修复费用在保险金额内计算赔偿。据中国人民财产保险股份有限公司副总裁王和撰文表示,从发达保险市场的情况看,"车型定价"模式属于非常成熟的技术,并被广泛应用,也取得了很好的效果。而我国车险市场一直未能引入并实施"车型定价"模式,关键是缺乏实施的重要基础。除了缺乏一个规范和发达的二手车市场外,关键是缺乏一个统一的车型标准数据库。

"车型定价"的一个重要基础是统一的车型标准数据库,而且,这个车型标准数据库的资料需要积累一定的周期,才能够满足保险精算定价的需要。

——选自《商业车险改革续:新版行业示范条款公开征求意见》,杨芮,《第一财经日报》,2015年2月4日

3.1 机动车交通事故责任强制保险

3.1.1 产生背景

第一次世界大战以后,汽车产业迅速发展,随着汽车的大量生产和销售价格的急剧下降,特别是分期付款促销方式的出现,普通平民开始拥有汽车,汽车迅速得到普及,为汽车保险业的发展创造了条件。由于有些车主在购买汽车时几乎花费了所有积蓄,出现了许多无力购买汽车保险的驾车人。这样一旦发生交通事故,受害人的人身伤亡或财产损失无法得到及时有效的赔偿,导致社会矛盾突出。因此,许多国家的政府相继制定法令,强制实行汽车责任险,以保障交通事故受害人的权益。

汽车责任强制保险最早产生于美国。1919年,美国马萨诸塞州率先立法,制定汽车所有人必须在汽车注册登记时,提供保险单或以债券作为车辆发生意外事故时赔偿能力的担保,该法案被称为《赔偿能力担保法》。1927年,马萨诸塞州率先采用汽车责任强制保险;1956年,纽约州也立法实行强制保险;1957年,北卡罗来纳州也通过相应法律。从此,汽车责任强制保险开始在美国实行。

英国于1930年颁布了《道路交通法—1930》,并于1931年实施了汽车责任强制保险;日本于1955年制定了机动车损害赔偿保障法,于1956年实施了汽车责任强制保险;法国于1958年制定强制保险制度,于1959年起实施;德国于1956年,制定了《汽车所有人强制责任保险法》,强行要求汽车所有人投保;中国香港于1951年,模仿英国汽车责任强制保险,颁布《汽车保险(第三人危险)法规》,实施了汽车责任强制保险。目前,世界绝大多数国家或地区都实行了汽车责任强制保险制度。

3.1.2 机动车交通事故责任强制保险的特征

(1)机动车交通事故责任强制保险具有强制性。商业机动车保险属于自愿办理,而交强险依法开办,机动车拥有人必须购买,否则属于违法行为。

(2)机动车交通事故责任强制保险对第三者的利益具有基本保障性。商业第三者责任保险,保险金额是议定的,主要是依据个人的需要和缴费能力确定,一般情况下,投保人会选择稍高限额,以获得保险的充足保障;而交强险的责任限额是法定的,不能自愿选择。因此,各国在制定责任限额时都定得比较低,以使大多数投保人都有购买能力,较低的限额只是对事故受害者的一个基本保障。

(3)机动车交通事故责任强制保险采用过失责任和无过失责任相结合的原则。商业险依据保险合同的规定,以被保险人在事故中所负责任比例确定损害赔偿范围和大小,它是以过失责任为归责原则的。交强险则是根据相关法律的规定,基于损害存在对受害者予以补偿,采用过失责任和无过失责任相结合的原则。

(4)机动车交通事故责任强制保险具有公益性。商业险的费率厘定要考虑保险公司盈利,而交强险费率由政府统一制定,不考虑盈利,所以保险费率相对较低,具有公益性。目前我国交强险费率采取"不盈不亏"的原则厘定。

3.1.3 我国机动车交通事故责任强制保险

1. 产生背景

1984年,国务院下发了《关于农民个体或联户购置机动车船和拖拉机经营运输业的若干规定》(国发[1984]27号),要求农民个人或联户经营运输的机动车必须投保第三者责任法定保险。同年,国务院下发了《国务院批转中国人民保险公司关于加快发展我国保险事业的报告的通知》(国发[1984]151号),通知中提到为加速发展我国的保险事业,需要在许多方面进行加强,其中之一就是"实施机动车辆(包括)第三者责任法定保险,以保障交通事故中受害人的经济利益,同时也解决车辆肇事后的赔偿纠纷。我国广东、山东、青海、宁夏等地区经当地政府批准,先后办理了这种保险。为了便于执法和管理,有必要对公、私车辆等交通工具(包括外国人的车辆)全面实行第三者责任法定保险"。1988年11月12日,中国人民保险公司、公安部、农业部联合下发了《关于实施拖拉机第三者责任法定保险的通知》(保发字[1988]350号),要求机关、团体、企事业单位、集体、个体、联户专门从事运输和既从事农田作业又从事运输的拖拉机都必须向中国人民保险公司或其代办处投保"拖拉机第三者责任法定保险",并积极参加"车辆损失险",否则不准上道路行驶,公安、农机部门不予检验、上户。1989年1月28日,经国务院批准,公安部发布了《关于在华外国人的机动车辆实行第三者责任强制保险的公告》,公告规定:"凡外国驻华外交代表和领事机关、国际组织驻华代表机构、外国驻华新闻机构和商社驻华办公处、外资企事业等单位及其外籍员工,在中华人民共和国公安机关交通管理部门登记注册领取牌照的公用、私用机动车辆,都必须在1989年5月31日以前,由所有人向中国人民保险公司办理第三者责任保险。1989年6月1日起,中国公安机关交通管理部门发现没有办理前述保险的机动车辆,将禁止其行使,并不予办理登记注册和发放牌照。对到期不续保的,不予办理年检手续。"1999年,《机动车辆责任法定保险暂行条例》的起草工作正式启动,并于2002年由全国人大法工委、国务院法制办、保监会联合向各保险公司征求对《机动车辆责任法定保险条例(征求意见稿)》的意见和建议。

总之,我国机动车交通事故责任强制保险从1984年开始提出,直至2002年《机动车辆责任法定保险暂行条例》初具雏形,历时18年,其间,全国大约有25个省、市、自治区通过立法或联合发文的形式,实行了机动车辆第三者强制保险制度。但是,由于始终未以法律的形式正式进行明确,且未制定专门的机动车辆第三者强制保险条款费率,因此,这个期间所提到的强制保险,并非真正意义上的机动车第三者强制保险。

2004年5月1日,《中华人民共和国道路交通安全法》(以下简称《道路交通安全法》)正式实施,标志着我国机动车第三者强制保险制度发展史上的里程碑。该法第十七条规定:"国家实行机动车辆第三者责任强制保险制度,设立道路交通事故社会救助基金。"第七十六条明确规定:"机动车发生交通事故造成人身伤亡、财产损失的,由保险公司在机动车第三者强制保险责任限额范围内予以赔偿。"《道路交通安全法》首次以国家法律的形式,明确了交强险作为法定保险的正式角色。然而该法只是做了一个原则性的规定,与之配套的《机动车交通事故责任强制保险条例》自2006年7月1日起施行,《机动车交通事故责任强制保险款》也由保监会于2006年6月28日颁布,至此我国交强险制度最终普遍实行。交强险制度有利于道路交通事故受害人获得及时有效的经济保障和医疗救治;有利于减轻交通事故肇事方的经济负担;有利于促进道路交通安全,通过"奖优罚劣"的费率经济杠杆手段,促进驾驶人增强安全意识;有利于充分发挥保险的社会保障功能,维护社会稳定。

2.《机动车交通事故责任强制保险条款》基本内容[①]

1)条款内容

总　则

第一条　根据《中华人民共和国道路交通安全法》《中华人民共和国保险法》《机动车交通事故责任强制保险条例》等法律、行政法规,制定本条款。

第二条　机动车交通事故责任强制保险(以下简称交强险)合同由本条款与投保单、保险单、批单和特别约定共同组成。凡与交强险合同有关的约定,都应当采用书面形式。

第三条　交强险费率实行与被保险机动车道路交通安全违法行为、交通事故记录相联系的浮动机制。

签订交强险合同时,投保人应当一次支付全部保险费。保险费按照中国保险监督管理委员会(以下简称保监会)批准的交强险费率计算。

定　义

第四条　交强险合同中的被保险人是指投保人及其允许的合法驾驶人。

投保人是指与保险人订立交强险合同,并按照合同负有支付保险费义务的机动车的所有人、管理人。

第五条　交强险合同中的受害人是指因被保险机动车发生交通事故遭受人身伤亡或者财产损失的人,但不包括被保险机动车本车车上人员、被保险人。

第六条　交强险合同中的责任限额是指被保险机动车发生交通事故,保险人对每次保险事故所有受害人的人身伤亡和财产损失所承担的最高赔偿金额。责任限额分为死亡伤残赔偿限额、医疗费用赔偿限额、财产损失赔偿限额以及被保险人在道路交通事故中无责任的赔偿限额。其中无责任的赔偿限额分为无责任死亡伤残赔偿限额、无责任医疗费用赔偿限额以及无责任财产损失赔偿限额。

第七条　交强险合同中的抢救费用是指被保险机动车发生交通事故导致受害人受伤时,医疗机构对生命体征不平稳和虽然生命体征平稳但如果不采取处理措施会产生生命危险,或者导致残疾、器官功能障碍,或者导致病程明显延长的受害人,参照国务院卫生主管部门组织制定的交通事故人员创伤临床诊疗指南和国家基本医疗保险标准,采取必要的处理措施所发生的医疗费用。

---

① 现行《机动车交通事故责任强制保险条款》(中保协条款[2006]1号)由保监会授权中保协审批制定,2006年6月28日颁布。

保险责任

第八条 在中华人民共和国境内(不含港、澳、台地区),被保险人在使用被保险机动车过程中发生交通事故,致使受害人遭受人身伤亡或者财产损失,依法应当由被保险人承担的损害赔偿责任,保险人按照交强险合同的约定对每次事故在下列赔偿限额内负责赔偿[①]:

(一)死亡伤残赔偿限额为110000元;

(二)医疗费用赔偿限额为10000元;

(三)财产损失赔偿限额为2000元;

(四)被保险人无责任时,无责任死亡伤残赔偿限额为11000元;无责任医疗费用赔偿限额为1000元;无责任财产损失赔偿限额为100元。

死亡伤残赔偿限额和无责任死亡伤残赔偿限额项下负责赔偿丧葬费、死亡补偿费、受害人亲属办理丧葬事宜支出的交通费用、残疾赔偿金、残疾辅助器具费、护理费、康复费、交通费、被扶养人生活费、住宿费、误工费、被保险人依照法院判决或者调解承担的精神损害抚慰金。

医疗费用赔偿限额和无责任医疗费用赔偿限额项下负责赔偿医药费、诊疗费、住院费、住院伙食补助费,必要的、合理的后续治疗费、整容费、营养费。

追偿

第九条 被保险机动车在本条(一)至(四)之一的情形下发生交通事故,造成受害人受伤需要抢救的,保险人在接到公安机关交通管理部门的书面通知和医疗机构出具的抢救费用清单后,按照国务院卫生主管部门组织制定的交通事故人员创伤临床诊疗指南和国家基本医疗保险标准进行核实。对于符合规定的抢救费用,保险人在医疗费用赔偿限额内垫付。被保险人在交通事故中无责任的,保险人在无责任医疗费用赔偿限额内垫付。对于其他损失和费用,保险人不负责垫付和赔偿:

(一)驾驶人未取得驾驶资格的;

(二)驾驶人醉酒的;

(三)被保险机动车被盗抢期间肇事的;

(四)被保险人故意制造交通事故的。

对于垫付的抢救费用,保险人有权向致害人追偿。

责任免除

第十条 下列损失和费用,交强险不负责赔偿和垫付:

(一)因受害人故意造成的交通事故的损失;

(二)被保险人所有的财产及被保险机动车上的财产遭受的损失;

(三)被保险机动车发生交通事故,致使受害人停业、停驶、停电、停水、停气、停产、通信或者网络中断、数据丢失、电压变化等造成的损失以及受害人财产因市场价格变动造

[①]现行交强险责任限额,即2008版责任限额,由保监会经调整后于2008年2月1日零时开始实行。

成的贬值、修理后因价值降低造成的损失等其他各种间接损失;

(四)因交通事故产生的仲裁或者诉讼费用以及其他相关费用。

保险期间

第十一条 除国家法律、行政法规另有规定外,交强险合同的保险期间为一年,以保险单载明的起止时间为准。

义 务

第十二条 投保人投保时,应当如实填写投保单,向保险人如实告知重要事项,并提供被保险机动车的行驶证和驾驶证复印件。重要事项包括机动车的种类、厂牌型号、识别代码、号牌号码、使用性质和机动车所有人或者管理人的姓名(名称)、性别、年龄、住所、身份证或者驾驶证号码(组织机构代码)、续保前该机动车发生事故的情况以及保监会规定的其他事项。

投保人未如实告知重要事项,对保险费计算有影响的,保险人按照保单年度重新核定保险费计收。

第十三条 签订交强险合同时,投保人不得在保险条款和保险费率之外,向保险人提出附加其他条件的要求。

第十四条 投保人续保的,应当提供被保险机动车上一年度交强险的保险单。

第十五条 在保险合同有效期内,被保险机动车因改装、加装、使用性质改变等导致危险程度增加的,被保险人应当及时通知保险人,并办理批改手续。否则,保险人按照保单年度重新核定保险费计收。

第十六条 被保险机动车发生交通事故,被保险人应当及时采取合理、必要的施救和保护措施,并在事故发生后及时通知保险人。

第十七条 发生保险事故后,被保险人应当积极协助保险人进行现场查勘和事故调查。

发生与保险赔偿有关的仲裁或者诉讼时,被保险人应当及时书面通知保险人。

赔偿处理

第十八条 被保险机动车发生交通事故的,由被保险人向保险人申请赔偿保险金。被保险人索赔时,应当向保险人提供以下材料:

(一)交强险的保险单;

(二)被保险人出具的索赔申请书;

(三)被保险人和受害人的有效身份证明、被保险机动车行驶证和驾驶人的驾驶证;

(四)公安机关交通管理部门出具的事故证明,或者人民法院等机构出具的有关法律文书及其他证明;

(五)被保险人根据有关法律法规规定选择自行协商方式处理交通事故的,应当提供依照《交通事故处理程序规定》规定的记录交通事故情况的协议书;

(六)受害人财产损失程度证明、人身伤残程度证明、相关医疗证明以及有关损失清单和费用单据;

(七)其他与确认保险事故的性质、原因、损失程度等有关的证明和资料。

第十九条 保险事故发生后,保险人按照国家有关法律法规规定的赔偿范围、项目和标准以及交强险合同的约定,并根据国务院卫生主管部门组织制定的交通事故人员创伤临床诊疗指南和国家基本医疗保险标准,在交强险的责任限额内核定人身伤亡的赔偿金额。

第二十条　因保险事故造成受害人人身伤亡的,未经保险人书面同意,被保险人自行承诺或支付的赔偿金额,保险人在交强险责任限额内有权重新核定。

因保险事故损坏的受害人财产需要修理的,被保险人应当在修理前会同保险人检验,协商确定修理或者更换项目、方式和费用。否则,保险人在交强险责任限额内有权重新核定。

第二十一条　被保险机动车发生涉及受害人受伤的交通事故,因抢救受害人需要保险人支付抢救费用的,保险人在接到公安机关交通管理部门的书面通知和医疗机构出具的抢救费用清单后,按照国务院卫生主管部门组织制定的交通事故人员创伤临床诊疗指南和国家基本医疗保险标准进行核实。对于符合规定的抢救费用,保险人在医疗费用赔偿限额内支付。被保险人在交通事故中无责任的,保险人在无责任医疗费用赔偿限额内支付。

变更终止

第二十二条　在交强险合同有效期内,被保险机动车所有权发生转移的,投保人应当及时通知保险人,并办理交强险合同变更手续。

第二十三条　在下列三种情况下,投保人可以要求解除交强险合同:

(一)被保险机动车被依法注销登记的;

(二)被保险机动车办理停驶的;

(三)被保险机动车经公安机关证实丢失的。

交强险合同解除后,投保人应当及时将保险单、保险标志交还保险人;无法交回保险标志的,应当向保险人说明情况,征得保险人同意。

第二十四条　发生《机动车交通事故责任强制保险条例》所列明的投保人、保险人解除交强险合同的情况时,保险人按照日费率收取自保险责任开始之日起至合同解除之日止期间的保险费。

附　则

第二十五条　因履行交强险合同发生争议的,由合同当事人协商解决。协商不成的,提交保险单载明的仲裁委员会仲裁。保险单未载明仲裁机构或者争议发生后未达成仲裁协议的,可以向人民法院起诉。

第二十六条　交强险合同争议处理适用中华人民共和国法律。

第二十七条　本条款未尽事宜,按照《机动车交通事故责任强制保险条例》执行。

案例分析3-1　车祸痛失爱妻,"交强险"竟成索赔"拦路虎"

案情介绍:2008年7月17日,家住会同县团河镇盛储村的罗圣康的妻子杨久凤吃过早饭,乘车前往县城办事,下午乘坐本村罗五湖驾驶的中巴客车回家。傍晚5时许,当车行驶至一段下坡路时,因刹车失灵,客车冲下山坡,与相向驶来的另一辆农用变型拖拉机猛烈相撞,随即翻入公路左边坎下。这次事故,造成杨久凤等2名乘客死亡,另外还有10多名乘客受伤。当地交警大队认定罗五湖负此次事故全部责任。8月2日,罗五湖因涉嫌交通肇事罪,被依法逮捕。事故发生后,罗圣康从罗五湖夫妇处获得赔款2.05万元。杨久凤上有七旬老母,下有未成年女儿。罗圣康觉得,2万余元赔款实在太少,但罗五湖夫妇因车祸债台高筑,已无赔偿能力。罗圣康经了解得知,罗五湖于2008年3月4日向某保险公司为肇事车购买了交强险。交强险死亡伤残赔偿限额为11万元。有人告诉他,交强险是为了使交通事故的受害者得到及时有效的赔偿而设立的险种,完全可以向保险公司要求赔偿。2008年8月9日,罗圣康与女儿罗晶元、岳母徐立秀向会同县法院起诉,要求被告罗五湖、李秀娥夫妇赔偿因杨久凤死亡的各项损失28万元,保险公司承担连带赔偿责任。

本案分析:国务院公布《机动车交通事故责任强制保险条例》及与此配套施行的《机动车交通事故责任强制保险条款》规定,条例所称机动车交通事故责任强制保险,是指由保险公司对被保险机动车辆发生道路交通事故造成本车人员、被保险人以外的受害人的人身伤亡、财产损失,在责任限额内予以赔偿的强制性责任保险;强制保险合同中的受害人是指因被保险机动车发生交通事故遭受人身伤亡或者财产损失的人,但不包括被保险机动车本车车上人员、被保险人。这就表明,交强险保障的是车外人员也即第三者的利益。而本案中的受害人杨久凤作为车上乘客,非车外人员,不属于交强险的保障对象。为此法院判决如下:由被告罗五湖、李秀娥赔偿原告罗圣康、罗晶元、徐立秀因杨久凤死亡的死亡赔偿金、丧葬费、被扶养人生活费等共计86991.42元(含已付的2.05万元),驳回原告的其他诉讼请求。

2)交强险基础费率

2006年交强险实施后,实行全国统一的基础费率。一年后,保监会在广泛征求各方意见以及精细测算的基础上,重新调整了费率标准,推出2008版费率(表3-1)。2008版费率于2008年2月1日零时起实行,目前的交强险费率仍采用这一标准。

表3-1 机动车交通事故责任强制保险基础费率表(2008版费率)

车辆大类	序号	车辆明细分类	保费/元
一、家庭自用车	1	家庭自用汽车6座以下	950
	2	家庭自用汽车6座及以上	1100
二、非营业客车	3	企业非营业汽车6座以下	1000
	4	企业非营业汽车6~10座	1130
	5	企业非营业汽车10~20座	1220
	6	企业非营业汽车20座以上	1270
	7	机关非营业汽车6座以下	950
	8	机关非营业汽车6~10座	1070
	9	机关非营业汽车10~20座	1140
	10	机关非营业汽车20座以上	1320

(续表)

车辆大类	序号	车辆明细分类	保费/元
三、营业客车	11	营业出租租赁6座以下	1800
	12	营业出租租赁6~10座	2360
	13	营业出租租赁10~20座	2400
	14	营业出租租赁20~36座	2560
	15	营业出租租赁36座以上	3530
	16	营业城市公交6~10座	2250
	17	营业城市公交10~20座	2520
	18	营业城市公交20~36座	3020
	19	营业城市公交36座以上	3140
	20	营业公路客运6~10座	2350
	21	营业公路客运10~20座	2620
	22	营业公路客运20~36座	3420
	23	营业公路客运36座以上	4690
四、非营业货车	24	非营业货车2吨以下	1200
	25	非营业货车2~5吨	1470
	26	非营业货车5~10吨	1650
	27	非营业货车10吨以上	2220
五、营业货车	28	营业货车2吨以下	1850
	29	营业货车2~5吨	3070
	30	营业货车5~10吨	3450
	31	营业货车10吨以上	4480
六、特种车	32	特种车一	3710
	33	特种车二	2430
	34	特种车三	1080
	35	特种车四	3980
七、摩托车	36	摩托车50CC及以下	80
	37	摩托车50CC~250CC(含)	120
	38	摩托车250CC以上及侧三轮	400
八、拖拉机	39	兼用型拖拉机14.7kW及以下	按保监产险[2007]53号实行地区差别费率
	40	兼用型拖拉机14.7kW以上	
	41	运输型拖拉机14.7kW及以下	
	42	运输型拖拉机14.7kW以上	

注：1. 座位和吨位的分类都按照"含起点不含终点"的原则来解释；
　　2. 特种车一：油罐车、汽罐车、液罐车；特种车二：专用净水车、特种车一以外的罐式货车，以及用于清障、清扫、清洁、起重、装卸、升降、搅拌、挖掘、推土、冷藏、保温等的各种专用机动车；特种车三：装有固定专用仪器设备从事专业工作的监测、消防、运钞、医疗、电视转播等的各种专用机动车；特种车四：集装箱拖头；
　　3. 挂车根据实际的使用性质并按照对应吨位货车的30%计算；
　　4. 低速载货汽车参照运输型拖拉机14.7kW以上的费率执行

2008版费率表把机动车按种类、使用性质分为家庭自用汽车、非营业客车、营业客车、非营业货车、营业货车、特种车、摩托车和拖拉机8种类型。

(1)家庭自用汽车:指家庭或个人所有,且用途为非营业性的客车。

(2)非营业客车:指党政机关、企事业单位、社会团体、使领馆等机构从事公务或在生产经营活动中不以直接或间接方式收取运费或租金的客车,包括党政机关、企事业单位、社会团体、使领馆等机构为从事公务或在生产经营活动中承租且租赁期限为1年或1年以上的客车。非营业客车分为党政机关、事业团体客车,企业客车。用于驾驶教练的客车、邮政公司用于邮递业务的客车、快递公司用于快递业务的客车、警车、普通囚车、医院的普通救护车、殡葬车按照其行驶证上载明的核定载客数,适用对应的企业非营业客车的费率。

(3)营业客车:指用于旅客运输或租赁,并以直接或间接方式收取运费或租金的客车。营业客车分为城市公交客车,公路客运客车,出租、租赁客车。旅游客运车按照其行驶证上载明的核定载客数,适用对应的公路客运车费率。

(4)非营业货车:指党政机关、企事业单位、社会团体自用或仅用于个人及家庭生活,不以直接或间接方式收取运费或租金的货车(包括客货两用车)。货车是指载货机动车、厢式货车、半挂牵引车、自卸车、电瓶运输车、装有起重机械但以载重为主的起重运输车。用于驾驶教练的货车、邮政公司用于邮递业务的货车、快递公司用于快递业务的货车按照其行驶证上载明的核定载质量,适用对应的非营业货车的费率。

(5)营业货车:指用于货物运输或租赁,并以直接或间接方式收取运费或租金的货车(包括客货两用车)。货车是指载货机动车、厢式货车、半挂牵引车、自卸车、电瓶运输车、装有起重机械但以载重为主的起重运输车。

(6)特种车:指用于各类装载油料、气体、液体等专用罐车;或用于清障、清扫、清洁、起重、装卸(不含自卸车)、升降、搅拌、挖掘、推土、压路等的各种专用机动车,或适用于装有冷冻或加温设备的厢式机动车;或车内装有固定专用仪器设备,从事专业工作的监测、消防、运钞、医疗、电视转播、雷达、X光检查等机动车;或专门用于牵引集装箱箱体(货柜)的集装箱拖头。

(7)摩托车:指以燃料或电瓶为动力的各种两轮、三轮摩托车。摩托车分成3类:50CC及以下,50~250CC(含)、250CC以上及侧三轮。正三轮摩托车按照排气量分类执行相应的费率。

(8)拖拉机按其使用性质分为兼用型拖拉机和运输型拖拉机。兼用型拖拉机是指以田间作业为主,通过铰接连接牵引挂车可进行运输作业的拖拉机。兼用型拖拉机分为14.7 kW及以下和14.7 kW以上两种。运输型拖拉机是指货箱与底盘一体,不通过牵引挂车可运输作业的拖拉机。运输型拖拉机分为14.7 kW及以下和14.7 kW以上两种。低速载货汽车参照运输型拖拉机14.7 kW以上的费率执行。

(9)挂车:指就其设计和技术特征需机动车牵引才能正常使用的一种无动力的道路机动车。挂车根据实际的使用性质并按照对应吨位货车的30%计算。装置有油罐、汽罐、液罐的挂车按特种车一的30%计算。

3）交强险浮动费率

为了进一步倡导广大机动车驾驶人谨慎驾驶，突出无赔款优待。2007年6月27日，保监会公布了《机动车交通事故责任强制保险费率浮动暂行办法》（保监发〔2007〕52号），规定2007年7月1日起在全国范围统一实行交强险费率浮动与道路交通事故相联系，暂不在全国范围内统一实行与道路交通安全违法行为相联系。这意味着我国交强险开始接轨国际通行惯例。

交强险费率浮动因素及比率见表3-2所列。

表3-2 交强险费率浮动暂行办法浮动因素及比率（2007年7月1日起适用）

	浮动因素		浮动比率
与道路交通事故相联系的浮动比率A	A1	上一个年度未发生有责任道路交通事故	-10%
	A2	上两个年度未发生有责任道路交通事故	-20%
	A3	上三个及以上年度未发生有责任道路交通事故	-30%
	A4	上一个年度发生一次有责任不涉及死亡的道路交通事故	0%
	A5	上一个年度发生两次及两次以上有责任道路交通事故	10%
	A6	上一个年度发生有责任道路交通死亡事故	30%

费率浮动时，应注意以下事项：

（1）目前交强险最终保险费计算方法：交强险最终保险费＝交强险基础保险费×（1＋与道路交通事故相联系的浮动比率A）

（2）交强险费率浮动标准根据被保险机动车所发生的道路交通事故计算。摩托车和拖拉机暂不浮动。

（3）与道路交通事故相联系的浮动比率A为A1至A6其中之一，不累加。同时满足多个浮动因素的，按照向上浮动或者向下浮动比率的高者计算。

（4）仅发生无责任道路交通事故的，交强险费率仍可享受向下浮动。

（5）浮动因素计算区间为上期保单出单日至本期保单出单日之间。

（6）与道路交通事故相联系浮动时，应根据上年度交强险已赔付的赔案浮动。上年度发生赔案但还未赔付的，本期交强险费率不浮动，直至赔付后的下一年度交强险费率向上浮动。

（7）几种特殊情况的交强险费率浮动方法：

① 首次投保交强险的机动车费率不浮动。

② 在保险期限内，被保险机动车所有权转移，应当办理交强险合同变更手续，且交强险费率不浮动。

③ 机动车临时上道路行驶或境外机动车临时入境投保短期交强险的，交强险费率不浮动。其他投保短期交强险的情况下，根据交强险短期基准保险费并按照上述标准浮动。

④ 被保险机动车经公安机关证实丢失后追回的，根据投保人提供的公安机关证明，在丢失期间发生道路交通事故的，交强险费率不向上浮动。

⑤ 机动车上一期交强险保单满期后未及时续保的,浮动因素计算区间仍为上期保单出单日至本期保单出单日之间。

⑥ 在全国车险信息平台联网或全国信息交换前,机动车跨省变更投保地时,如投保人能提供相关证明文件的,可享受交强险费率向下浮动。不能提供的,交强险费率不浮动。

(8)交强险保单出单日距离保单起期最长不能超过三个月。

(9)除投保人明确表示不需要的,保险公司应当在完成保险费计算后、出具保险单以前,向投保人出具《机动车交通事故责任强制保险费率浮动告知书》,经投保人签章确认后,再出具交强险保单、保险标志。投保人有异议的,应告知其有关道路交通事故的查询方式。

(10)已经建立车险联合信息平台的地区,通过车险联合信息平台实现交强险费率浮动。除当地保险监管部门认可的特殊情形以外,《机动车交通事故责任强制保险费率浮动告知书》和交强险保单必须通过车险信息平台出具。未建立车险信息平台的地区,通过保险公司之间相互报盘、简易理赔共享查询系统或者手工方式等,实现交强险费率浮动。

3.2 机动车商业保险

3.2.1 机动车商业保险概况

机动车商业保险是指投保人可以自由购买的商业保险险种。2003年以前,我国各保险公司统一实行2000年由保监会颁布的条款。随着机动车保有量的不断增长以及我国加入WTO等情况的变化,也为促进机动车保险业务的发展,提高保险公司经营管理水平和服务质量,保监会于2002年3月4日发布《改革机动车辆保险条款费率管理办法有关问题的通知》(保监发[2002]26号),规定机动车辆保险条款费率由各保险公司自主制定、修改和调整,经保监会备案后,向社会公布。同年8月15日又发布《关于改革机动车辆保险条款费率管理制度的通知》(保监发[2002]87号),规定自2003年1月1日起在全国范围内实施新的机动车辆保险条款费率管理制度。经过几年的放开,汽车保险行业出现了一些不正常竞争,严重干扰了汽车保险市场的秩序,为规范市场行为,促进汽车保险行业的有序竞争和良性发展,2006年上半年中保协统一制定了包括车辆损失保险和第三者责任保险的A、B、C三套条款,每套条款均包括主险和附加险,各保险公司任选其一(天平汽车保险公司除外),其他条款再由各保险公司自己制订,报保险监督管理部门备案即可。此后A、B、C三套条款分别于2007年、2009年进行完善和修正。三套条款虽均覆盖了机动车主要的商业险种,但其中的具体内容、赔偿责任等还是存在差异,导致大众对同一内容的保险为何存在三种不同条款的质疑和争议,同时对于条款中"高保低赔""无责不赔"的问题反映较多。2012年3月8日保监会发布《关于加强机动车辆商业保险条款费率管理的通知》(保监发[2012]16号),进一步明确了监管部门、市场主体和行业协会的角色定位,即保险公司拟订商业车险条款,行业协会制定示范条款供保险公司参考,由监管部门进行审批。我国商业车险条款与税费管理正式进入新一轮的改革。为配合此项举措,中保协于2012年3月14日正式公布《2012版示范条款》,结束了车险市场三套条款同时使用的局面,各保险公司根据自身规模与经营水平采用示范条款或是在示范条款基础上增加保险责任或是自主开发条款费率。2014年8月,国务院颁布了《关于加快发展现代保险服务业的若干意见》(新"国十条"),为我国保险业的发展指明了新的方向,提出了新的要求。新"国十条"强调,要"推动保险公司转变发展方式,提高服务质量,努力降低经营成本,提供质优价廉、诚信规范的保险产品和服务。"保监会积极响应,于2015年3月24日印发了《深化商业车险条款费率管理制度改革试点工作方案》(保监产险〔2015〕24号),进一步扩大保险公司在条款制定的自主权。同时,对商业险费率进行重大改革,在厘定时引入商业车险基准纯风险保费和主要费率调整系数。2015年3月20日,中保协在修订和完善《2012版示范条款》的基础上,正式发布《2014版示范条款》,其中主要类别与险种见表3-3所列。目前我国各保险公司机动车商业险条款主要参考《2014版示范条款》进行制订。由于本书主要讲述汽车保险相关知识,因此后面将重点介绍机动车综合商业保险和机动车单程提车保险,其他类别保险,请读者自行参考相关文件。

表3-3 《2014版示范条款》主要类别与险种构成

类别	主险	附加险
机动车综合商业保险	机动车损失保险 机动车第三者责任保险 机动车车上人员责任保险 机动车全车盗抢保险	玻璃单独破损险 自燃损失险 新增加设备损失险 车身划痕损失险 发动机涉水损失险 修理期间费用补偿险 车上货物责任险 精神损害抚慰金责任险 不计免赔率险 机动车损失保险无法找到第三方特约险 指定修理厂险
特种车综合商业保险	特种车损失保险 特种车第三者责任保险 特种车车上人员责任保险 特种车全车盗抢保险	玻璃单独破损险 自燃损失险 新增设备损失险 修理期间费用补偿险 车上货物责任险 精神损害抚慰金责任险 不计免赔率险 特种车损失保险无法找到第三方特约险 指定修理厂险 起重、装卸、挖掘车辆损失扩展条款 特种车辆固定设备、仪器损坏扩展条款

(续表)

类别	主险	附加险
摩托车、拖拉机综合商业保险	摩托车、拖拉机损失保险 摩托车、拖拉机第三者责任保险 摩托车、拖拉机车上人员责任保险 摩托车、拖拉机全车盗抢保险	不计免赔率险 摩托车、拖拉机损失保险无法找到第三方特约险
机动车单程提车保险	机动车损失保险 机动车第三者责任保险 机动车车上人员责任保险	不计免赔率险 机动车损失保险无法找到第三方特约险

3.2.2 机动车综合商业保险条款

总 则

第一条 本保险条款分为主险、附加险。

主险包括机动车损失保险、机动车第三者责任保险、机动车车上人员责任保险、机动车全车盗抢保险共四个独立的险种,投保人可以选择投保全部险种,也可以选择投保其中部分险种。保险人依照本保险合同的约定,按照承保险种分别承担保险责任。

附加险不能独立投保。附加险条款与主险条款相抵触之处,以附加险条款为准,附加险条款未尽之处,以主险条款为准。

第二条 本保险合同中的被保险机动车是指在中华人民共和国境内(不含港、澳、台地区)行驶,以动力装置驱动或者牵引,上道路行驶的供人员乘用或者用于运送物品以及进行专项作业的轮式车辆(含挂车)、履带式车辆和其他运载工具,但不包括摩托车、拖拉机、特种车。

第三条 本保险合同中的第三者是指因被保险机动车发生意外事故遭受人身伤亡或者财产损失的人,但不包括被保险机动车本车车上人员、被保险人。

第四条 本保险合同中的车上人员是指发生意外事故的瞬间,在被保险机动车车体内或车体上的人员,包括正在上下车的人员。

第五条 本保险合同中的各方权利和义务,由保险人、投保人遵循公平原则协商确定。保险人、投保人自愿订立本保险合同。

除本保险合同另有约定外,投保人应在保险合同成立时一次交清保险费。保险费未交清前,本保险合同不生效。

第一章 机动车损失保险

保险责任

第六条 保险期间内,被保险人或其允许的驾驶人在使用被保险机动车过程中,因下列原因造成被保险机动车的直接损失,且不属于免除保险人责任的范围,保险人依照本保险合同的约定负责赔偿:

(一)碰撞、倾覆、坠落;

(二)火灾、爆炸;

(三)外界物体坠落、倒塌;

(四)雷击、暴风、暴雨、洪水、龙卷风、冰雹、台风、热带风暴;

(五)地陷、崖崩、滑坡、泥石流、雪崩、冰陷、暴雪、冰凌、沙尘暴;

(六)受到被保险机动车所载货物、车上人员意外撞击;

(七)载运被保险机动车的渡船遭受自然灾害(只限于驾驶人随船的情形)。

第七条 发生保险事故时,被保险人或其允许的驾驶人为防止或者减少被保险机动车的损失所支付的必要的、合理的施救费用,由保险人承担;施救费用数额在被保险机动车损失赔偿金额以外另行计算,最高不超过保险金额的数额。

责任免除

第八条 在上述保险责任范围内,下列情况下,不论任何原因造成被保险机动车的任何损失和费用,保险人均不负责赔偿:

(一)事故发生后,被保险人或其允许的驾驶人故意破坏、伪造现场、毁灭证据;

(二)驾驶人有下列情形之一者:

1.事故发生后,在未依法采取措施的情况下驾驶被保险机动车或者遗弃被保险机动车离开事故现场;

2.饮酒、吸食或注射毒品、服用国家管制的精神药品或者麻醉药品;

3.无驾驶证,驾驶证被依法扣留、暂扣、吊销、注销期间;

4.驾驶与驾驶证载明的准驾车型不相符合的机动车;

5.实习期内驾驶公共汽车、营运客车或者执行任务的警车、载有危险物品的机动车或牵引挂车的机动车;

6.驾驶出租机动车或营业性机动车无交通运输管理部门核发的许可证书或其他必备证书;

7.学习驾驶时无合法教练员随车指导;

8.非被保险人允许的驾驶人。

(三)被保险机动车有下列情形之一者:

1.发生保险事故时被保险机动车行驶证、号牌被注销的,或未按规定检验或检验不合格;

2.被扣押、收缴、没收、政府征用期间;

3.在竞赛、测试期间,在营业性场所维修、保养、改装期间;

4.被保险人或其允许的驾驶人故意或重大过失,导致被保险机动车被利用从事犯罪行为。

第九条 下列原因导致的被保险机动车的损失和费用,保险人不负责赔偿:

(一)地震及其次生灾害;

(二)战争、军事冲突、恐怖活动、暴乱、污染(含放射性污染)、核反应、核辐射;

(三)人工直接供油、高温烘烤、自燃、不明原因火灾;

（四）违反安全装载规定；

（五）被保险机动车被转让、改装、加装或改变使用性质等，被保险人、受让人未及时通知保险人，且因转让、改装、加装或改变使用性质等导致被保险机动车危险程度显著增加；

（六）被保险人或其允许的驾驶人的故意行为。

第十条　下列损失和费用，保险人不负责赔偿：

（一）因市场价格变动造成的贬值、修理后因价值降低引起的减值损失；

（二）自然磨损、朽蚀、腐蚀、故障、本身质量缺陷；

（三）遭受保险责任范围内的损失后，未经必要修理并检验合格继续使用，致使损失扩大的部分；

（四）投保人、被保险人或其允许的驾驶人知道保险事故发生后，故意或者因重大过失未及时通知，致使保险事故的性质、原因、损失程度等难以确定的，保险人对无法确定的部分，不承担赔偿责任，但保险人通过其他途径已经及时知道或者应当及时知道保险事故发生的除外；

（五）因被保险人违反本条款第十六条约定，导致无法确定的损失；

（六）被保险机动车全车被盗窃、被抢劫、被抢夺、下落不明，以及在此期间受到的损坏，或被盗窃、被抢劫、被抢夺未遂受到的损坏，或车上零部件、附属设备丢失；

（七）车轮单独损坏，玻璃单独破碎，无明显碰撞痕迹的车身划痕，以及新增设备的损失；

（八）发动机进水后导致的发动机损坏。

免赔率与免赔额

第十一条　保险人在依据本保险合同约定计算赔款的基础上，按照下列方式免赔：

（一）被保险机动车一方负次要事故责任的，实行5%的事故责任免赔率；负同等事故责任的，实行10%的事故责任免赔率；负主要事故责任的，实行15%的事故责任免赔率；负全部事故责任或单方肇事事故的，实行20%的事故责任免赔率；

（二）被保险机动车的损失应当由第三方负责赔偿，无法找到第三方的，实行30%的绝对免赔率；

（三）违反安全装载规定、但不是事故发生的直接原因的，增加10%的绝对免赔率；

（四）对于投保人与保险人在投保时协商确定绝对免赔额的，本保险在实行免赔率的基础上增加每次事故绝对免赔额。

保险金额

第十二条　保险金额按投保时被保险机动车的实际价值确定。

投保时被保险机动车的实际价值由投保人与保险人根据投保时的新车购置价减去折旧金额后的价格协商确定或其他市场公允价值协商确定。

折旧金额可根据本保险合同列明的参考折旧系数表确定。

赔偿处理

第十三条　发生保险事故时，被保险人或其允许的驾驶人应当及时采取合理的、必要的施救和保护措施,防止或者减少损失,并在保险事故发生后 48 小时内通知保险人。被保险人或其允许的驾驶人根据有关法律法规规定选择自行协商方式处理交通事故的,应当立即通知保险人。

第十四条　被保险人或其允许的驾驶人根据有关法律法规规定选择自行协商方式处理交通事故的,应当协助保险人勘验事故各方车辆、核实事故责任,并依照《道路交通事故处理程序规定》签订记录交通事故情况的协议书。

第十五条　被保险人索赔时,应当向保险人提供与确认保险事故的性质、原因、损失程度等有关的证明和资料。

被保险人应当提供保险单、损失清单、有关费用单据、被保险机动车行驶证和发生事故时驾驶人的驾驶证。

属于道路交通事故的,被保险人应当提供公安机关交通管理部门或法院等机构出具的事故证明、有关的法律文书(判决书、调解书、裁定书、裁决书等)及其他证明。被保险人或其允许的驾驶人根据有关法律法规规定选择自行协商方式处理交通事故的,被保险人应当提供依照《道路交通事故处理程序规定》签订记录交通事故情况的协议书。

第十六条　因保险事故损坏的被保险机动车,应当尽量修复。修理前被保险人应当会同保险人检验,协商确定修理项目、方式和费用。对未协商确定的,保险人可以重新核定。

第十七条　被保险机动车遭受损失后的残余部分由保险人、被保险人协商处理。如折归被保险人的,由双方协商确定其价值并在赔款中扣除。

第十八条　因第三方对被保险机动车的损害而造成保险事故,被保险人向第三方索赔的,保险人应积极协助;被保险人也可以直接向本保险人索赔,保险人在保险金额内先行赔付被保险人,并在赔偿金额内代位行使被保险人对第三方请求赔偿的权利。

被保险人已经从第三方取得损害赔偿的,保险人进行赔偿时,相应扣减被保险人从第三方已取得的赔偿金额。

保险人未赔偿之前,被保险人放弃对第三方请求赔偿的权利的,保险人不承担赔偿责任。

被保险人故意或者因重大过失致使保险人不能行使代位请求赔偿的权利的,保险人可以扣减或者要求返还相应的赔款。

保险人向被保险人先行赔付的,保险人向第三方行使代位请求赔偿的权利时,被保险人应当向保险人提供必要的文件和所知道的有关情况。

第十九条　机动车损失赔款按以下方法计算:

(一)全部损失

赔款 =(保险金额 - 被保险人已从第三方获得的赔偿金额)×(1 - 事故责任免赔率)×
　　　(1 - 绝对免赔率之和) - 绝对免赔额

(二)部分损失

被保险机动车发生部分损失,保险人按实际修复费用在保险金额内计算赔偿:

赔款 = (实际修复费用 - 被保险人已从第三方获得的赔偿金额) × (1 - 事故责任免赔率) × (1 - 绝对免赔率之和) - 绝对免赔额

(三) 施救费

施救的财产中,含有本保险合同未保险的财产,应按本保险合同保险财产的实际价值占总施救财产的实际价值比例分摊施救费用。

第二十条　保险人受理报案、现场查勘、核定损失、参与诉讼、进行抗辩、要求被保险人提供证明和资料、向被保险人提供专业建议等行为,均不构成保险人对赔偿责任的承诺。

第二十一条　被保险机动车发生本保险事故,导致全部损失,或一次赔款金额与免赔金额之和(不含施救费)达到保险金额,保险人按本保险合同约定支付赔款后,本保险责任终止,保险人不退还机动车损失保险及其附加险的保险费。

案例分析 3-2　本车所载货物撞击造成损失该不该赔偿?

案情介绍:2008年8月10日,李某的重型卡车在某海湾填海施工,卸土石方时,不慎车滑进海里,车厢里下滑的石块将车后厢板砸掉,落入海中。后来,李某购件修车花费1800元。李某起诉至法院,称出事后,保险公司业务员到现场拍照勘察,并给车定损1500元,但至今钱也没到位,因此要求保险公司赔付1500元。保险公司以"受本车所载货物撞击的损失"拒绝赔偿。

本案分析:在法庭上,保险公司以车损是由于车上的石子把后厢板砸掉造成的,属责任免除的情况为由,不同意赔偿。法院认为,李某的私有车辆投保后,保险公司就应承担合理的保险责任。施工时,由于滑坡,李某车上装载的石块下滑,将车后厢板砸落,车辆滑坡是造成车辆损坏的直接原因,符合保险合同中规定的倾覆范围,保险公司根据合同责任免除第三条"受本车所载货物撞击的损失"拒绝赔付不合理,应履行赔偿责任。上述判决是法院根据保险的"近因原则"作出的,即车辆意外滑坡是造成被保险车辆损失的最直接原因,体现了实事求是的司法精神。当然,此案例是发生在《2012版示范条款》颁布前,此后在2012版《示范条款》以及最新的2014版《示范条款》中,"受到被保险机动车所载货物、车上人员意外撞击"所造成的被保险机动车损失被明确列入车损险保险责任,对于保险消费者来说更加公平合理。

第二章　机动车第三者责任保险
保险责任

第二十二条　保险期间内,被保险人或其允许的驾驶人在使用被保险机动车过程中发生意外事故,致使第三者遭受人身伤亡或财产直接损毁,依法应当对第三者承担损害赔偿责任,且不属于免除保险人责任的范围,保险人依照本保险合同的约定,对于超过机动车交通事故责任强制保险各分项赔偿限额的部分负责赔偿。

第二十三条　保险人依据被保险机动车一方在事故中所负的事故责任比例,承担相应的赔偿责任。

被保险人或被保险机动车一方根据有关法律法规规定选择自行协商或由公安机关交通管理部门处理事故未确定事故责任比例的,按照下列规定确定事故责任比例:

被保险机动车一方负主要事故责任的,事故责任比例为70%;

被保险机动车一方负同等事故责任的,事故责任比例为50%;

被保险机动车一方负次要事故责任的,事故责任比例为30%。

涉及司法或仲裁程序的,以法院或仲裁机构最终生效的法律文书为准。

责任免除

第二十四条 在上述保险责任范围内,下列情况下,不论任何原因造成的人身伤亡、财产损失和费用,保险人均不负责赔偿:

(一)事故发生后,被保险人或其允许的驾驶人故意破坏、伪造现场、毁灭证据;

(二)驾驶人有下列情形之一者:

1. 事故发生后,在未依法采取措施的情况下驾驶被保险机动车或者遗弃被保险机动车离开事故现场;

2. 饮酒、吸食或注射毒品、服用国家管制的精神药品或者麻醉药品;

3. 无驾驶证,驾驶证被依法扣留、暂扣、吊销、注销期间;

4. 驾驶与驾驶证载明的准驾车型不相符合的机动车;

5. 实习期内驾驶公共汽车、营运客车或者执行任务的警车、载有危险物品的机动车或牵引挂车的机动车;

6. 驾驶出租机动车或营业性机动车无交通运输管理部门核发的许可证书或其他必备证书;

7. 学习驾驶时无合法教练员随车指导;

8. 非被保险人允许的驾驶人。

(三)被保险机动车有下列情形之一者:

1. 发生保险事故时被保险机动车行驶证、号牌被注销的,或未按规定检验或检验不合格;

2. 被扣押、收缴、没收、政府征用期间;

3. 在竞赛、测试期间,在营业性场所维修、保养、改装期间;

4. 全车被盗窃、被抢劫、被抢夺、下落不明期间。

第二十五条 下列原因导致的人身伤亡、财产损失和费用,保险人不负责赔偿:

(一)地震及其次生灾害、战争、军事冲突、恐怖活动、暴乱、污染(含放射性污染)、核反应、核辐射;

(二)第三者、被保险人或其允许的驾驶人的故意行为、犯罪行为,第三者与被保险人或其他致害人恶意串通的行为;

(三)被保险机动车被转让、改装、加装或改变使用性质等,被保险人、受让人未及时通知保险人,且因转让、改装、加装或改变使用性质等导致被保险机动车危险程度显著增加。

第二十六条 下列人身伤亡、财产损失和费用,保险人不负责赔偿:

(一)被保险机动车发生意外事故,致使任何单位或个人停业、停驶、停电、停水、停气、停产、通信或网络中断、电压变化、数据丢失造成的损失以及其他各种间接损失;

(二)第三者财产因市场价格变动造成的贬值,修理后因价值降低引起的减值损失;

(三)被保险人及其家庭成员、被保险人允许的驾驶人及其家庭成员所有、承租、使用、管理、运输或代管的财产的损失,以及本车上财产的损失;

(四)被保险人、被保险人允许的驾驶人、本车车上人员的人身伤亡;

(五)停车费、保管费、扣车费、罚款、罚金或惩罚性赔款;

(六)超出《道路交通事故受伤人员临床诊疗指南》和国家基本医疗保险同类医疗费用标准的费用部分;

(七)律师费,未经保险人事先书面同意的诉讼费、仲裁费;

(八)投保人、被保险人或其允许的驾驶人知道保险事故发生后,故意或者因重大过失未及时通知,致使保险事故的性质、原因、损失程度等难以确定的,保险人对无法确定的部分,不承担赔偿责任,但保险人通过其他途径已经及时知道或者应当及时知道保险事故发生的除外;

(九)因被保险人违反本条款第三十四条约定,导致无法确定的损失;

(十)精神损害抚慰金;

(十一)应当由机动车交通事故责任强制保险赔偿的损失和费用;

保险事故发生时,被保险机动车未投保机动车交通事故责任强制保险或机动车交通事故责任强制保险合同已经失效的,对于机动车交通事故责任强制保险责任限额以内的损失和费用,保险人不负责赔偿。

免赔率

第二十七条 保险人在依据本保险合同约定计算赔款的基础上,在保险单载明的责任限额内,按照下列方式免赔:

(一)被保险机动车一方负次要事故责任的,实行5%的事故责任免赔率;负同等事故责任的,实行10%的事故责任免赔率;负主要事故责任的,实行15%的事故责任免赔率;负全部事故责任的,实行20%的事故责任免赔率;

(二)违反安全装载规定的,实行10%的绝对免赔率。

责任限额

第二十八条 每次事故的责任限额,由投保人和保险人在签订本保险合同时协商确定。

第二十九条 主车和挂车连接使用时视为一体,发生保险事故时,由主车保险人和挂车保险人按照保险单上载明的机动车第三者责任保险责任限额的比例,在各自的责任限额内承担赔偿责任,但赔偿金额总和以主车的责任限额为限。

赔偿处理

第三十条 发生保险事故时,被保险人或其允许的驾驶人应当及时采取合理的、必要的施救和保护措施,防止或者减少损失,并在保险事故发生后48小时内通知保险人。被保险人或其允许的驾驶人根据有关法律法规规定选择自行协商方式处理交通事故的,应当立即通知保险人。

第三十一条　被保险人或其允许的驾驶人根据有关法律法规规定选择自行协商方式处理交通事故的,应当协助保险人勘验事故各方车辆、核实事故责任,并依照《道路交通事故处理程序规定》签订记录交通事故情况的协议书。

第三十二条　被保险人索赔时,应当向保险人提供与确认保险事故的性质、原因、损失程度等有关的证明和资料。

被保险人应当提供保险单、损失清单、有关费用单据、被保险机动车行驶证和发生事故时驾驶人的驾驶证。

属于道路交通事故的,被保险人应当提供公安机关交通管理部门或法院等机构出具的事故证明、有关的法律文书(判决书、调解书、裁定书、裁决书等)及其他证明。被保险人或其允许的驾驶人根据有关法律法规规定选择自行协商方式处理交通事故的,被保险人应当提供依照《道路交通事故处理程序规定》签订记录交通事故情况的协议书。

第三十三条　保险人对被保险人给第三者造成的损害,可以直接向该第三者赔偿。

被保险人给第三者造成损害,被保险人对第三者应负的赔偿责任确定的,根据被保险人的请求,保险人应当直接向该第三者赔偿。被保险人怠于请求的,第三者有权就其应获赔偿部分直接向保险人请求赔偿。

被保险人给第三者造成损害,被保险人未向该第三者赔偿的,保险人不得向被保险人赔偿。

第三十四条　因保险事故损坏的第三者财产,应当尽量修复。修理前被保险人应当会同保险人检验,协商确定修理项目、方式和费用。对未协商确定的,保险人可以重新核定。

第三十五条　赔款计算

1. 当(依合同约定核定的第三者损失金额－机动车交通事故责任强制保险的分项赔偿限额)×事故责任比例等于或高于每次事故赔偿限额时:

赔款 = 每次事故赔偿限额×(1－事故责任免赔率)×(1－绝对免赔率之和)

2. 当(依合同约定核定的第三者损失金额－机动车交通事故责任强制保险的分项赔偿限额)×事故责任比例低于每次事故赔偿限额时:

赔款 =(依合同约定核定的第三者损失金额－机动车交通事故责任强制保险的分项赔偿限额)×事故责任比例×(1－事故责任免赔率)×(1－绝对免赔率之和)

第三十六条　保险人按照《道路交通事故受伤人员临床诊疗指南》和国家基本医疗保险的同类医疗费用标准核定医疗费用的赔偿金额。

未经保险人书面同意,被保险人自行承诺或支付的赔偿金额,保险人有权重新核定。不属于保险人赔偿范围或超出保险人应赔偿金额的,保险人不承担赔偿责任。

第三十七条　保险人受理报案、现场查勘、核定损失、参与诉讼、进行抗辩、要求被保险人提供证明和资料、向被保险人提供专业建议等行为,均不构成保险人对赔偿责任的承诺。

案例分析 3-3　"第三者"该如何判断?

案情介绍:2007年5月,邹某驾驶旅游公司的豪华大巴车送一批游客到某旅游景点。旅游公司为该车投保了第三者责任险。到达旅游景点后,游客下车,邹某倒车停放时,将下车的游客江某撞倒,致使其肋骨多处骨折,轻微脑震荡。事后,公安机关作出了交通事故责任认定书,邹某承担全部责任。江某向旅游公司索赔,旅游公司因已给车辆投保了第三者责任险,遂找到保险公司,要求保险公司赔偿江某的损失。保险公司认为江某是搭乘车的人,属于车上人员,不属于第三者的范围,拒绝承担保险责任。为此,旅游公司提起诉讼,请求法院判令保险公司依合同对江某的损失予以理赔。

本案分析:在本案中,游客江某在搭乘该车前往旅游景点的途中,是车辆上的乘客。但当其到达目的地之后,江某一旦下了车,就不再是车辆上的乘客。虽然其在参观结束后,仍然要搭乘该车,但江某下车后,其游客身份就暂时性地消失,并被第三者的身份所取代。因此,江某应当在第三者的理赔范围之内。在此次意外事故中,江某的损失应当由保险公司承担赔偿。法院最后判决保险公司按规定赔偿被保险人的损失。

案例分析 3-4　开车撞倒家庭成员是否能获得赔偿?

案情介绍:2010年某天,万先生开车携妻去位于郊区的父母家吃饭。到达父母家后,其妻下车指挥万先生停车。在停车过程中,万先生由于误操作不慎将妻子撞倒,造成轻伤。同时车辆在避让过程中撞到父母的老房子,造成损害。事后,万先生向保险公司报案要求索赔。保险公司只在交强险责任限额内进行赔偿,对于商业第三者责任保险却以被撞人是万先生的妻子,造成的财产损失属于万先生父母,均是家庭成员,保险公司不负责赔偿为由,迟迟不进行赔偿结案。最后,万先生无奈将保险公司告上法院,请求法院判令保险公司依合同对自己的损失予以理赔。

本案分析:万先生认为,将驾驶员及其家庭成员排除在第三者责任险之外,是典型的霸王条款。对此,保险公司抗辩道:其与原告万先生签订的格式保险合同,是按照国际通行规则,并经中国保险监督管理委员会批准的,并非"霸王条款"。在签订合同时,被告已向原告履行了明确的提示义务。原告驾驶被保险车辆造成其妻子受伤及父母的财产损失,按照保险合同中的第三者责任保险责任免除条款规定,被保险人及其家庭成员的人身伤亡和财产损失不属于第三者责任险范围,故请求法院判决驳回原告的诉讼请求。

法院经审理认为:按照通常的理解和依据国际通行的保险理念,保险合同中的保险人是第一者,被保险人是第二者,保险车辆上人员之外所有人均属于第三者。第三者责任险旨在确保第三人即受害人,因意外事故受到损害时能够从保险人处获取救济,为不特定的第三人利益而订立的合同,其含义并未将被保险人或保险车辆驾驶人员的家庭成员排除在外。如果缩小第三者的范围将其前述人员排斥于外,同样的人、同样的生命、同样的事故,得到的却是不同的结局,这违背了社会生产生活中以人为本,尊重人的生命价值的基本理念,且第三者责任险也难以完成自身的社会功能。本案的免责条款是被告为了重复使用而预先拟定,并在订立合同时未与原告协商,将本车驾驶人员的家庭成员排除在第三者责任保险条款之外的格式条款,该免责条款与第三者责任险向受害的第三人提供基本保障的本意相冲突,违背了第三者责任险主要是对大众利益保护而设立的目的,不合理地分配危险责任、排除相对人的主要权利,将应当由保险人承担的责任排除在保险责任之外,因此该免责条款无效。保险公司应当按规定在第三者责任保险限额内对原告妻子的受伤作出赔偿。

对于原告父母房屋的损失,最高人民法院在2007年11期《最高人民法院公报》中指出,"家庭成员"是指在同一个户籍之内永久共同生活,每一个成员的经济收入均作为家庭共同财产的人。因此,"家庭成员"与"直系血亲""亲属"并非同一概念,具有直系血亲关系的人不一定互为家庭成员。被告保险公司作为经营保险业务的经济实体,无权对上述法律概念随意进行解释。本案原告已经成家立业独立生活,因此其父母不能被认作是原告的家庭成员。保险公司也应当按规定在第三者责任保险限额内对原告父母房屋的损失作出赔偿。

2014版《示范条款》已经上述容易产生纠纷的问题进行了修订,将"被保险人、驾驶人的家庭成员人身伤亡"列入商业第三者责任保险承保范围,扩大了保险保障范围。此项修订使广大商业车险投保人、被保险人风险保障水平得到大幅提高,使广大消费者实实在在获益。

第三章　机动车车上人员责任保险
保险责任

第三十八条　保险期间内,被保险人或其允许的驾驶人在使用被保险机动车过程中发生意外事故,致使车上人员遭受人身伤亡,且不属于免除保险人责任的范围,依法应当对车上人员承担的损害赔偿责任,保险人依照本保险合同的约定负责赔偿。

第三十九条　保险人依据被保险机动车一方在事故中所负的事故责任比例,承担相应的赔偿责任。

被保险人或被保险机动车一方根据有关法律法规规定选择自行协商或由公安机关交通管理部门处理事故未确定事故责任比例的,按照下列规定确定事故责任比例:

被保险机动车一方负主要事故责任的,事故责任比例为70%;

被保险机动车一方负同等事故责任的,事故责任比例为50%;

被保险机动车一方负次要事故责任的,事故责任比例为30%。

涉及司法或仲裁程序的,以法院或仲裁机构最终生效的法律文书为准。

责任免除

第四十条　在上述保险责任范围内,下列情况下,不论任何原因造成的人身伤亡,保险人均不负责赔偿：

（一）事故发生后，被保险人或其允许的驾驶人故意破坏、伪造现场、毁灭证据；

（二）驾驶人有下列情形之一者：

1. 事故发生后，在未依法采取措施的情况下驾驶被保险机动车或者遗弃被保险机动车离开事故现场；

2. 饮酒、吸食或注射毒品、服用国家管制的精神药品或者麻醉药品；

3. 无驾驶证，驾驶证被依法扣留、暂扣、吊销、注销期间；

4. 驾驶与驾驶证载明的准驾车型不相符合的机动车；

5. 实习期内驾驶公共汽车、营运客车或者执行任务的警车、载有危险物品的机动车或牵引挂车的机动车；

6. 驾驶出租机动车或营业性机动车无交通运输管理部门核发的许可证书或其他必备证书；

7. 学习驾驶时无合法教练员随车指导；

8. 非被保险人允许的驾驶人。

（三）被保险机动车有下列情形之一者：

1. 发生保险事故时被保险机动车行驶证、号牌被注销的，或未按规定检验或检验不合格；

2. 被扣押、收缴、没收、政府征用期间；

3. 在竞赛、测试期间，在营业性场所维修、保养、改装期间；

4. 全车被盗窃、被抢劫、被抢夺、下落不明期间。

第四十一条　下列原因导致的人身伤亡，保险人不负责赔偿：

（一）地震及其次生灾害、战争、军事冲突、恐怖活动、暴乱、污染（含放射性污染）、核反应、核辐射；

（二）被保险机动车被转让、改装、加装或改变使用性质等，被保险人、受让人未及时通知保险人，且因转让、改装、加装或改变使用性质等导致被保险机动车危险程度显著增加；

（三）被保险人或驾驶人的故意行为。

第四十二条　下列人身伤亡、损失和费用，保险人不负责赔偿：

（一）被保险人及驾驶人以外的其他车上人员的故意行为造成的自身伤亡；

（二）车上人员因疾病、分娩、自残、斗殴、自杀、犯罪行为造成的自身伤亡；

（三）违法、违章搭乘人员的人身伤亡；

（四）罚款、罚金或惩罚性赔款；

（五）超出《道路交通事故受伤人员临床诊疗指南》和国家基本医疗保险同类医疗费用标准的费用部分；

（六）律师费，未经保险人事先书面同意的诉讼费、仲裁费；

（七）投保人、被保险人或其允许的驾驶人知道保险事故发生后，故意或者因重大过失未及时通知,致使保险事故的性质、原因、损失程度等难以确定的,保险人对无法确定的部分,不承担赔偿责任,但保险人通过其他途径已经及时知道或者应当及时知道保险事故发生的除外;

(八)精神损害抚慰金;

(九)应当由机动车交通事故责任强制保险赔付的损失和费用。

免赔率

第四十三条 保险人在依据本保险合同约定计算赔款的基础上,在保险单载明的责任限额内,按照下列方式免赔:

被保险机动车一方负次要事故责任的,实行5%的事故责任免赔率;负同等事故责任的,实行10%的事故责任免赔率;负主要事故责任的,实行15%的事故责任免赔率;负全部事故责任或单方肇事事故的,实行20%的事故责任免赔率。

责任限额

第四十四条 驾驶人每次事故责任限额和乘客每次事故每人责任限额由投保人和保险人在投保时协商确定。投保乘客座位数按照被保险机动车的核定载客数(驾驶人座位除外)确定。

赔偿处理

第四十五条 发生保险事故时,被保险人或其允许的驾驶人应当及时采取合理的、必要的施救和保护措施,防止或者减少损失,并在保险事故发生后48小时内通知保险人。被保险人或其允许的驾驶人根据有关法律法规规定选择自行协商方式处理交通事故的,应当立即通知保险人。

第四十六条 被保险人或其允许的驾驶人根据有关法律法规规定选择自行协商方式处理交通事故的,应当协助保险人勘验事故各方车辆、核实事故责任,并依照《道路交通事故处理程序规定》签订记录交通事故情况的协议书。

第四十七条 被保险人索赔时,应当向保险人提供与确认保险事故的性质、原因、损失程度等有关的证明和资料。

被保险人应当提供保险单、损失清单、有关费用单据、被保险机动车行驶证和发生事故时驾驶人的驾驶证。

属于道路交通事故的,被保险人应当提供公安机关交通管理部门或法院等机构出具的事故证明、有关的法律文书(判决书、调解书、裁定书、裁决书等)和通过机动车交通事故责任强制保险获得赔偿金额的证明材料。被保险人或其允许的驾驶人根据有关法律法规规定选择自行协商方式处理交通事故的,被保险人应当提供依照《道路交通事故处理程序规定》签订记录交通事故情况的协议书和通过机动车交通事故责任强制保险获得赔偿金额的证明材料。

第四十八条 赔款计算

(一)对每座的受害人,当(依合同约定核定的每座车上人员人身伤亡损失金额-应由机动车交通事故责任强制保险赔偿的金额)×事故责任比例高于或等于每次事故每座赔偿限额时：

赔款 = 每次事故每座赔偿限额 × (1 - 事故责任免赔率)

(二)对每座的受害人,当(依合同约定核定的每座车上人员人身伤亡损失金额 - 应由机动车交通事故责任强制保险赔偿的金额) × 事故责任比例低于每次事故每座赔偿限额时：

赔款 = (依合同约定核定的每座车上人员人身伤亡损失金额 - 应由机动车交通事故责任强制保险赔偿的金额) × 事故责任比例 × (1 - 事故责任免赔率)

第四十九条　保险人按照《道路交通事故受伤人员临床诊疗指南》和国家基本医疗保险的同类医疗费用标准核定医疗费用的赔偿金额。

未经保险人书面同意,被保险人自行承诺或支付的赔偿金额,保险人有权重新核定。因被保险人原因导致损失金额无法确定的,保险人有权拒绝赔偿。

第五十条　保险人受理报案、现场查勘、核定损失、参与诉讼、进行抗辩、要求被保险人提供证明和资料、向被保险人提供专业建议等行为,均不构成保险人对赔偿责任的承诺。

第四章　机动车全车盗抢保险

保险责任

第五十一条　保险期间内,被保险机动车的下列损失和费用,且不属于免除保险人责任的范围,保险人依照本保险合同的约定负责赔偿：

(一)被保险机动车被盗窃、抢劫、抢夺,经出险当地县级以上公安刑侦部门立案证明,满60天未查明下落的全车损失；

(二)被保险机动车全车被盗窃、抢劫、抢夺后,受到损坏或车上零部件、附属设备丢失需要修复的合理费用；

(三)被保险机动车在被抢劫、抢夺过程中,受到损坏需要修复的合理费用。

责任免除

第五十二条　在上述保险责任范围内,下列情况下,不论任何原因造成被保险机动车的任何损失和费用,保险人均不负责赔偿：

(一)被保险人索赔时未能提供出险当地县级以上公安刑侦部门出具的盗抢立案证明；

(二)驾驶人、被保险人、投保人故意破坏现场、伪造现场、毁灭证据；

(三)被保险机动车被扣押、罚没、查封、政府征用期间；

(四)被保险机动车在竞赛、测试期间,在营业性场所维修、保养、改装期间,被运输期间。

第五十三条　下列损失和费用,保险人不负责赔偿：

(一)地震及其次生灾害导致的损失和费用；

(二)战争、军事冲突、恐怖活动、暴乱导致的损失和费用；

(三)因诈骗引起的任何损失；因投保人、被保险人与他人的民事、经济纠纷导致的任何损失；

（四）被保险人或其允许的驾驶人的故意行为、犯罪行为导致的损失和费用；

（五）非全车遭盗窃，仅车上零部件或附属设备被盗窃或损坏；

（六）新增设备的损失；

（七）遭受保险责任范围内的损失后，未经必要修理并检验合格继续使用，致使损失扩大的部分；

（八）被保险机动车被转让、改装、加装或改变使用性质等，被保险人、受让人未及时通知保险人，且因转让、改装、加装或改变使用性质等导致被保险机动车危险程度显著增加而发生保险事故；

（九）投保人、被保险人或其允许的驾驶人知道保险事故发生后，故意或者因重大过失未及时通知，致使保险事故的性质、原因、损失程度等难以确定的，保险人对无法确定的部分，不承担赔偿责任，但保险人通过其他途径已经及时知道或者应当及时知道保险事故发生的除外；

（十）因被保险人违反本条款第五十八条约定，导致无法确定的损失。

免赔率

第五十四条 保险人在依据本保险合同约定计算赔款的基础上，按照下列方式免赔：

（一）发生全车损失的，绝对免赔率为20%；

（二）发生全车损失，被保险人未能提供《机动车登记证书》、机动车来历凭证的，每缺少一项，增加1%的绝对免赔率。

保险金额

第五十五条 保险金额在投保时被保险机动车的实际价值内协商确定。

投保时被保险机动车的实际价值由投保人与保险人根据投保时的新车购置价减去折旧金额后的价格协商确定或其他市场公允价值协商确定。

折旧金额可根据本保险合同列明的参考折旧系数表确定。

赔偿处理

第五十六条 被保险机动车全车被盗抢的，被保险人知道保险事故发生后，应在24小时内向出险当地公安刑侦部门报案，并通知保险人。

第五十七条 被保险人索赔时，须提供保险单、损失清单、有关费用单据、《机动车登记证书》、机动车来历凭证以及出险当地县级以上公安刑侦部门出具的盗抢立案证明。

第五十八条 因保险事故损坏的被保险机动车，应当尽量修复。修理前被保险人应当会同保险人检验，协商确定修理项目、方式和费用。对未协商确定的，保险人可以重新核定。

第五十九条 保险人按下列方式赔偿：

（一）被保险机动车全车被盗抢的，按以下方法计算赔款：

赔款＝保险金额×(1－绝对免赔率之和)

(二)被保险机动车发生本条款第五十一条第(二)款、第(三)款列明的损失,保险人按实际修复费用在保险金额内计算赔偿。

第六十条　保险人确认索赔单证齐全、有效后,被保险人签具权益转让书,保险人赔付结案。

第六十一条　被保险机动车发生本保险事故,导致全部损失,或一次赔款金额与免赔金额之和达到保险金额,保险人按本保险合同约定支付赔款后,本保险责任终止,保险人不退还机动车全车盗抢保险及其附加险的保险费。

第五章　通用条款

保险期间

第六十二条　除另有约定外,保险期间为一年,以保险单载明的起讫时间为准。

其他事项

第六十三条　保险人按照本保险合同的约定,认为被保险人索赔提供的有关证明和资料不完整的,应当及时一次性通知被保险人补充提供。

第六十四条　保险人收到被保险人的赔偿请求后,应当及时作出核定;情形复杂的,应当在三十日内作出核定。保险人应当将核定结果通知被保险人;对属于保险责任的,在与被保险人达成赔偿协议后十日内,履行赔偿义务。保险合同对赔偿期限另有约定的,保险人应当按照约定履行赔偿义务。

保险人未及时履行前款约定义务的,除支付赔款外,应当赔偿被保险人因此受到的损失。

第六十五条　保险人依照本条款第六十四条的约定作出核定后,对不属于保险责任的,应当自作出核定之日起三日内向被保险人发出拒绝赔偿通知书,并说明理由。

第六十六条　保险人自收到赔偿请求和有关证明、资料之日起六十日内,对其赔偿数额不能确定的,应当根据已有证明和资料可以确定的数额先予支付;保险人最终确定赔偿数额后,应当支付相应的差额。

第六十七条　在保险期间内,被保险机动车转让他人的,受让人承继被保险人的权利和义务。被保险人或者受让人应当及时通知保险人,并及时办理保险合同变更手续。

因被保险机动车转让导致被保险机动车危险程度发生显著变化的,保险人自收到前款约定的通知之日起三十日内,可以相应调整保险费或者解除本保险合同。

第六十八条　保险责任开始前,投保人要求解除本保险合同的,应当向保险人支付应交保险费金额3%的退保手续费,保险人应当退还保险费。

保险责任开始后,投保人要求解除本保险合同的,自通知保险人之日起,本保险合同解除。保险人按日收取自保险责任开始之日起至合同解除之日止期间的保险费,并退还剩余部分保险费。

第六十九条　因履行本保险合同发生的争议,由当事人协商解决,协商不成的,由当事人从下列两种合同争议解决方式中选择一种,并在本保险合同中载明:

(一)提交保险单载明的仲裁委员会仲裁;

(二)依法向人民法院起诉。

本保险合同适用中华人民共和国(不含港、澳、台地区)法律。

<h2 style="text-align:center">附加险</h2>

附加险条款的法律效力优于主险条款。附加险条款未尽事宜,以主险条款为准。除附加险条款另有约定外,主险中的责任免除、免赔规则、双方义务同样适用于附加险。

1. 玻璃单独破碎险;
2. 自燃损失险;
3. 新增加设备损失险;
4. 车身划痕损失险;
5. 发动机涉水损失险;
6. 修理期间费用补偿险;
7. 车上货物责任险;
8. 精神损害抚慰金责任险;
9. 不计免赔率险;
10. 机动车损失保险无法找到第三方特约险;
11. 指定修理厂险。

<h2 style="text-align:center">玻璃单独破碎险</h2>

投保了机动车损失保险的机动车,可投保本附加险。

第一条　保险责任

保险期间内,被保险机动车风挡玻璃或车窗玻璃的单独破碎,保险人按实际损失金额赔偿。

第二条　投保方式

投保人与保险人可协商选择按进口或国产玻璃投保。保险人根据协商选择的投保方式承担相应的赔偿责任。

第三条　责任免除

安装、维修机动车过程中造成的玻璃单独破碎。

第四条　本附加险不适用主险中的各项免赔率、免赔额约定。

<h2 style="text-align:center">自燃损失险</h2>

投保了机动车损失保险的机动车,可投保本附加险。

第一条　保险责任

(一)保险期间内,指在没有外界火源的情况下,由于本车电器、线路、供油系统、供气系统等被保险机动车自身原因或所载货物自身原因起火燃烧造成本车的损失;

(二)发生保险事故时,被保险人为防止或者减少被保险机动车的损失所支付的必要的、合理的施救费用,由保险人承担;施救费用数额在被保险机动车损失赔偿金额以外另行计算,最高不超过本附加险保险金额的数额。

第二条　责任免除

(一)自燃仅造成电器、线路、油路、供油系统、供气系统的损失;

（二）由于擅自改装、加装电器及设备导致被保险机动车起火造成的损失；

（三）被保险人在使用被保险机动车过程中，因人工直接供油、高温烘烤等违反车辆安全操作规则造成的损失；

（四）本附加险每次赔偿实行20%的绝对免赔率，不适用主险中的各项免赔率、免赔额约定。

第三条　保险金额

保险金额由投保人和保险人在投保时被保险机动车的实际价值内协商确定。

第四条　赔偿处理

全部损失，在保险金额内计算赔偿；部分损失，在保险金额内按实际修理费用计算赔偿。

新增加设备损失险

投保了机动车损失保险的机动车，可投保本附加险。

第一条　保险责任

保险期间内，投保了本附加险的被保险机动车因发生机动车损失保险责任范围内的事故，造成车上新增加设备的直接损毁，保险人在保险单载明的本附加险的保险金额内，按照实际损失计算赔偿。

第二条　责任免除

本附加险每次赔偿的免赔约定以机动车损失保险条款约定为准。

第三条　保险金额

保险金额根据新增加设备投保时的实际价值确定。新增加设备的实际价值是指新增加设备的购置价减去折旧金额后的金额。

车身划痕损失险

投保了机动车损失保险的机动车，可投保本附加险。

第一条　保险责任

保险期间内，投保了本附加险的机动车在被保险人或其允许的驾驶人使用过程中，发生无明显碰撞痕迹的车身划痕损失，保险人按照保险合同约定负责赔偿。

第二条　责任免除

（一）被保险人及其家庭成员、驾驶人及其家庭成员的故意行为造成的损失；

（二）因投保人、被保险人与他人的民事、经济纠纷导致的任何损失；

（三）车身表面自然老化、损坏、腐蚀造成的任何损失；

（四）本附加险每次赔偿实行15%的绝对免赔率，不适用主险中的各项免赔率、免赔额约定。

第三条　保险金额

保险金额为2000元、5000元、10000元或20000元，由投保人和保险人在投保时协商确定。

第四条　赔偿处理

（一）在保险金额内按实际修理费用计算赔偿；

(二)在保险期间内,累计赔款金额达到保险金额,本附加险保险责任终止。

发动机涉水损失险

本附加险仅适用于家庭自用汽车、党政机关、事业团体用车、企业非营业用车,且只有在投保了机动车损失保险后,方可投保本附加险。

第一条 保险责任

保险期间内,投保了本附加险的被保险机动车在使用过程中,因发动机进水后导致的发动机的直接损毁,保险人负责赔偿;

发生保险事故时,被保险人为防止或者减少被保险机动车的损失所支付的必要的、合理的施救费用,由保险人承担;施救费用数额在被保险机动车损失赔偿金额以外另行计算,最高不超过保险金额的数额。

第二条 责任免除

本附加险每次赔偿均实行15%的绝对免赔率,不适用主险中的各项免赔率、免赔额约定。

第三条 赔偿处理

发生保险事故时,保险人在保险金额内计算赔偿。

修理期间费用补偿险

只有在投保了机动车损失保险的基础上方可投保本附加险,机动车损失保险责任终止时,本保险责任同时终止。

第一条 保险责任

保险期间内,投保了本条款的机动车在使用过程中,发生机动车损失保险责任范围内的事故,造成车身损毁,致使被保险机动车停驶,保险人按保险合同约定,在保险金额内向被保险人补偿修理期间费用,作为代步车费用或弥补停驶损失。

第二条 责任免除

下列情况下,保险人不承担修理期间费用补偿:

(一)因机动车损失保险责任范围以外的事故而致被保险机动车的损毁或修理;

(二)非在保险人认可的修理厂修理时,因车辆修理质量不合要求造成返修;

(三)被保险人或驾驶人拖延车辆送修期间;

(四)本附加险每次事故的绝对免赔额为1天的赔偿金额,不适用主险中的各项免赔率、免赔额约定。

第三条 保险金额

本附加险保险金额=补偿天数×日补偿金额。补偿天数及日补偿金额由投保人与保险人协商确定并在保险合同中载明,保险期间内约定的补偿天数最高不超过90天。

第四条 赔偿处理

全车损失,按保险单载明的保险金额计算赔偿;部分损失,在保险金额内按约定的日赔偿金额乘以从送修之日起至修复之日止的实际天数计算赔偿,实际天数超过双方约定修理天数的,以双方约定的修理天数为准。

保险期间内,累计赔款金额达到保险单载明的保险金额,本附加险保险责任终止。

车上货物责任险

投保了机动车第三者责任保险的机动车,可投保本附加险。

第一条 保险责任

保险期间内,发生意外事故致使被保险机动车所载货物遭受直接损毁,依法应由被保险人承担的损害赔偿责任,保险人负责赔偿。

第二条 责任免除

(一)偷盗、哄抢、自然损耗、本身缺陷、短少、死亡、腐烂、变质、串味、生锈、动物走失、飞失、货物自身起火燃烧或爆炸造成的货物损失;

(二)违法、违章载运造成的损失;

(三)因包装、紧固不善,装载、遮盖不当导致的任何损失;

(四)车上人员携带的私人物品的损失;

(五)保险事故导致的货物减值、运输延迟、营业损失及其他各种间接损失;

(六)法律、行政法规禁止运输的货物的损失;

(七)本附加险每次赔偿实行20%的绝对免赔率,不适用主险中的各项免赔率、免赔额约定。

第三条 责任限额

责任限额由投保人和保险人在投保时协商确定。

第四条 赔偿处理

被保险人索赔时,应提供运单、起运地货物价格证明等相关单据。保险人在责任限额内按起运地价格计算赔偿。

精神损害抚慰金责任险

只有在投保了机动车第三者责任保险或机动车车上人员责任保险的基础上方可投保本附加险。

在投保人仅投保机动车第三者责任保险的基础上附加本附加险时,保险人只负责赔偿第三者的精神损害抚慰金;在投保人仅投保机动车车上人员责任保险的基础上附加本附加险时,保险人只负责赔偿车上人员的精神损害抚慰金。

第一条 保险责任

保险期间内,被保险人或其允许的驾驶人在使用被保险机动车的过程中,发生投保的主险约定的保险责任内的事故,造成第三者或车上人员的人身伤亡,受害人据此提出精神损害赔偿请求,保险人依据法院判决及保险合同约定,对应由被保险人或被保险机动车驾驶人支付的精神损害抚慰金,在扣除机动车交通事故责任强制保险应当支付的赔款后,在本保险赔偿限额内负责赔偿。

第二条 责任免除

(一)根据被保险人与他人的合同协议,应由他人承担的精神损害抚慰金;

(二)未发生交通事故,仅因第三者或本车人员的惊恐而引起的损害;

(三)怀孕妇女的流产发生在交通事故发生之日起 30 天以外的;

(四)本附加险每次赔偿实行 20% 的绝对免赔率,不适用主险中的各项免赔率、免赔额约定。

第三条 赔偿限额

本保险每次事故赔偿限额由保险人和投保人在投保时协商确定。

第四条 赔偿处理

本附加险赔偿金额依据人民法院的判决在保险单所载明的赔偿限额内计算赔偿。

不计免赔率险

投保了任一主险及其他设置了免赔率的附加险后,均可投保本附加险。

第一条 保险责任

保险事故发生后,按照对应投保的险种约定的免赔率计算的、应当由被保险人自行承担的免赔金额部分,保险人负责赔偿。

第二条 责任免除

下列情况下,应当由被保险人自行承担的免赔金额,保险人不负责赔偿:

(一)机动车损失保险中应当由第三方负责赔偿而无法找到第三方的;

(二)因违反安全装载规定而增加的;

(三)发生机动车全车盗抢保险约定的全车损失保险事故时,被保险人未能提供《机动车登记证书》、机动车来历凭证的,每缺少一项而增加的;

(四)机动车损失保险中约定的每次事故绝对免赔额;

(五)可附加本条款但未选择附加本条款的险种约定的;

(六)不可附加本条款的险种约定的。

机动车损失保险无法找到第三方特约险

投保了机动车损失保险后,可投保本附加险。

投保了本附加险后,对于机动车损失保险第十一条第(二)款列明的,被保险机动车损失应当由第三方负责赔偿,但因无法找到第三方而增加的由被保险人自行承担的免赔金额,保险人负责赔偿。

指定修理厂险

投保了机动车损失保险的机动车,可投保本附加险。

投保了本附加险后,机动车损失保险事故发生后,被保险人可指定修理厂进行修理。

释 义

【碰撞】指被保险机动车或其符合装载规定的货物与外界固态物体之间发生的、产生撞击痕迹的意外撞击。

【倾覆】指被保险机动车由于自然灾害或意外事故,造成本被保险机动车翻倒,车体触地,失去正常状态和行驶能力,不经施救不能恢复行驶。

【坠落】指被保险机动车在行驶中发生意外事故,整车腾空后下落,造成本车损失的情况。非整车腾空,仅由于颠簸造成被保险机动车损失的,不属于坠落。

【外界物体倒塌】指被保险机动车自身以外的物体倒下或陷下。

【自燃】指在没有外界火源的情况下，由于本车电器、线路、供油系统、供气系统等被保险机动车自身原因或所载货物自身原因起火燃烧。

【火灾】指被保险机动车本身以外的火源引起的、在时间或空间上失去控制的燃烧（即有热、有光、有火焰的剧烈的氧化反应）所造成的灾害。

【次生灾害】指地震造成工程结构、设施和自然环境破坏而引发的火灾、爆炸、瘟疫、有毒有害物质污染、海啸、水灾、泥石流、滑坡等灾害。

【暴风】指风速在 28.5 m/s（相当于 11 级大风）以上的大风。风速以气象部门公布的数据为准。

【暴雨】指每小时降雨量达 16 mm 以上，或连续 12 小时降雨量达 30 mm 以上，或连续 24 小时降雨量达 50 mm 以上。

【洪水】指山洪暴发、江河泛滥、潮水上岸及倒灌。但规律性的涨潮、自动灭火设施漏水以及在常年水位以下或地下渗水、水管爆裂不属于洪水责任。

【玻璃单独破碎】指未发生被保险机动车其他部位的损坏，仅发生被保险机动车前后风挡玻璃和左右车窗玻璃的损坏。

【车轮单独损坏】指未发生被保险机动车其他部位的损坏，仅发生轮胎、轮辋、轮毂罩的分别单独损坏，或上述三者之中任意二者的共同损坏，或三者的共同损坏。

【车身划痕损失】仅发生被保险机动车车身表面油漆的损坏，且无明显碰撞痕迹。

【新增设备】指被保险机动车出厂时原有设备以外的，另外加装的设备和设施。

【新车购置价】指本保险合同签订地购置与被保险机动车同类型新车的价格，无同类型新车市场销售价格的，由投保人与保险人协商确定。

【单方肇事事故】指不涉及与第三者有关的损害赔偿的事故，但不包括自然灾害引起的事故。

【家庭成员】指配偶、子女、父母。

【市场公允价值】指熟悉市场情况的买卖双方在公平交易的条件下和自愿的情况下所确定的价格，或无关联的双方在公平交易的条件下一项资产可以被买卖或者一项负债可以被清偿的成交价格。

【参考折旧系数表】

车辆种类	月折旧系数			
	家庭自用	非营业	营业	
			出租	其他
9 座以下客车	0.60%	0.60%	1.10%	0.90%
10 座以上客车	0.90%	0.90%	1.10%	0.90%
微型载货汽车	/	0.90%	1.10%	1.10%

(续表)

车辆种类	月折旧系数			
	家庭自用	非营业	营业	
			出租	其他
带拖挂的载货汽车	/	0.90%	1.10%	1.10%
低速货车和三轮汽车	/	1.10%	1.40%	1.40%
其他车辆	/	0.90%	1.10%	0.90%

折旧按月计算,不足一个月的部分,不计折旧。最高折旧金额不超过投保时被保险机动车新车购置价的80%。

折旧金额=新车购置价×被保险机动车已使用月数×月折旧系数

【饮酒】指驾驶人饮用含有酒精的饮料,驾驶机动车时血液中的酒精含量大于等于20 mg/100 mL的。

【全部损失】指被保险机动车发生事故后灭失,或者受到严重损坏完全失去原有形体、效用,或者不能再归被保险人所拥有的,为实际全损;或被保险机动车发生事故后,认为实际全损已经不可避免,或者为避免发生实际全损所需支付的费用超过实际价值的,为推定全损。

3.2.3 机动车单程提车保险条款

总 则

第一条 本保险条款分为主险、附加险。

主险包括机动车损失保险、机动车第三者责任保险、机动车车上人员责任保险共三个独立的险种,投保人可以选择投保全部险种,也可以选择投保其中部分险种。保险人依照本保险合同的约定,按照承保险种分别承担保险责任。

附加险不能独立投保。附加险条款与主险条款相抵触之处,以附加险条款为准,附加险条款未尽之处,以主险条款为准。

第二条 本保险合同中的被保险机动车是指在中华人民共和国境内(不含港、澳、台地区)持有检验合格证、移动证或临时号牌,尚未办理注册登记的汽车、特种车及约定的其他车辆。

本保险合同中的提车是指汽车制造商、销售商或购买人将机动车从保险单载明的产地、销售地或关税缴讫地行驶到购买人指定地点。

第三条 本保险合同中的第三者是指因被保险机动车发生意外事故遭受人身伤亡或者财产损失的人,但不包括被保险机动车本车车上人员、被保险人。

第四条 本保险合同中的车上人员是指发生意外事故的瞬间,在被保险机动车车体内或车体上的人员,包括正在上下车的人员。

第五条 本保险合同中的各方权利和义务,由保险人、投保人遵循公平原则协商确定。保险人、投保人自愿订立本保险合同。

除本保险合同另有约定外,投保人应在保险合同成立时一次交清保险费。保险费未交清前,本保险合同不生效。

第一章　机动车损失保险

保险责任

第六条　保险期间内,被保险人或其允许的驾驶人在使用被保险机动车过程中,因下列原因造成被保险机动车的直接损失,且不属于免除保险人责任的范围,保险人依照本保险合同的约定负责赔偿:

(一)碰撞、倾覆、坠落;

(二)火灾、爆炸、自燃;

(三)外界物体坠落、倒塌;

(四)雷击、暴风、暴雨、洪水、龙卷风、冰雹、台风、热带风暴;

(五)地陷、崖崩、滑坡、泥石流、雪崩、冰陷、暴雪、冰凌、沙尘暴;

(六)受到被保险机动车车上人员意外撞击;

(七)载运被保险机动车的渡船遭受自然灾害(只限于驾驶人随船的情形);

(八)玻璃单独破碎、车身划痕损失。

第七条　发生保险事故时,被保险人或其允许的驾驶人为防止或者减少被保险机动车的损失所支付的必要的、合理的施救费用,由保险人承担;施救费用数额在被保险机动车损失赔偿金额以外另行计算,最高不超过保险金额的数额。

责任免除

第八条　在上述保险责任范围内,下列情况下,不论任何原因造成被保险机动车的任何损失和费用,保险人均不负责赔偿:

(一)事故发生后,被保险人或其允许的驾驶人故意破坏、伪造现场、毁灭证据;

(二)驾驶人有下列情形之一者:

1. 事故发生后,在未依法采取措施的情况下驾驶被保险机动车或者遗弃被保险机动车离开事故现场;

2. 饮酒、吸食或注射毒品、服用国家管制的精神药品或者麻醉药品;

3. 无驾驶证,驾驶证被依法扣留、暂扣、吊销、注销期间;

4. 驾驶与驾驶证载明的准驾车型不相符合的机动车;

5. 使用各种专用机械车、特种车的人员无国家有关部门核发的有效操作证;

6. 非被保险人允许的驾驶人。

(三)被保险机动车有下列情形之一者:

1. 被保险机动车从事载货或载客运输;

2. 被扣押、收缴、没收、政府征用期间;

3. 在竞赛、测试期间,在营业性场所维修、保养、改装期间;

4. 被保险人或其允许的驾驶人故意或重大过失,导致被保险机动车被利用从事犯罪行为。

第九条 下列原因导致的被保险机动车的损失和费用,保险人不负责赔偿:

(一)地震及其次生灾害;

(二)战争、军事冲突、恐怖活动、暴乱、污染(含放射性污染)、核反应、核辐射;

(三)人工直接供油、高温烘烤;

(四)自燃仅造成电器、线路、油路、供油系统、供气系统的损失;

(五)被保险人或其允许的驾驶人的故意行为。

第十条 下列损失和费用,保险人不负责赔偿:

(一)因市场价格变动造成的贬值、修理后因价值降低引起的减值损失;

(二)自然磨损、朽蚀、腐蚀、故障、本身质量缺陷;

(三)遭受保险责任范围内的损失后,未经必要修理并检验合格继续使用,致使损失扩大的部分;

(四)投保人、被保险人或其允许的驾驶人知道保险事故发生后,故意或者因重大过失未及时通知,致使保险事故的性质、原因、损失程度等难以确定的,保险人对无法确定的部分,不承担赔偿责任,但保险人通过其他途径已经及时知道或者应当及时知道保险事故发生的除外;

(五)因被保险人违反本条款第十六条约定,导致无法确定的损失;

(六)被保险机动车全车被盗窃、被抢劫、被抢夺、下落不明,以及在此期间受到的损坏,或被盗窃、被抢劫、被抢夺未遂受到的损坏,或车上零部件、附属设备丢失;

(七)车轮单独损坏;

(八)发动机进水后导致的发动机损坏。

免赔率

第十一条 保险人在依据本保险合同约定计算赔款的基础上,按照下列方式免赔:

(一)被保险机动车一方负次要事故责任的,实行5%的事故责任免赔率;负同等事故责任的,实行10%的事故责任免赔率;负主要事故责任的,实行15%的事故责任免赔率;负全部事故责任或单方肇事事故的,实行20%的事故责任免赔率;

(二)被保险机动车的损失应当由第三方负责赔偿,无法找到第三方的,实行30%的绝对免赔率。

保险金额

第十二条 保险金额由投保人与保险人根据投保时的新车购置价协商确定。

投保车辆标准配置以外的新增设备,应在本保险合同中列明设备名称与价格清单,并按设备的实际价值相应增加保险金额。

赔偿处理

第十三条 发生保险事故时,被保险人或其允许的驾驶人应当及时采取合理的、必要的施救和保护措施,防止或者减少损失,并在保险事故发生后48小时内通知保险人。被保险人或其允许的驾驶人根据有关法律法规规定选择自行协商方式处理交通事故的,应当立即通知保险人。

第十四条　被保险人或其允许的驾驶人根据有关法律法规规定选择自行协商方式处理交通事故的,应当协助保险人勘验事故各方车辆、核实事故责任,并依照《道路交通事故处理程序规定》签订记录交通事故情况的协议书。

第十五条　被保险人索赔时,应当向保险人提供与确认保险事故的性质、原因、损失程度等有关的证明和资料。

被保险人应当提供保险单、损失清单、有关费用单据和发生事故时驾驶人的驾驶证。

属于道路交通事故的,被保险人应当提供公安机关交通管理部门或法院等机构出具的事故证明、有关的法律文书(判决书、调解书、裁定书、裁决书等)及其他证明。被保险人或其允许的驾驶人根据有关法律法规规定选择自行协商方式处理交通事故的,被保险人应当提供依照《道路交通事故处理程序规定》签订记录交通事故情况的协议书。

第十六条　因保险事故损坏的被保险机动车,应当尽量修复。修理前被保险人应当会同保险人检验,协商确定修理项目、方式和费用。对未协商确定的,保险人可以重新核定。

第十七条　被保险机动车遭受损失后的残余部分由保险人、被保险人协商处理。如折归被保险人的,由双方协商确定其价值并在赔款中扣除。

第十八条　因第三方对被保险机动车的损害而造成保险事故,被保险人向第三方索赔的,保险人应积极协助;被保险人也可以直接向本保险人索赔,保险人在保险金额内先行赔付被保险人,并在赔偿金额内代位行使被保险人对第三方请求赔偿的权利。

被保险人已经从第三方取得损害赔偿的,保险人进行赔偿时,相应扣减被保险人从第三方已取得的赔偿金额。

保险人未赔偿之前,被保险人放弃对第三方请求赔偿的权利的,保险人不承担赔偿责任。

被保险人故意或者因重大过失致使保险人不能行使代位请求赔偿的权利的,保险人可以扣减或者要求返还相应的赔款。

保险人向被保险人先行赔付的,保险人向第三方行使代位请求赔偿的权利时,被保险人应当向保险人提供必要的文件和所知道的有关情况。

第十九条　机动车损失赔款按以下方法计算:

(一)全部损失

赔款 = (保险金额 - 被保险人已从第三方获得的赔偿金额) × (1 - 事故责任免赔率) × (1 - 绝对免赔率)

(二)部分损失

被保险机动车发生部分损失,保险人按实际修复费用在保险金额内计算赔偿:

赔款 = (实际修复费用 - 被保险人已从第三方获得的赔偿金额) × (1 - 事故责任免赔率) × (1 - 绝对免赔率)

(三)施救费

施救的财产中,含有本保险合同未保险的财产,应按本保险合同保险财产的实际价值占总施救财产的实际价值比例分摊施救费用。

第二十条 保险人受理报案、现场查勘、核定损失、参与诉讼、进行抗辩、要求被保险人提供证明和资料、向被保险人提供专业建议等行为,均不构成保险人对赔偿责任的承诺。

第二十一条 被保险机动车发生本保险事故,导致全部损失,或一次赔款金额与免赔金额之和(不含施救费)达到保险金额,保险人按本保险合同约定支付赔款后,本保险责任终止,保险人不退还机动车损失保险及其附加险的保险费。

第二章 机动车第三者责任保险

保险责任

第二十二条 保险期间内,被保险人或其允许的驾驶人在使用被保险机动车过程中发生意外事故,致使第三者遭受人身伤亡或财产直接损毁,依法应当对第三者承担的损害赔偿责任,且不属于免除保险人责任的范围,保险人依照本保险合同的约定,对于超过机动车交通事故责任强制保险各分项赔偿限额的部分负责赔偿。

第二十三条 保险人依据被保险机动车一方在事故中所负的事故责任比例,承担相应的赔偿责任。

被保险人或被保险机动车一方根据有关法律法规规定选择自行协商或由公安机关交通管理部门处理事故未确定事故责任比例的,按照下列规定确定事故责任比例:

被保险机动车一方负主要事故责任的,事故责任比例为70%;

被保险机动车一方负同等事故责任的,事故责任比例为50%;

被保险机动车一方负次要事故责任的,事故责任比例为30%。

涉及司法或仲裁程序的,以法院或仲裁机构最终生效的法律文书为准。

责任免除

第二十四条 在上述保险责任范围内,下列情况下,不论任何原因造成的人身伤亡、财产损失和费用,保险人均不负责赔偿:

(一)事故发生后,被保险人或其允许的驾驶人故意破坏、伪造现场、毁灭证据;

(二)驾驶人有下列情形之一者:

1.事故发生后,在未依法采取措施的情况下驾驶被保险机动车或者遗弃被保险机动车离开事故现场;

2.饮酒、吸食或注射毒品、服用国家管制的精神药品或者麻醉药品;

3.无驾驶证,驾驶证被依法扣留、暂扣、吊销、注销期间;

4.驾驶与驾驶证载明的准驾车型不相符合的机动车;

5.使用各种专用机械车、特种车的人员无国家有关部门核发的有效操作证;

6.非被保险人允许的驾驶人。

(三)被保险机动车有下列情形之一者:

1.被保险机动车从事载货或载客运输;

2.被扣押、收缴、没收、政府征用期间;

3. 在竞赛、测试期间,在营业性场所维修、保养、改装期间;

4. 全车被盗窃、被抢劫、被抢夺、下落不明期间。

第二十五条 下列原因导致的人身伤亡、财产损失和费用,保险人不负责赔偿:

(一)地震及其次生灾害、战争、军事冲突、恐怖活动、暴乱、污染(含放射性污染)、核反应、核辐射;

(二)第三者、被保险人或其允许的驾驶人的故意行为、犯罪行为,第三者与被保险人或其他致害人恶意串通的行为。

第二十六条 下列人身伤亡、财产损失和费用,保险人不负责赔偿:

(一)被保险机动车发生意外事故,致使任何单位或个人停业、停驶、停电、停水、停气、停产、通信或网络中断、电压变化、数据丢失造成的损失以及其他各种间接损失;

(二)第三者财产因市场价格变动造成的贬值,修理后因价值降低引起的减值损失;

(三)被保险人及其家庭成员、被保险人允许的驾驶人及其家庭成员所有、承租、使用、管理、运输或代管的财产的损失,以及本车上财产的损失;

(四)被保险人、被保险人允许的驾驶人、本车车上人员的人身伤亡;

(五)停车费、保管费、扣车费、罚款、罚金或惩罚性赔款;

(六)超出《道路交通事故受伤人员临床诊疗指南》和国家基本医疗保险同类医疗费用标准的费用部分;

(七)律师费,未经保险人事先书面同意的诉讼费、仲裁费;

(八)投保人、被保险人或其允许的驾驶人知道保险事故发生后,故意或者因重大过失未及时通知,致使保险事故的性质、原因、损失程度等难以确定的,保险人对无法确定的部分,不承担赔偿责任,但保险人通过其他途径已经及时知道或者应当及时知道保险事故发生的除外;

(九)因被保险人违反本条款第三十四条约定,导致无法确定的损失;

(十)精神损害抚慰金;

(十一)应当由机动车交通事故责任强制保险赔偿的损失和费用。

保险事故发生时,被保险机动车未投保机动车交通事故责任强制保险或机动车交通事故责任强制保险合同已经失效的,对于机动车交通事故责任强制保险责任限额以内的损失和费用,保险人不负责赔偿。

免赔率

第二十七条 保险人在依据本保险合同约定计算赔款的基础上,在保险单载明的责任限额内,按照下列方式免赔:

被保险机动车一方负次要事故责任的,实行5%的事故责任免赔率;负同等事故责任的,实行10%的事故责任免赔率;负主要事故责任的,实行15%的事故责任免赔率;负全部事故责任的,实行20%的事故责任免赔率。

责任限额

第二十八条 每次事故的责任限额,由投保人和保险人在签订本保险合同时协商确定。

第二十九条 主车和挂车连接使用时视为一体,发生保险事故时,由主车保险人和挂车保险人按照保险单上载明的机动车第三者责任保险责任限额的比例,在各自的责任限额内承担赔偿责任,但赔偿金额总和以主车的责任限额为限。

赔偿处理

第三十条 发生保险事故时,被保险人或其允许的驾驶人应当及时采取合理的、必要的施救和保护措施,防止或者减少损失,并在保险事故发生后48小时内通知保险人。被保险人或其允许的驾驶人根据有关法律法规规定选择自行协商方式处理交通事故的,应当立即通知保险人。

第三十一条 被保险人或其允许的驾驶人根据有关法律法规规定选择自行协商方式处理交通事故的,应当协助保险人勘验事故各方车辆、核实事故责任,并依照《道路交通事故处理程序规定》签订记录交通事故情况的协议书。

第三十二条 被保险人索赔时,应当向保险人提供与确认保险事故的性质、原因、损失程度等有关的证明和资料。

被保险人应当提供保险单、损失清单、有关费用单据和发生事故时驾驶人的驾驶证。

属于道路交通事故的,被保险人应当提供公安机关交通管理部门或法院等机构出具的事故证明、有关的法律文书(判决书、调解书、裁定书、裁决书等)及其他证明。被保险人或其允许的驾驶人根据有关法律法规规定选择自行协商方式处理交通事故的,被保险人应当提供依照《道路交通事故处理程序规定》签订记录交通事故情况的协议书。

第三十三条 保险人对被保险人给第三者造成的损害,可以直接向该第三者赔偿。

被保险人给第三者造成损害,被保险人对第三者应负的赔偿责任确定的,根据被保险人的请求,保险人应当直接向该第三者赔偿。被保险人怠于请求的,第三者有权就其应获赔偿部分直接向保险人请求赔偿。

被保险人给第三者造成损害,被保险人未向该第三者赔偿的,保险人不得向被保险人赔偿。

第三十四条 因保险事故损坏的第三者财产,应当尽量修复。修理前被保险人应当会同保险人检验,协商确定修理项目、方式和费用。对未协商确定的,保险人可以重新核定。

第三十五条 赔款计算

1. 当(依合同约定核定的第三者损失金额－机动车交通事故责任强制保险的分项赔偿限额)×事故责任比例等于或高于每次事故赔偿限额时:

赔款＝每次事故赔偿限额×(1－事故责任免赔率)

2. 当(依合同约定核定的第三者损失金额－机动车交通事故责任强制保险的分项赔偿限额)×事故责任比例低于每次事故赔偿限额时:

赔款＝(依合同约定核定的第三者损失金额－机动车交通事故责任强制保险的分项赔偿限额)×事故责任比例×(1－事故责任免赔率)

第三十六条　保险人按照《道路交通事故受伤人员临床诊疗指南》和国家基本医疗保险的同类医疗费用标准核定医疗费用的赔偿金额。

未经保险人书面同意,被保险人自行承诺或支付的赔偿金额,保险人有权重新核定。不属于保险人赔偿范围或超出保险人应赔偿金额的,保险人不承担赔偿责任。

第三十七条　保险人受理报案、现场查勘、核定损失、参与诉讼、进行抗辩、要求被保险人提供证明和资料、向被保险人提供专业建议等行为,均不构成保险人对赔偿责任的承诺。

第三章　机动车车上人员责任保险

保险责任

第三十八条　保险期间内,被保险人或其允许的驾驶人在使用被保险机动车过程中发生意外事故,致使车上人员遭受人身伤亡,且不属于免除保险人责任的范围,依法应当对车上人员承担的损害赔偿责任,保险人依照本保险合同的约定负责赔偿。

第三十九条　保险人依据被保险机动车一方在事故中所负的事故责任比例,承担相应的赔偿责任。

被保险人或被保险机动车一方根据有关法律法规规定选择自行协商或由公安机关交通管理部门处理事故未确定事故责任比例的,按照下列规定确定事故责任比例:

被保险机动车一方负主要事故责任的,事故责任比例为70%;

被保险机动车一方负同等事故责任的,事故责任比例为50%;

被保险机动车一方负次要事故责任的,事故责任比例为30%。

涉及司法或仲裁程序的,以法院或仲裁机构最终生效的法律文书为准。

责任免除

第四十条　在上述保险责任范围内,下列情况下,不论任何原因造成的人身伤亡,保险人均不负责赔偿:

(一)事故发生后,被保险人或其允许的驾驶人故意破坏、伪造现场、毁灭证据;

(二)驾驶人有下列情形之一者:

1. 事故发生后,在未依法采取措施的情况下驾驶被保险机动车或者遗弃被保险机动车离开事故现场;

2. 饮酒、吸食或注射毒品、服用国家管制的精神药品或者麻醉药品;

3. 无驾驶证,驾驶证被依法扣留、暂扣、吊销、注销期间;

4. 驾驶与驾驶证载明的准驾车型不相符合的机动车;

5. 使用各种专用机械车、特种车的人员无国家有关部门核发的有效操作;

6. 非被保险人允许的驾驶人;

(三)被保险机动车有下列情形之一者:

1. 被保险机动车从事载货或载客运输;

2. 被扣押、收缴、没收、政府征用期间;

3. 在竞赛、测试期间,在营业性场所维修、保养、改装期间;

4. 全车被盗窃、被抢劫、被抢夺、下落不明期间。

第四十一条　下列原因导致的人身伤亡,保险人不负责赔偿:

(一)地震及其次生灾害、战争、军事冲突、恐怖活动、暴乱、污染(含放射性污染)、核反应、核辐射;

(二)被保险人或驾驶人的故意行为。

第四十二条　下列人身伤亡、损失和费用,保险人不负责赔偿:

(一)被保险人及驾驶人以外的其他车上人员的故意行为造成的自身伤亡;

(二)车上人员因疾病、分娩、自残、斗殴、自杀、犯罪行为造成的自身伤亡;

(三)违法、违章搭乘人员的人身伤亡;

(四)罚款、罚金或惩罚性赔款;

(五)超出《道路交通事故受伤人员临床诊疗指南》和国家基本医疗保险同类医疗费用标准的费用部分;

(六)律师费,未经保险人事先书面同意的诉讼费、仲裁费;

(七)投保人、被保险人或其允许的驾驶人知道保险事故发生后,故意或者因重大过失未及时通知,致使保险事故的性质、原因、损失程度等难以确定的,保险人对无法确定的部分,不承担赔偿责任,但保险人通过其他途径已经及时知道或者应当及时知道保险事故发生的除外;

(八)精神损害抚慰金;

(九)应当由机动车交通事故责任强制保险赔付的损失和费用。

免赔率

第四十三条　保险人在依据本保险合同约定计算赔款的基础上,在保险单载明的责任限额内,按照下列方式免赔:

被保险机动车一方负次要事故责任的,实行5%的事故责任免赔率;负同等事故责任的,实行10%的事故责任免赔率;负主要事故责任的,实行15%的事故责任免赔率;负全部事故责任或单方肇事事故的,实行20%的事故责任免赔率。

责任限额

第四十四条　驾驶人每次事故责任限额和乘客每次事故每人责任限额由投保人和保险人在投保时协商确定。投保乘客座位数按照被保险机动车的核定载客数(驾驶人座位除外)确定。

赔偿处理

第四十五条　发生保险事故时,被保险人或其允许的驾驶人应当及时采取合理的、必要的施救和保护措施,防止或者减少损失,并在保险事故发生后48小时内通知保险人。被保险人或其允许的驾驶人根据有关法律法规规定选择自行协商方式处理交通事故的,应当立即通知保险人。

第四十六条　被保险人或其允许的驾驶人根据有关法律法规规定选择自行协商方式处理交通事故的,应当协助保险人勘验事故各方车辆、核实事故责任,并依照《道路交通事故处理程序规定》签订记录交通事故情况的协议书。

第四十七条　被保险人索赔时,应当向保险人提供与确认保险事故的性质、原因、损失程度等有关的证明和资料。

被保险人应当提供保险单、损失清单、有关费用单据和发生事故时驾驶人的驾驶证。

属于道路交通事故的,被保险人应当提供公安机关交通管理部门或法院等机构出具的事故证明、有关的法律文书(判决书、调解书、裁定书、裁决书等)和通过机动车交通事故责任强制保险获得赔偿金额的证明材料。被保险人或其允许的驾驶人根据有关法律法规规定选择自行协商方式处理交通事故的,被保险人应当提供依照《道路交通事故处理程序规定》签订记录交通事故情况的协议书和通过机动车交通事故责任强制保险获得赔偿金额的证明材料。

第四十八条　赔款计算

(一)对每座的受害人,当(依合同约定核定的每座车上人员人身伤亡损失金额－应由机动车交通事故责任强制保险赔偿的金额)×事故责任比例高于或等于每次事故每座赔偿限额时:

赔款＝每次事故每座赔偿限额×(1－事故责任免赔率)

(二)对每座的受害人,当(依合同约定核定的每座车上人员人身伤亡损失金额－应由机动车交通事故责任强制保险赔偿的金额)×事故责任比例低于每次事故每座赔偿限额时:

赔款＝(依合同约定核定的每座车上人员人身伤亡损失金额－应由机动车交通事故责任强制保险赔偿的金额)×事故责任比例×(1－事故责任免赔率)

第四十九条　保险人按照《道路交通事故受伤人员临床诊疗指南》和国家基本医疗保险的同类医疗费用标准核定医疗费用的赔偿金额。

未经保险人书面同意,被保险人自行承诺或支付的赔偿金额,保险人有权重新核定。因被保险人原因导致损失金额无法确定的,保险人有权拒绝赔偿。

第五十条　保险人受理报案、现场查勘、核定损失、参与诉讼、进行抗辩、要求被保险人提供证明和资料、向被保险人提供专业建议等行为,均不构成保险人对赔偿责任的承诺。

第四章　通用条款

保险期间

第五十一条　除另有约定外,本保险合同的保险期间为十天或一个月,以保险单载明的起讫时间为准。

其他事项

第五十二条　保险人按照本保险合同的约定,认为被保险人索赔提供的有关证明和资料不完整的,应当及时一次性通知被保险人补充提供。

第五十三条　保险人收到被保险人的赔偿请求后,应当及时作出核定;情形复杂的,应当在三十日内作出核定。保险人应当将核定结果通知被保险人;对属于保险责任的,在与被保险人达成赔偿协议后十日内,履行赔偿义务。保险合同对赔偿期限另有约定的,保险人应当按照约定履行赔偿义务。

保险人未及时履行前款约定义务的,除支付赔款外,应当赔偿被保险人因此受到的损失。

第五十四条　保险人依照本条款第五十三条的约定作出核定后,对不属于保险责任的,应当自作出核定之日起三日内向被保险人发出拒绝赔偿通知书,并说明理由。

第五十五条　保险人自收到赔偿请求和有关证明、资料之日起六十日内,对其赔偿数额不能确定的,应当根据已有证明和资料可以确定的数额先予支付;保险人最终确定赔偿数额后,应当支付相应的差额。

第五十六条　保险责任开始前,投保人要求解除本保险合同的,应当向保险人支付应交保险费金额3%的退保手续费,保险人应当退还保险费。

保险责任开始后,投保人不得解除合同。

第五十七条　因履行本保险合同发生的争议,由当事人协商解决,协商不成的,由当事人从下列两种合同争议解决方式中选择一种,并在本保险合同中载明:

(一)提交保险单载明的仲裁委员会仲裁;

(二)依法向人民法院起诉。

本保险合同适用中华人民共和国(不含港、澳、台地区)法律。

附加险

附加险条款的法律效力优于主险条款。附加险条款未尽事宜,以主险条款为准。除附加险条款另有约定外,主险中的责任免除、免赔规则、双方义务同样适用于附加险。

1. 不计免赔率险;
2. 机动车损失保险无法找到第三方特约险。

不计免赔率险

投保了任一主险后,均可投保本附加险。

第一条　保险责任

保险事故发生后,按照对应投保的险种约定的免赔率计算的、应当由被保险人自行承担的免赔金额部分,保险人负责赔偿。

第二条　责任免除

下列情况下,应当由被保险人自行承担的免赔金额,保险人不负责赔偿:

一、机动车损失保险中应当由第三方负责赔偿而无法找到第三方的;

二、可附加本条款但未选择附加本条款的险种约定的。

机动车损失保险无法找到第三方特约险

投保了机动车损失保险后,可投保本附加险。

投保了本附加险后,对于机动车损失保险第十一条第(二)款列明的,被保险机动车损失应当由第三方负责赔偿,但因无法找到第三方而增加的由被保险人自行承担的免赔金额,保险人负责赔偿。

释 义

【碰撞】指被保险机动车或其符合装载规定的货物与外界固态物体之间发生的、产生撞击痕迹的意外撞击。

【倾覆】指被保险机动车由于自然灾害或意外事故,造成本被保险机动车翻倒,车体触地,失去正常状态和行驶能力,不经施救不能恢复行驶。

【坠落】指被保险机动车在行驶中发生意外事故,整车腾空后下落,造成本车损失的情况。非整车腾空,仅由于颠簸造成被保险机动车损失的,不属于坠落。

【外界物体倒塌】指被保险机动车自身以外的物体倒下或陷下。

【自燃】指在没有外界火源的情况下,由于本车电器、线路、供油系统、供气系统等被保险机动车自身原因或所载货物自身原因起火燃烧。

【火灾】指被保险机动车本身以外的火源引起的、在时间或空间上失去控制的燃烧(即有热、有光、有火焰的剧烈的氧化反应)所造成的灾害。

【次生灾害】指地震造成工程结构、设施和自然环境破坏而引发的火灾、爆炸、瘟疫、有毒有害物质污染、海啸、水灾、泥石流、滑坡等灾害。

【暴风】指风速在 28.5 m/s(相当于 11 级大风)以上的大风。风速以气象部门公布的数据为准。

【暴雨】指每小时降雨量达 16 mm 以上,或连续 12 小时降雨量达 30 mm 以上,或连续 24 小时降雨量达 50 mm 以上。

【洪水】指山洪暴发、江河泛滥、潮水上岸及倒灌。但规律性的涨潮、自动灭火设施漏水以及在常年水位以下或地下渗水、水管爆裂不属于洪水责任。

【玻璃单独破碎】指未发生被保险机动车其他部位的损坏,仅发生被保险机动车前后风挡玻璃和左右车窗玻璃的损坏。

【车轮单独损坏】指未发生被保险机动车其他部位的损坏,仅发生轮胎、轮辋、轮毂罩的分别单独损坏,或上述三者之中任意二者的共同损坏,或三者的共同损坏。

【车身划痕损失】仅发生被保险机动车车身表面油漆的损坏,且无明显碰撞痕迹。

【新增设备】指被保险机动车出厂时原有设备以外的,另外加装的设备和设施。

【新车购置价】指本保险合同签订地购置与被保险机动车同类型新车的价格,无同类型新车市场销售价格的,由投保人与保险人协商确定。

【单方肇事事故】指不涉及与第三者有关的损害赔偿的事故,但不包括自然灾害引起的事故。

【家庭成员】指配偶、子女、父母。

【饮酒】指驾驶人饮用含有酒精的饮料,驾驶机动车时血液中的酒精含量大于等于 20 mg/100 mL 的。

【全部损失】指被保险机动车发生事故后灭失,或者受到严重损坏完全失去原有形体、效用,或者不能再归被保险人所拥有的,为实际全损;或被保险机动车发生事故后,认为实际全损已经不可避免,或者为避免发生实际全损所需支付的费用超过实际价值的,为推定全损。

3.2.4 商业险费率计算

根据保监会 2015 年 3 月 24 日印发的《深化商业车险条款费率管理制度改革试点工作方案》(保监产险[2015]24 号)要求,商业险实行新的费率计算方法,即:

保费=[基准纯风险保费/(1-附加费用率)]×费率调整系数

其中,基准纯风险保费反映被保险机动车的行业平均赔付水平,由中保协根据地区、车型、使用年限、使用性质等不同维度进行测算和定期发布。

附加费用率指一定时期内保险人业务经营费用支出和预定利润的总数和保险金额之间的比例,原则上由各保险公司根据本公司最近三年商业车险实际费用水平,测算本公司商业车险保费的附加费用率。为防止保险公司之间不正当竞争,根据银保监会 2018 年 5 月 29 日发布的《中国银行保险监督管理委员会办公厅关于商业车险自主定价改革试点地区费率方案报送有关要求的通知》(银保监办发[2018]28 号)要求,各保险公司附加费用率预定不得超过 35%,附加费用率预定为 35% 的财产保险公司不需要解释说明,附加费用率预定低于 35% 的财产保险公司应进行解释说明。

费率调整系数目前主要包括"无赔款优待系数"(NCD 系数)、"自主核保系数"以及"自主渠道系数",部分地区还包括"交通违法记录系数",即:

费率调整系数=无赔款优待系数×自主核保系数×自主渠道系数

或费率调整系数=无赔款优待系数×交通违法记录系数×自主核保系数×自主渠道系数

其中,NCD 系数是根据车险信息平台反馈的被保险车辆近三年出险记录来确定 NCD 系数的浮动范围。主要用于识别客户风险和进行风险管理,充分体现车辆使用过程的奖优罚劣机制,是行业的共性系数指标。根据中保协相关规定,2015 年 6 月 1 日后全国范围(除北京、厦门)实施新的统一的 NCD 系数,如表 3-4 所示。

表 3-4 新版无赔款优待系数(2015 版)

项目	内容	无赔款优待系数
无赔款优待及上年赔款记录	连续 3 年没有发生赔款	0.6
	连续 2 年没有发生赔款	0.7
	上年没有发生赔款	0.85
	新保或上年发生 1 次赔款	1
	上年发生 2 次赔款	1.25
	上年发生 3 次赔款	1.5
	上年发生 4 次赔款	1.75
	上年发生 5 次及以上赔款	2

自主核保系数是保险公司在一定范围内自主确定的商业车险系数。车险自主核保系数比较复杂,可分为"从人"和"从车"两类影响因子。"从人"的因素包括驾驶技术、驾

驶习惯、驾龄、年龄、性别等;"从车"的因素包括行驶里程、约定行驶区域、车型、投保车辆数、绝对免赔额等。该系数是保险公司的个性指标。

自主渠道系数是保险公司根据自身对电话、网络、门店、中介等营销渠道的内控管理和成本核算情况设置的系数,可以使保险公司在一定范围内自主制定渠道定价策略,也是保险公司的个性指标。为规范保险公司核算行为,根据保监会 2018 年 3 月 15 日《中国保监会关于调整部分地区商业车险自主定价范围的通知》(保监财险〔2018〕61 号)要求,最新的第三轮费改后我国不同地区商业车险自主核保系数和自主渠道系数允许的浮动范围见表 3-5 所列。

表 3-5　我国不同地区商业车险自主核保系数和自主渠道系数浮动范围(2018 年 3 月后)

地区	自主核保系数	自主渠道系数
四川	0.65~1.15	0.65~1.15
山西 福建 山东 河南 厦门	0.70~1.15	0.70~1.15
深圳	0.70~1.25	0.70~1.25
天津 河北 广西 青海 青岛 新疆	0.75~1.15	0.75~1.15
河南	0.80~1.15	0.75~1.15
其余地区	0.85~1.15	0.75~1.15

交通违法记录系数是根据上一保险年度被保险车辆交通违章内容与次数进行确定。目前,北京市、江苏省、上海市等省市和地区已经正式实施。以江苏省为例,根据 2016 年 5 月 20 日中保协下发的《关于发布江苏省交通违法系数浮动方案的通知》规定,目前江苏省商业车险交通违法系数浮动方案见表 3-6 所列。

表 3-6　江苏商业车险交通违法系数浮动方案(2016 年 6 月 24 日起)

序号	违法类型简称	上年度违法次数	系数值(浮动值)
1	无交通违法记录	0 次	-0.10
2	A 类(违反交通信号灯等)	1 次	0.00
		2 次	0.00
		3 次	0.05
		4 次	0.10
		5 次及以上	0.15
3	B1 类(超速 10% 以上但未达到 50% 等)	1 次	0.00
		2 次	0.00
		3 次	0.05
		4 次	0.10
		5 次及以上	0.15
4	B2 类(超速 50% 等)	1 次及以上	0.15

(续表)

序号	违法类型简称	上年度违法次数	系数值(浮动值)
5	C类(载物超过核定载质量等)	1次及以上	0.05
6	D类(不按规定安装机动车号牌等)	1次及以上	0.30
7	E类(未取得驾驶证、被吊销、暂扣期间驾驶机动车等)	1次及以上	0.25
8	F1类(饮酒后驾驶机动车等)	1次及以上	0.10
9	F2类(醉酒后驾驶机动车、毒驾等)	1次及以上	0.30
10	G类(交通事故后逃逸等)	1次及以上	0.25
11	H类(未按规定使用安全带、驾驶时拨打或接听电话、未参加定期安全技术检验、载人超过核定载人数、违法交通标线或标志、违反规定停放车辆、逆向行驶等其他违法类型)	1~9次	0.00
		10~19次	0.05
		20~29次	0.10
		30次及以上	0.15
12	Z类(不参与上浮的违法行为)	1次及以上	0.00

注:1. 浮动值根据被保险机动车上一浮动区间所发生的交通违法记录计算,只在商业车险使用,摩托车和拖拉机暂不浮动;

2. 浮动值由各违法类型对应违法次数的系数值相加得到;合计违法系数为0.05 则不上浮,系数超过0.50 则以上浮0.50 为限。

《机动车综合商业保险示范条款》《特种车综合商业保险示范条款》可以使用所有的系数;《摩托车、拖拉机综合商业保险示范条款》没有浮动系数,和交强险费率浮动办法一样,不参与费率浮动;《机动车单程提车保险示范条款》没有NCD系数,只有自主核保系数和自主渠道系数可以使用。

课后案例思考

1. 伴随着商业车险改革的推进,ABC三套车险条款退出历史舞台,商业车险示范条款实现了全国统一。

新的机动车损失保险条款(下文简称为新条款)与旧条款相比,具有结构合理、层次清晰,表述准确和用语规范的特征。具体到条款的含义,其彻底解决了"高保低赔"带来的争议;关于是否"无责不赔",新条款遵循立法本意,明确"先行赔付后代位求偿";另外,部分附加险的并入与调整,也属于新条款的变动范围。具体修改调整之处如下:

调整一:保险金额按投保时被保险机动车的实际价值确定。

解读:保险人在旧条款适用时一般采用两种方式确定保险金额:保险合同签订地与被保险车辆同类车型的新车价格或折旧后该车的价格。

将新车价格作为保险金额,被保险车辆推定全损时,各地法院存在两种不同的裁判结果:

(1)从公平、诚信的角度,按保险金额赔付;

(2)从保险利益的角度,按折旧后价值赔付,即"高保低赔"(根据诉讼请求决定退还超出车辆价值部分计收的保费或另案处理)。

将折旧后的价格作为保险金额,机动车发生部分损失时,保险人通常以被保险人不足额投保,需要按保险金额与保险价值的比例承担保险金责任进行抗辩,以达到减损的目的。部分法院支持保险人所谓的不足额投保的辩解。大部分法院对此不予采信。

新条款第十二条规定,保险金额按投保时被保险机动车的实际价值确定,上述争议将不复存在。

调整二:因第三方侵权造成的被保险机动车损失,被保险人可直接向自己的保险公司索赔,保险人在保险金额内先行赔付被保险人,并在赔偿金额内代位行使被保险人对第三方请求赔偿的权利。

解读:旧条款适用的时候,由于第三者对保险标的的损害从而造成保险事故时,实践之中有以下两种处理方式:一是保险人应被保险人的要求,在保险金额内先行赔付;二是保险人拒绝先行赔付,法院判决保险人先行赔付。

关于"先行赔付后代位求偿"的法律依据,自1995年6月30日发布的《中华人民共和国保险法》(下文简称为《保险法》)就已存在,最新《保险法》虽历经四次修改,但关于"先行赔付后代位求偿"的条文始终未变。

虽然保险法已明确"先行赔付后代位求偿",然而在司法实践中,保险人常常以"比例赔付"(即无责不赔)条款进行抗辩。部分法院为判决保险人先行赔付后代位求偿,采取了迂回的办法,即并未直接引用《保险法》关于"先行赔付后代位求偿"的规定,而是将"比例赔付"归为免责条款,保险人未尽到说明义务而导致本免责条款不产生效力。这一做法实际上又将简单问题复杂化。正因为如此,《最高人民法院关于适用〈中华人民共和国保险法〉若干问题的解释(二)》将先行赔付后的代位求偿再一次明确,以求达到彻底解决司法实践中的法律认识差异。

新条款第十八条首次将代位求偿予以明确载入,保险人拒绝先行赔付的现象将会大量减少。

调整三:将"本车所载货物、车上人员意外撞击"造成的损失纳入保险责任范围。

解读:旧条款将"本车所载货物的撞击"而造成的本车损失作为免责条款。新条款第六条第一款第六项明确了本车内撞击属于保险责任。新条款实际上扩大了承保责任范围,吸收了旧条款适用时的附加险——车载货物碰撞险。

调整四:将免责条款——"……发生保险事故时无公安机关交通管理部门核发的合法有效的行驶证、号牌,或临时号牌或临时移动证"改为:"发生保险事故时被保险机动车行驶证、号牌被注销的"。

解读:旧条款适用时,只要符合无号牌或无行驶证,无临时移动证,无临时号牌之一,保险人即可免责。新条款第八条第一款第三项第一目规定,发生保险事故时被保险机动车行驶证、号牌被注销的保险人才可免责,除此以外保险人不可免责。新条款中,行驶证、号牌被注销才能构成保险人的免责前提。

调整五:将免责条款——"利用保险车辆从事犯罪活动"改为:"被保险人或其允许的驾驶人故意或重大过失,导致被保险机动车被利用从事犯罪行为"。

解读:旧条款只要被保险车辆从事犯罪活动,即构成保险人的免责条件。新条款第八条第一款第三项第4目规定,保险人欲免责需同时具备三个条件:①被保险人或其允许的驾驶人有故意或重大过失;②被保险机动车被利用从事犯罪行为;③前两个条件具有因果关系。在今后的司法实践中,被保险人或其允许的驾驶人是否具有故意或重大过失,因属主观认识层面而缺乏客观标准,将会成为案件的争议焦点。

调整六:增加"非营运企业或机关车辆的自燃"免责条款。

解读:旧条款中"非营运企业或机关车辆的自燃"属于保险责任,而新条款将其划入责任免除范围。相应地,将上述保险责任一起归并入自燃损失附加险,进一步精简整合附加险。

调整七:删除"倒车镜单独损坏,车灯单独损坏"免责条款。

解读:新条款吸收了旧条款适用情形下的车灯、倒车镜单独损坏附加险,进一步扩大了主险的承保范围。

调整八:删除"驾驶证有效期届满,驾驶证未审验"免责条款。

解读:新条款删除了"驾驶证有效期届满,驾驶证未审验"的免责条款,因此上述情况下发生车损仍可获赔偿。但并不是说驾驶证可以一直不审验,根据我国《机动车驾驶证申领和使用规定》第七十七条规定,超过机动车驾驶证有效期一年以上未换证的,驾驶证将被依法注销,如驾驶证被注销,根据新条款第八条第一款第二项第三目规定,保险人仍可免责。

调整九:增加"被保险机动车被改装、加装或改变使用性质等,被保险人未及时通知保险人,且因改装、加装或改变使用性质等导致被保险机动车危险程度显著增加"免责条款。

解读:旧条款仅有保险车辆"转让"他人,未通知保险人,因转让导致保险车辆危险程度显著增加而发生保险事故的免责条款,新条款增加了"改装、加装、改变使用性质"的原因。此处调整是为了规范目前非法改装行为增多的现象。根据新条款,车辆加装、改装或改变使用性质未及时通知保险人且加装、改装或改变使用性质导致被保险机动车危险程度显著增加,发生事故车损后,保险人将不予赔偿。

调整十:将免责条款——"事故发生后,在未依法采取措施的情况下驾驶被保险机动车或者遗弃被保险机动车逃离事故现场"改为:"……离开事故现场"。

解读:此处改动虽一字之差,但实践操作迥异。此处调整,是针对交警部门对于驾驶人逃离还是离开事故现场的认定标准不一,这往往被人钻了空子,例如主张不是逃离而是由于害怕暂时离开事故现场等。因此在旧条款中,只要道路交通事故认定书中未认定"逃离",保险人几乎不可能拒赔。新条款第八条第一款第二项第一目规定,只要驾驶人出现事故后未采取措施离开(不问原因)现场的情况,保险人一拒律赔。

调整十一:增加"吸食或注射毒品"免责条款。

解读:新条款第八条第一款第二项第二目规定,吸食或注射毒品情形下造成被保险机动车的任何损失和费用,保险人均不负责赔偿。

调整十二:将"在交通事故中,保险车辆驾驶人负全部责任的,事故责任免赔率为15%;负主要责任的,事故责任免赔率为10%;负同等责任的,事故责任免赔率为8%;负次要责任的,事故责任免赔率为5%。"改为:"被保险机动车一方负次要事故责任的,实行5%的事故责任免赔率;负同等事故责任的,实行10%的事故责任免赔率;负主要事故责任的,实行15%的事故责任免赔率;负全部事故责任的,实行20%的事故责任免赔率。"

解读:新条款与其他主险(除全车盗抢险外)的免赔率保持一致,有利于被保险人对各主险条款的理解与记忆。同时适当提高免赔率,有助于体现车险"奖优罚劣"的导向。

思考:除了机动车损失保险外,《2014版示范条款》中有关机动车商业保险的条款与旧的条款相比,都做了哪些调整?

2. 王某为自己的车投保了交强险和车辆损失险、商业第三者责任险。一天晚上,王某由北向南行驶,正准备右转弯,一女孩过马路左脚被车的右后轮轧到。经交管部门认定,该道路为封闭车道,不允许行人横穿,再加上女孩过马路时不小心,没等汽车尾部通过就动身,以致左脚伸进了车的右后轮,导致事故发生,机动车方无责任,女孩负事故全部责任。

思考:如果机动车方赔偿了受害人部分医疗费用,那么,机动车方能否从保险公司获得保险赔偿?

3. 清远市某农村的渔农董先生(车主)驾自己的"金杯"面包车来广州办事,在加油站加完油正准备走,两个身材高大的男人凑上前说:"我们有些货,想麻烦师傅顺道拉去天平架,我们给你付运费。"商量好价钱后董先生带着两人出发。当车行到市郊,其中一个男子从腰间拔出尖刀一把,顶在董的腰间,说:"我们是抢车的"。另外一个男子三下五除二就将董先生打出车外。幸运的是,董先生被巡警救起。董先生想起投保了汽车盗抢险于是赶紧报案、报险。

思考:如果你是一名保险公司工作人员,应如何应对荣先生的索赔请求?

4. 荣先生前不久开车去福建旅行,晚上将自己的"丰田"小车停于一间无人值班的旅馆停车场,第二天发现车子居然被小偷撬开了车门,一台价值8000余元的相机和旅行袋被偷走了。荣先生想起自己已经投保了车辆损失险和盗抢险,于是向保险公司索赔。

思考:如果你是一名保险公司工作人员,应如何应对荣先生的索赔请求?

 **复习思考题**

(1)什么是机动车交通事故强制责任保险?

(2)目前我国机动车交强险的费率和浮动项目是如何规定的?

(3)机动车商业保险与交强险有什么不同?

(4)我国机动车商业保险有哪些险种?

(5)目前我国机动车商业车险的费率和浮动项目是如何规定的?

(6)目前我国机动车交强险和综合商业保险各险种的保险责任、除外责任(责任免除)各是什么?

第 4 章

汽车保险展业与承保实务

学习目标

本章主要讲述了我国汽车保险展业以及承保流程中的接待投保、核保、签单、批改、续保、退保等环节的基本知识。要求学习完本章后能够了解汽车保险展业的基本环节以及承保的整个流程和具体工作内容。

重点难点

(1) 汽车保险投保单的填写；
(2) 核保工作；
(3) 保险单证的签发、批改、续保和退保工作。

引导案例

张某为其货车投保了机动车盗抢险，但货车被盗后，保险公司却以车辆未年检为由拒绝赔付。11 月 16 日，金乡县法院开庭审理了这起财产保险合同纠纷案，一审判决保险公司赔付张某保险金 5 万余元。

2006 年 10 月，张某购买了一辆"时代"中型自卸货车，价值 9 万余元，并于同年 11 月 1 日进行了车辆初始登记，该车检验有效期至 2007 年 11 月 1 日。2007 年 9 月，张某通过保险代理人与某保险公司签订机动车辆保险合同，投保了盗抢险、车辆损失险、第三者责任险等，保险期限自 2007 年 9 月 2 日起至 2008 年 9 月 2 日止。代理人仅向张某交付了保险单（已随车被盗）和保险费收据，未向张某送达机动车盗抢险条款，也未就有关免责条款向张某进行说明。2007 年 11 月 1 日，车辆年检期限到期，张某未再报请检验。2008 年 8 月 4 日，张某的车辆被盗，至今未追回。随后，张某告知保险公司车辆被盗，而保险公司却以出险车辆未年检为由拒赔。于是，张某将保险公司诉至法院，要求保险公司赔付保险金6万余元。

法院审理后认为,张某与保险公司签订的机动车辆保险合同,依法订立,具有法律效力。保险公司作为保险人,当保险合同约定的保险事故发生时,有义务依照合同约定赔付保险金。根据《保险法》的规定,订立保险合同时,保险人应当就保险合同中关于保险人责任免除条款向投保人明确说明,未明确说明的,该条款不产生效力。而开庭审理时,保险公司并没有提供有力证言,证明已履行明确说明义务。故法院根据有关法律规定作出以上判决。

4.1 保险展业

保险展业也称推销保险单,是保险公司进行市场营销的过程。保险展业主要是要引导具有保险潜在需要的人参加保险,同时也为投保人提供投保服务,它是保险经营的起点。

4.1.1 保险展业的主要方式

保险展业的方式包括保险人直接展业、保险代理人展业和保险经纪人展业。

(1)保险人直接展业。直接展业是指保险公司依靠自己的业务人员去争取业务,这适合于规模大、分支机构健全的保险公司以及金额巨大的险种。

(2)保险代理人展业。对许多保险公司来说,单靠直接展业是不足以争取到大量保险业务的,在销售费用上也是不合算的。如果保险公司单靠直接展业,就必须配备大量展业人员和增设机构,大量工资和费用支出势必会提高成本,而且展业具有季节性特点,在淡季时,人员会显得过剩。因此,国内外的大型保险公司除了使用直接展业外,还广泛地建立代理网,利用保险代理人和保险经纪人展业。

(3)保险经纪人展业。保险经纪人不同于保险代理人,保险经纪人是投保人的代理人,对保险市场和风险管理富有经验,能为投保人制订风险管理方案和物色适当的保险人,是保险展业的有效方式。

4.1.2 保险展业的意义

保险展业的根本目的就是要增加保险标的,以分散风险、扩大保险基金。展业面越宽,承保面越大,获得风险保障的风险单位数越多,风险就越能在空间和时间上得以分散。展业所具有的重大意义是由保险服务本身的特点所决定的,主要表现在以下几个方面。

(1)通过展业唤起人们对保险的潜在需求。保险所销售的产品是保险契约,是一种无形商品,它所能提供的是对被保险人或受益人未来生产、生活的保障,即使购买了保险商品,也不能立即获得效用,这就使人们对保险的需求比较消极。因此,有必要通过保险展业一方面满足被保险人现实的需求,另一方面唤起潜在需求,促使人们购买保险。

(2)通过展业对保险标的和风险进行选择。西方国家一般把保险公司的行为分为三类,即营销、投资和管理。其中为了完成营销任务所占用的人力和费用成本最高,因为在营销过程中可能出现逆选择。保险展业过程也是甄别风险、避免逆选择的过程。这一过程远比其他一般商品的销售更为重要。

(3)通过展业争夺市场份额,提高经济效益。保险企业之间的竞争主要是市场的争夺。只有通过积极有效的营销活动,才能建立起充足的保险基金和可靠的运营资金,保证整个经营活动的顺利进行。展业面越大,签订的保险合同越多,由保费形成的责任准备金就越多,保险经营的风险会随之降低,也为进一步降低保险价格、吸引更多的保户创造了条件。保险展业的顺利开展可为保险经营带来良性循环。

(4)通过展业提高人们的保险意识。随着改革的深入,社会经济结构发生了深刻的变化,社会在为人们提供更多机遇的同时,也使人们所面临的各种风险相应增加了。广泛而优质的保险展业工作不仅能为保险企业带来新客户,而且也可唤起全社会的风险意识,对树立整个保险业的良好形象起到重要作用。

4.1.3 展业人员应具备的素质

保险展业是一项思想性、政策性、技术性都较强的工作。完成好这一工作,要求展业人员具备良好的素质。

(1)政策观念和法制观念强。保险关系的确立是双方当事人在协商自愿的基础上,通过订立保险合同的方式实现的。所以,在保险展业中必须明确和牢记双方平等的法律地位,要坚持自愿投保的原则,不能采取不正当手段强迫展业对象投保。

(2)熟悉业务,博学多识。推销一种商品,必须首先了解这种产品。保险展业人员必须熟练掌握保险的各种知识和保险商品的全部知识,这是完成展业任务的一个基本条件。否则面对顾客的疑问和异议,就会出现无言以对或解答失误的局面。这不仅影响展业工作效果,而且严重损害保险公司的形象。保险展业与社会各界进行着广泛的接触,涉及许多学科的知识和技能,保险展业人员不仅要熟悉业务,广采博学,而且要不断更新知识,提高技能。

4.1.4 汽车保险展业环节

1. 做好展业准备

开展汽车保险业务前,应事先对相关法律法规、保险公司自身优势和劣势以及市场情况进行全面分析,制定出展业规划和策略。做到知己知彼,才能取得预期的展业效果。其具体的准备工作如下:

(1)了解《保险法》《合同法》《道路交通安全法》《机动车交通事故责任强制保险条例》等与机动车车辆保险、交通事故处理、机动车辆管理等有关的法律、法规和政策。

(2)掌握保险的基本原理、基础知识和交强险、商业险主险及附加险条款、费率规定、承保要求、理赔流程、熟悉保险金额的确定方法、合同约定的保险责任、责任免除、赔偿方法等。

(3)了解机动车辆的基本知识,熟悉常用车辆的结构、常见风险以及预防方法等。

(4)了解所在保险公司的经营状况、信誉、市场占有率、销售汽车保险商品的特点等,掌握公司对机动车辆保险经营管理的规定与要求。

(5)调查所在区域汽车拥有量及新增量、年检车数量、各类车型比例、承保情况、历年事故率、事故规律和出险赔付等,掌握本地区市场动态和竞争对手的业务发展重点、展业方向及手段。

(6)了解本地区客户拥有的车型、用途、目前的承保公司、保险期限及客户与保险标的的利益关系,做好各类客户的公关工作,了解客户的心理动态、需求和选择取向,确定有无可保利益。

2. 开展保险宣传

保险宣传对于保险业务的顺利开展和增强国民的保险意识具有重要的作用。

在我国由于国内保险业务一度中断了20多年,导致国民保险意识淡薄,不少人对保险的职能和作用认识不够。保险要为社会普遍接受,就需要大力宣传。

保险宣传的方式多种多样,如广告宣传、召开座谈会、电台和报刊播放或登载保险知识系列讲座、印发宣传材料等。

宣传的内容主要是本公司车险名优品牌、机构网络、偿付能力、服务优势、保险产品相关介绍(保险责任、责任免除、投保人义务、保险人义务等)以及承保和理赔手续等。

3. 制订保险方案

保险方案是在对投保人的风险进行评估的基础上提出的保险建议书。为提高服务水平,各保险公司一般会要求展业时应向投保人或被保险人提供完善的保险方案。由于投保人所面临的风险种类、风险程度不同,因而对保险的需求也不尽相同,这就需要展业人员为投保人设计最佳的保险方案。

1)制订原则

展业人员在制订保险方案时应遵循如下原则:

(1)充分保障原则。展业人员应从专业角度对投保人可能面临的风险进行充分识别和评估,科学客观地制订保险方案,最大限度地分散风险。

(2)公平合理原则。指展业人员在制定保险方案的过程中应贯彻公平合理的精神。所谓合理性就是要确保提供的保障是适用和必要的,防止提供不必要的保障。所谓公平主要体现在价格方面,包括与价格有关的赔偿标准和免赔额的确定,既要合法,又要符合价值规律。

(3)充分披露原则。展业人员应本着最大诚信原则,根据《保险法》及监管部门相关文件,说明投保险种的保障范围,解释责任免除条款、容易发生歧义的条款以及投保人、被保险人义务条款等含义,不得曲解、误导和隐瞒。

2)主要内容

保险方案的主要内容包括:

(1)保险人情况介绍;

(2)投保标的风险评估;

(3)保险方案的总体建议;

(4)保险条款以及解释;

(5)保险金额和赔偿限额的确定;

(6)免赔额以及适用情况;

(7)赔偿处理的程序以及要求;

(8)服务体系以及承诺;

(9)相关附件。

4.2 接待投保

投保是投保人向保险人表达缔结保险合同意愿的行为,即要约行为。"要约"又称"定约提议",是指一方当事人向另一方当事人提出订立合同建议的法律行为,也是签订保险合同的一个重要程序。

在汽车保险过程中,保险人为了开展保险业务印制汽车投保单,向投保人介绍投保单上的保险条款所包括的内容,并协助投保人填写投保单,这一过程就是接待投保。保险人接收投保单后需进行逐项审核,对于符合投保条件的方可承保,并在投保单上签章后发出保险单以及其他的保险单证,这就标志着汽车保险合同的成立。

接待投保是汽车保险承保的第一步,包括以下几个方面内容:

(1)接待顾客。对上门咨询或投保的顾客以礼相待,热情迎送;积极、热情地宣传本公司车险品种以及保险网络、人才、技术、资金和服务等优势。

(2)依照《保险法》及监管部门的有关规定,严格按照保险公司机动车辆保险条款,向投保人告知投保险种的保障范围、免赔率等的规定,特别是要说明责任免除及被保险人的义务等。

(3)介绍投保、索赔程序等。

(4)指导填写投保单,并对投保单和保险标的进行初步审核。

4.2.1 投保内容

投保单是投保人向保险人要约意思表示的书面文件。投保人在投保时,由保险公司业务人员询问投保人相关信息并直接录入计算机,最后打印出投保单。目前,投保单无统一格式要求,各保险公司可根据自身情况制订。具体填写信息可按照保险单内容进行,表4-1为我国机动车交通事故责任强制保险保险单,表4-2为×××财产保险股份有限公司机动车商业保险保险单。为切实履行说明义务,保险公司应当明确提示投保人应认真阅读交强险条款以及《机动车综合商业保险免责事项说明书》后再进行投保。并且在投保单"责任免除特别提示"下手书:"经保险人明确说明,本人已了解责任免除条款的内容"等字句并签名。

表4-1 机动车交通事故责任强制保险保险单

保险单号：

被保险人					
被保险人身份证号码(组织机构代码)					
地址			联系电话		
被保险机动车	号牌号码		机动车种类		使用性质	
	发动机号码		识别代码(车架号)		
	厂牌型号		核定载客	人	核定载质量	千克
	排量		功率		登记日期	
责任限额	死亡伤残赔偿限额	110000元	无责任死亡伤残赔偿限额	11000元
	医疗费用赔偿限额	10000元	无责任医疗费用赔偿限额	1000元
	财产损失赔偿限额	2000元	无责任财产损失赔偿限额	100元
与道路交通安全违法行为和道路交通事故相联系的浮动比率					%
保险费合计(人民币大写)：		（¥： 元)其中救助基金(%)¥： 元
保险期间自 年 月 日 时起至 年 月 日 时止					
保险合同争议解决方式					
代收车船税	整备质量		纳税人识别号		
	当年应缴	¥ 元	往年补缴	¥ 元	滞纳金	¥ 元
	合计(人民币大写)：		（¥： 元）
	完税凭证号(减免税证明号)		开具税务机关		
特别约定					
重要提示	1. 请详细阅读保险条款,特别是责任免除和投保人、被保险人义务。 2. 收到本保险单后,请立即核对,如有不符或疏漏,请及时通知保险人并办理变更或补充手续。 3. 保险费应一次性交清,请您及时核对保险单和发票(收据),如有不符,请及时与保险人联系。 4. 投保人应如实告知对保险费计算有影响的或被保险机动车因改装、加装、改变使用性质等导致危险程度增加的重要事项,并及时通知保险人办理批改手续。 5. 被保险人应当在交通事故发生后及时通知保险人				
保险人	公司名称： 公司地址： 邮政编码： 服务电话： 签单日期： (保险人签章)				

核保： 制单： 经办：

表4-2　××××财产保险股份有限公司机动车商业保险保险单

收费确认时间：　年　月　日　时　分　秒
保单打印时间：　年　月　日　时　分　秒
生成保单时间：　年　月　日　时　分　秒

No.　　　　　　　　　　　　　　　　　　　　　　　保险单号：

鉴于投保人已向保险人提出投保申请，并同意按约定交付保险费，保险人依照承保险别及其对应条款和特别约定承担赔偿责任。

被保险人：		证件号码：	
住所地址：		联系方式：	
行驶证车主：			
号牌号码：	VIN码/车架号：	发动机号：	
车辆种类：	厂牌型号：	排量/功率：	L/kW
核定载客：　人	核定载质量：　千克	行驶区域：	
使用性质：	初次登记日期：	已使用年限：　年	
承保险别	保险金额/责任限额	保险费(元)	优惠金额(元)
特别约定：			
保险费合计(人民币大写)：　　　　(¥：　　元)		优惠金额：(¥：　　元)	
保险期间：　年　月　日　时起至　年　月　日　时止			
保险合同争议解决方式：			
重要提示	1.本保险合同由保险条款、投保单、保险单、批单和特别约定组成。 2.收到本保险单、承保险种对应的保险条款后，应立即核对，如有不符或疏漏，请及时通知保险人并办理变更或补充手续。 3.请详细阅读承保险种对应的保险条款，特别是责任免除和赔偿处理。 4.被保险机动车因改装、加装、改变使用性质等导致危险程度显著增加以及转卖、转让、赠送他人的，应通知保险人。 5.被保险人应当在保险事故发生后及时通知保险人。 6.投保次日起，您可通过本公司网站××××、客服电话××××、营业网点核实保单及理赔信息。若对查询结果有异议，请及时通过网站留言或客服电话联系本公司。		
保险人	公司名称：	公司地址：	
	联系电话：	签单日期：　　　(保险人签章)	

核保：　　　　　　　　　制单：　　　　　　　　　经办：

1. 被保险人情况

1) 被保险人的名称

被保险人是指其车辆及使用责任受保险合同保障,享有保险金请求权的人。投保时,投保人应当出示被保险人身份证,填写身份证号码。

被保险人为单位的,需填写单位全称,要求与公章名称一致,并填写组织机构代码。被保险人非被保险机动车车主时,还需填写机动车行驶证标明的车主名称。

2) 被保险人地址

投保时还需填写被保险人的详细地址及联系电话,以便于在投保、理赔时保险人能够及时联系被保险人。这里的地址是指法律确认的自然人的生活住所或法人的主要办事机构所在地。

2. 被保险机动车情况

被保险机动车自身情况主要包括号牌号码、机动车种类、使用性质、发动机号码、VIN码/车架号、厂牌型号、核定载客、核定载质量、排量、功率、登记日期、已使用年限等。

(1) 号牌号码。此处填写车辆管理机关核发的号牌号码,如苏A×××××。

(2) 机动车种类。指被保险机动车种类,包括客车、货车、特种车、摩托车、拖拉机等。

(3) 使用性质。指被保险机动车的具体用途,主要包括家庭自用车、企业非营业客车、党政机关及事业团体非营业客车、非营业货车、出租及租赁营业客车、城市公交营业客车、公路客运营业客车、营业货车、特种车一、特种车二、特种车三、特种车四、挂车、摩托车、拖拉机等。

(4) 发动机号码。指机动车生产商在车辆发动机上打印的号码,可根据车辆行驶证填写。

(5) VIN码/车架号。车架号是机动车生产商在车架上打印的号码,可以根据车辆行驶证填写;对于有VIN码的车辆,应以VIN码代替车架号。

VIN码是车辆识别代码(Vehicle Identification Number)的简称,由美国机动车工程师学会(Society of Automotive Engineers,SAE)制定并加以推广。VIN码由17位字符组成,所以俗称十七位码,每一字符都代表着汽车某一方面的信息。按VIN编码的顺序,可以识别出车辆的生产厂家、车辆类型、品牌名称、车型系列、车身型式、生产年份、安全防护装置型号、检验数字、装配工厂名称和出厂顺序号码等信息。VIN码一般位于仪表板上,也有固定在车门铰链柱、门锁柱或与门锁柱结合的门边之一的柱子上,接近于驾驶员座位的地方,大型客车、货车则可能在整车底盘等处。

我国VIN的标准主要有国家标准《道路车辆—车辆识别代号(VIN)》(GB 16735—2004)与《道路车辆—世界制造厂识别代号(WMI)》(GB 16737—2004),两套标准配合使用,在全国范围内规范车辆的生产。

VIN由三部分组成:世界制造厂识别代号(WMI)、车辆特征代码(VDS)以及车辆指示代码(VIS)。对完整车辆和/或非完整车辆年产量≥500辆的车辆制造厂,车辆识别代号的第一部分为WMI,第二部分为VDS,第三部分为VIS,如图4-1所示。第一部分

WMI为三位字码组成,主要识别制造厂信息。其中,第一位是由国际代理机构分配的用以标明一个地理区域的一个字母或数字字码,例如1～5为北美,S～Z为欧洲,J～R为亚洲;第二位是由国际代理机构分配的用以标明一个特定地区内的一个国家的一个字母或数字字码,WMI通过第一位和第二位字码的组合保证了国家识别标志的唯一性,例如10～19、1A～1Z为美国,L0～L9、LA～LZ为中国;第三位是由国家机构指定的用以标明某个特定制造厂的一个字母或数字字码,WMI通过第一位、第二位和第三位字码的组合保证了制造厂识别标志的唯一性,例如LSV为上海大众,LFV为一汽大众,LSG为上海通用。

对完整车辆和/或非完整车辆年产量<500辆的车辆制造厂,车辆识别代号的第一部分为WMI,第二部分为VDS,第三部分的第三、四、五位与第一部分的三位字码一起构成WMI,其余五位为VIS,如图4-2所示。

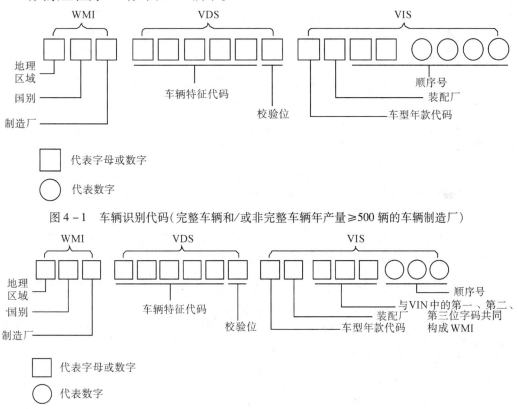

图4-1 车辆识别代码(完整车辆和/或非完整车辆年产量≥500辆的车辆制造厂)

图4-2 车辆识别代码(完整车辆和/或非完整车辆年产量<500辆的车辆制造厂)

VDS由六位字码组成,即VIN的第四位至第九位,如果制造厂不用其中的一位或几位字码,应在该位置填入制造厂选定的字母或数字占位。VDS第一位至第五位(VIN的第四位至第八位)是对车型特征的描述,其代码及顺序由车辆制造厂决定。其代号顺序由制造厂决定,该部分编码一般包含车辆类型、车辆结构特征、车辆装置特征以及车辆技术特性参数等信息。VDS的最后一位(VIN的第九位字码)为检验位,用0～9中任一数字或X表示,用以核对车辆识别代号记录的准确性。

VIS 由八位字码组成,即 VIN 的第十位至第十七位。其中,VIS 的第一位字码(VIN 的第十位)代表年份,30 年循环一次,见表 4-3 所列。VIS 的第二位字码(VIN 的第十一位)代表装配厂。如果车辆制造厂生产的完整车辆和/或非完整车辆年产量≥500 辆,此部分的第三位至第八位字码(VIN 的第十二位至第十七位)用来表示生产顺序号。如果车辆制造厂生产的完整车辆和/或非完整车辆年产量<500 辆,则此部分的第三、四、五位字码(VIN 的第十二位至第十四位)应与第一部分的三位字码一同表示一个车辆制造厂,第六、七、八位字码(即 VIN 的第十五位至第十七位)用来表示生产顺序号。

表 4-3 VIN 标识年份字码

年份	代码	年份	代码	年份	代码	年份	代码
2001	1	2011	B	2021	M	2031	1
2002	2	2012	C	2022	N	2032	2
2003	3	2013	D	2023	P	2033	3
2004	4	2014	E	2024	R	2034	4
2005	5	2015	F	2025	S	2035	5
2006	6	2016	G	2026	T	2036	6
2007	7	2017	H	2027	V	2037	7
2008	8	2018	J	2028	W	2038	8
2009	9	2019	K	2029	X	2039	9
2010	A	2020	L	2030	Y	2040	A

(6)厂牌型号。指机动车厂牌名称与车辆型号,如解放 CA141。

(7)核定载客/核定载质量。根据车辆行驶证注明的核定载客人数或核定载质量填写。客车填核定载客人数,货车填核定载质量,客货两用车填写核定载客人数/核定载质量。核定载客人数单位是人,核定载质量单位为 kg。

(8)排量/功率。车辆动力性的主要指标,汽车、摩托车等填排量,拖拉机等填功率。排量的单位为 L,功率的单位为 kW。

(9)初次登记日期。根据车辆行驶证上"登记日期"填写,它是理赔时确定被保险车辆实际价值的重要依据。

(10)已使用年限。指车辆自上路行驶到保险期限起始时已使用的年数,不足一年的不计算。

3. 特别约定

对于保险合同的未尽事宜,投保人和保险人协商后,在特别约定栏注明。如车损险车辆保险金额协商限额、投保人告知义务履行期限等。约定事项应简练、清楚,约定内容不得与相关法律、法规相抵触,否则无效。

4. 保险期间

机动车辆保险合同期限通常为一年。投保人也可以根据实际情况选择投保短期保险,但应符合适用条件并征得保险人同意。保险期间遵循契约自由原则,允许投保人在"零时起保"或者"即时生效"之间做出选择。

5. 保险合同争议解决方式

保险合同争议处理方式主要分为三种：协商、仲裁和诉讼。协商是指合同双方在自愿、互谅、实事求是的基础上，对出现的争议直接沟通，友好磋商，消除纠纷，求大同存小异，对所争议问题达成一致意见，自行解决争议；仲裁指由仲裁机构的仲裁员对当事人双方发生的争执、纠纷进行居中调解，并做出裁决；诉讼指合同双方将争议诉至人民法院，由人民法院依法定程序解决争议进行裁决。

6. 投保人签名/签章

投保人在对投保单所填写的各项内容核对无误，并对责任免除和被保险人义务明示理解后，须在"投保人签名/签章"处签名或签章，并填写日期。

投保人签名/签章对合同双方都非常重要。对保险人来说，投保人签名/签章说明以上填写内容是投保人遵循诚信原则填写的，且已理解保险条款内涵；对投保人来说，其签名/签章说明以上内容个人已履行如实告知义务，对合同的内容已经完全知晓。

4.2.2 投保的必要性

车辆投保的必要性主要表现在以下两方面：

(1) 遵守法律法规的表现。《道路交通安全法》第十七条规定："国家实行机动车第三者责任强制保险制度，设立道路交通事故社会救助基金。"《机动车交通事故责任强制保险条例》第二条规定："在中华人民共和国境内道路上行驶的机动车的所有人或管理人，应当依照《中华人民共和国道路交通安全法》的规定投保机动车交通事故责任强制保险。"第四条规定："公安机关交通管理部门、农业（农业机械）主管部门应当依法对机动车参加机动车交通事故责任强制保险的情况实施监督检查。对未参加机动车交通事故责任强制保险的机动车，机动车管理部门不得予以登记，机动车安全技术检验机构不得予以检验。"第三十九条规定："机动车所有人、管理人未按照规定投保机动车交通事故责任强制保险的，由公安机关交通管理部门扣留机动车，通知机动车所有人、管理人依照规定投保，处依照规定投保最低责任限额应缴纳的保险费的2倍罚款。"第四十条规定："上道路行驶的机动车未放置保险标志的，公安机关交通管理部门应当扣留机动车，通知当事人提供保险标志或者补办相应手续，可以处警告或者20元以上200元以下罚款。"从上述法律条款的规定可以看出，车辆所有人或管理人购买交强险是遵纪守法的表现，是保车辆顺利使用的基本条件。

(2) 规避风险的需要。我国近几年来道路交通事故仍保持在较高数量，所造成的直接经济损失十分惊人，给遭遇事故的车主带来经济上和精神上双重打击。除了道路交通事故以外，车辆所有者或管理者还面临着火灾、水灾、盗窃、冰雹等意外事故的威胁，所以有转嫁风险的需求。汽车保险正是顺应这种需求而得以迅速发展的。

4.2.3 投保阶段的义务与权利

1. 投保人权利

(1) 知情权。投保人有知晓保险公司车险收费标准、公司财务状况以及保险合同条款准确含义的权利。

不同型号、不同价格、新旧不同或用途不同的汽车，在购买车险时所交纳的保险费是不同的。投保人有权要求保险人为其明列收费细则及总额。

保险合同一旦生效,保险人就承担着保险合同约定的保险事故发生时履行赔偿的义务。因此,保险公司的财务状况是否良好决定着其偿付能力是否充足,这会直接影响被保险人能否顺利得到赔偿。因此,投保人在投保阶段有权知晓保险公司的财务状况和偿付能力的情况。

机动车辆保险合同是附和合同,由保险人一方制定,投保人只能选择要或不要,而不能更改合同内容。此外,投保人一般不具备机动车辆保险和相关法律条文方面的专业知识,很难在短期内充分了解合同条款中所使用的一些术语的含义。保险人应向投保人说明条款内容,特别是责任免除条款。也就是说,投保人在订立机动车辆保险合同时有权知晓机动车辆保险合同条款的准确含义。

(2)选择权。投保人的选择权包括选择保险公司和保险产品。

选择保险公司时主要考虑其经营规模、网点分布、服务质量、附加服务等。保险公司的经营规模直接关系到出险后的赔付能力,应尽量选择规模较大的保险公司进行投保。保险公司的网点分布决定了投保、理赔及其他商务往来的便利程度。保险公司的服务质量包括业务人员是否热情周到、恰如其分地介绍险种,履行条款解释义务,及时办理手续,送达保险单,是否及时通报新险种、新服务,出险后赔付是否及时,是否耐心听取客户意见和投诉。保险公司的附加服务是提高公司形象的重要手段,也是其提供的延伸产品,如提供定期回访、消费优惠、联谊会、免费救援、免费洗车、免费加油等附加项目。

选择保险产品时,主要考虑其保险责任、保险费用。目前,各保险公司都非常重视机动车辆保险产品的开发,使保险产品的品种和类型越来越丰富。面对市场上不断出现的新型机动车辆保险产品,投保人应该根据自身情况,挑选最为合适与满意的产品。选择保险产品时,首先要注意所选险种的保险责任与自己的风险是否对应,因为保险公司只承担保险责任范围内的事故损失的赔偿责任;其次,机动车辆保险产品的价格也是大多数投保人关注的重点,由于各保险公司经营成本不同,保险产品价格也有所区别,对此,投保人可根据公司提供的费率和各种优惠政策进行简单的费用计算,然后比较其价格高低,争取以较少的投入获得适合自身风险的较大保障。

(3)被保密权。投保人在履行如实告知义务、回答保险人提问时所涉及自身业务情况或财产情况的一些重要信息,甚至是个人隐私,有被保密的权利。

(4)退保权。除强制保险外,投保人具有随时退保的权利。退保分合同生效前退保、合同生效后退保。合同生效前退保的,保险人需扣减手续费退还保险费;合同生效后退保的,保险公司收取自保险责任开始之日起至合同解除之日止的保险费,退还剩余部分保险费。

2. 投保人义务

(1)告知义务。投保人在投保阶段应向保险人尽到告知义务,主要是关于投保车辆的基本情况:号牌号码、发动机号码、车架号码/VIN、购置日期以及审验情况;关于被保险车辆事故情况等保险公司需要知道的其他情况。上述内容投保人应根据实际情况如实回答。如果投保人对上述内容故意隐瞒的,一旦发生保险事故,被保险人将不会得到保险赔偿。

(2)按时交纳保险费义务。投保人应按约定及时交纳保险费。否则保险合同不生效。在投保人交纳保险费后,购买保险的手续才告结束。但是,如果保险合同的内容发生变化,投保人应该立即书面通知保险公司进行变更(批改)。同时,投保人还应注意维护保养被保险车辆,使车辆保持最佳运行状态,因为保险不等于"零风险"。

3. 保险人义务

投保人的权利即是保险人的义务。在投保阶段,特别是要强调保险人的告知义务。为此,《保险法》第十七条规定:"订立保险合同,采用保险人提供的格式条款的,保险人向投保人提供的投保单应当附格式条款,保险人应当向投保人说明合同的内容。对保险合同中免除保险人责任的条款,保险人在订立合同时应当在投保单、保险单或者其他保险凭证上做出足以引起投保人注意的提示,并对该条款的内容以书面或者口头形式向投保人做出明确说明;未作提示或者明确说明的,该条款不产生效力。"因此,在订立保险合同时保险人必须向投保人尽到告知义务,否则一旦发生纠纷,自身利益就有可能遭受损害。

4.3 核保业务

保险核保是指保险人对投保申请进行审核,决定是否接受承保这一风险,并在接受承保风险的情况下,确定保险费率的过程。核保可分为狭义核保和广义核保。狭义核保指核保人员根据核保规则、政策及权限,对具体的保险标的进行风险评估,决定是否同意承保和以何种条件承保的过程;广义核保指保险公司根据市场环境和公司发展策略,通过对不同区域、行业及险种经营效益的分析,制定具体的核保政策并建立相应的核保组织体系。核保是承保业务中的核心业务,而承保部分又是保险公司控制风险、提高保险资产质量最为关键的一个步骤。目前各保险公司均采用计算机自动核保方式,大大提高了效率和减少了错误,但在自动核保无法判断、高价值车辆投保等复杂情况下,仍需充分重视人工核保的重要性。

4.3.1 核保的原则和意义

1. 核保的原则

1) 实现长期的承保利润

(1) 通过对保险标的进行严格的核保,以争取优质的业务进行承保,保证保险公司经营效益。

(2) 避免只重数量不重质量的片面做法,以利于保险公司的长远发展。

2) 提供高质量的专业服务

(1) 核保是对承保风险的专业评估,可以为客户设计优化保险方案,以充分满足客户要求,稳定客户数量。

(2) 通过统一的标准,公正对待每一位客户,一视同仁地确定承保条件和费率,确保每个投保人所支付的保险费能真实反映风险等级的大小,让客户信服。

3) 争取市场的领先地位

(1) 保险公司加强对核保人员的培训,完善对风险评估和保险方案确定的技术,形成技术的先进性,以保持其在市场的竞争优势。

(2) 通过不断提高承保技术,拓展新的业务领域,保持市场的领先优势。

4)谨慎运用公司的承保能力

(1)保险公司的承保能力是有限的,核保工作可以较好地控制公司的承保风险。

(2)可以不断积累核保经验,为以后高风险项目的承保工作做好准备。

5)实施规范的管理

(1)遵守国家法律、地方法规。

(2)遵守行业规章及公司的制度和市场准则。

6)有效利用再保险支持

(1)再保险也称分保,是保险人在原保险合同的基础上,通过签订分保合同,将其所承保的部分风险和责任向其他保险人进行保险的行为。

(2)核保工作可以深入评估承保风险,充分利用再保险资源,分散风险、扩大公司承保能力,稳定经营成果。

2. 核保的意义

(1)排除道德风险。保险公司经营存在信息不对称的问题。对标的情况和相关风险,投保人或被保险人比较了解,而保险人却难以做到完全知晓。由于种种原因,标的的完整、准备信息始终不能为保险人全部获悉,而这可能导致投保人或被保险人的道德风险,从而给保险公司经营带来巨大的潜在风险。保险公司通过核保制度,由专业人员运用专业技术和丰富的经验对投保标的进行风险评估,最大限度地解决信息不对称问题,排除道德风险,有效降低保险欺诈案件的发生。

(2)确保业务量,实现稳定经营。保险公司要稳定经营,关键是控制承保质量。但是保险销售与核保存在着矛盾。保险销售是保险活动的基础,只有数量充足才能发挥分散风险的作用,才能建立可靠的保险基金。然而随着销售量的增大,风险也会增多,必须通过核保工作来保证业务质量,降低经营风险。

(3)提供高质量专业服务。核保工作的核心是对承保风险的专业评估,因而保险公司可以为客户提供全面和专业的风险管理建议,从而实现最有效的风险保障。

(4)为保险中介市场的建立和完善创造必要的前提条件。由于保险中介组织经营目的、价值取向的差异以及从业人员的水平等问题,保险中介所提供的服务质量参差不齐。核保制度是对中介业务质量控制的重要手段,其为保险中介市场的建立和完善创造了必要前提条件。

4.3.2 核保制度的建立

1. 核保机构

核保机构是指保险公司内部运行的以核保工作为主要目的的组织结构体系。

1)机构设置原则

(1)控制原则。通过核保制度的建立和运作,实现对业务质量的有效控制,遏制只求量不求质的错误行为。

(2)统一原则。通过核保制度,确保产品和服务的统一,确保风险的同质性,避免因竞争导致对客户服务标准的降低;同时由于核保的专业性和规范性也能有理有据地拒绝或接收某些客户,让客户信服。

(3)高效原则。通过核保制度的高效运作,提高企业的效率,提高业务承保的速度,降低管理成本,提升公司盈利水平。

2)机构设置模式

(1)分级设置模式。根据内部机构设置情况、人员配备情况、开展业务需要、业务技术要求等设立数级核保组织。分级设置模式是我国保险公司普遍采用的基本模式,一般在各省分公司内设立三级核保组织,即省分公司、地市分公司(营业部)、县(市)支公司(营业部)。

(2)个案分派模式。根据险种类别、保险金额、投保方式、所处区域或代理人分派个案核保人员。核保人员可以根据自己专业、特长专门从事某一类型的核保工作,有利于提高效率和改善服务。

(3)核保中心模式。在一定的区域范围内设立一个核保中心,通过计算机网络技术对所辖的业务实行远程核保。这种模式的最大优点在于,一方面所有经营机构均可得到核保中心的技术支持,最大限度地实现技术和优势共享;另一方面核保中心可对各机构的经营行为实行有效控制和管理。按照核保管理集中的趋向,核保中心将成为今后保险公司核保的一个重要模式,同时网络技术的发展和广泛应用,为集中核保提供了有利的条件和必要的技术保障。

2. 核保人员的资格管理及核保等级和权限

1)核保人员的资格管理

核保人员的资格取得必须具备相应的条件,如受教育情况、从事核保以及相关工作的经历、通过核保人员资格考试等。

对核保人员的资格管理可实行"评聘分离"原则,即首先通过核保人员资格考试获取任职资格,然后再考虑是否能给予核保岗位及相关权限从事核保工作。同时,对受聘的核保人员应建立其工作档案,记录其工作情况,作为其晋升或继续使用的依据。

对核保人员进行定期和不定期的培训是核保工作的关键。其目的是及时更新核保人员的专业知识,领会公司近期对业务发展的总体精神,掌握公司对核保工作的具体要求,从而适应市场不断变化、业务不断调整、条款不断更新、费率不断改革的工作环境。

2)核保等级和权限

目前一般分为三个等级,根据核保人员及工作的不同等级,授予不同的权限。

一级核保人员主要负责审核特殊风险业务,包括高价值车辆的核保、特殊车型业务的核保、车队业务的核保、投保人特别要求业务的核保,以及下级核保人员无力核保的业务。同时,还应及时解决其管辖范围内出险的有关核保技术方面的问题,如果自己无法解决应及时向上报核保部门反映。

二级核保人员主要负责审核非标准业务,包括不属于三级核保人员业务范围的非标准业务,及在核保手册中没有明确指示核保条件的业务,主要是指在日常工作中可能出现的承保条件方面的问题,如保险金额、赔偿限额、免赔额等有特殊要求的业务。

三级核保主要是计算机自动核保,即由计算机根据既定规则库进行自动审核。

3. 核保手册

核保手册,即核保指南,是将公司对于机动车辆保险核保工作的原则、方针政策,机动车辆保险业务中涉及的条款、费率以及相关的规定,核保工作的程序和权限规定,可能遇到的各种问题及其处理的方法,用书面文件的方式予以明确。

核保手册是核保工作的主要依据,内容涵盖核保原则、方针、政策、条款和费率的解释,保险金额的确定,可能遇到的问题及处理方法,核保程序和权限等。通过核保手册,核保人员能够按统一标准和程序进行核保,可实现核保工作的标准化、规范化和程序化。

4. 管理制度

核保管理制度是保险公司为了规范核保人员自身的行为,加强日常管理,维护工作秩序,提高工作效率,经过一定的程序制定的管理规范,是公司管理的依据和准则。

核保管理制度一般包括工作原则、工作程序和范围、位职责及奖惩办法等,各公司可根据自身需求制订相关核保管理制度。

4.3.3 核保操作

1. 核保操作的基本流程

核保操作没有统一的方案,各公司应根据核保制度的精神,结合自身业务和经营特点确定合适的方案,其核心是体现权限管理和过程控制。图4-3所示为某保险公司的推荐核保操作流程。

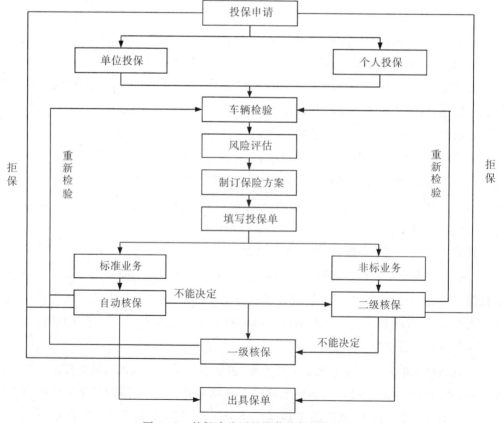

图4-3 某保险公司的推荐核保操作流程

2.核保的依据

核保工作应根据公司核保管理制度以及核保手册的规定进行。但是由于环境的变化、标的的异同,核保过程中可能出现一些新问题,而核保手册对比没有明确规定。此种情况下,二级和一级核保人员应注意运用保险的基本原理、相关的法律法规和管理制度,通过研究分析来解决,必要时应请示上级核保部门。

3.核保的具体方式

核保的方式通常可以分为标准业务核保和非标准业务核保、事先核保和事后核保、集中核保和远程核保等。

(1)标准业务核保和非标准业务核保。标准业务是指常规风险的业务,这类风险的特点是其基本符合机动车辆保险险种设计所设定的风险情况,按照核保手册就能进行核保。通常由三级核保人员完成标准业务的核保工作。非标准业务是指风险较大的业务,如保险价值浮动超过核保手册规定范围的业务、高档车盗抢险业务、集团车险业务、特殊车辆业务等,而核保手册对这类业务没有明确规定,无法完全按照核保手册进行核保,对于这种情况,应由二级或一级核保人员进行核保,必要时核保人员应当向上级核保部门请示。

(2)事先核保和事后核保。事先核保是指投保人提出申请后,核保人员在接收承保之前对投保人、被保险人以及保险标的的风险进行评估和分析,决定是否承保,在决定承保的基础上,对承保标的的风险状况,运用保险技术手段,控制自身的责任和风险,以合适的条件予以承保。事后核保是保险人承保后发觉保险标的的风险超出了预期而对保险合同做出淘汰的选择,或对标的的金额较小、风险较低、承保业务技术比较简单、经营机构或代理机构偏远、保险公司从人力和经济的角度难以做到事先核保的业务给予先行承保,而采用事后核保的方式。事后核保的结果表现:继续承保;保险合同期满后不再续保;发现被保险人有错误申报的重要事实或欺诈行为后解除合同;行使合同终止权终止合同效力等。

(3)集中核保和远程核保。集中核保可有效解决统一标准和规范业务的问题,实现技术和经验最大限度的共享。但集中核保的困难是经营网点分散,缺乏便捷和高效的沟通渠道。远程核保就是建立区域性的核保中心,利用互联网等现代通信技术手段,对辖区内的所有业务进行集中核保。这种方式不仅可以利用核保中心人员技术的优势,还可以利用中心庞大的数据库,实现资源共享。同时,还有利于对经营过程中的管理疏忽及道德风险实行有效防范。

(4)计算机智能核保和人工核保。计算机智能核保可大大缓解人工核保压力,提高核保的效率和准确性,减少核保过程中的人为负面因素。但计算机不可能解决所有核保问题,对一些非程序化、非常规业务的核保,仍离不开人工参与。

4.核保的主要内容

1)审查投保单

投保单的审查可分为形式审查和内容审查。形式审查主要看投保单所填写的各项内容是否完整、清楚。内容审查是看所填写的各项内容是否准确。判断准确与否主要查验投保人、被保险人和投保车辆的各种有效证件。

2）验证

结合投保车辆的有关证明（如车辆行驶证、介绍信等），进行详细审核。首先检查投保人的称谓与其签章是否一致。被保险人是否是车主，如果不是，需要投保人提供被保险人对投保车辆具有可保利益的证明。其次，检验投保车辆的行驶证是否与保险标的相符，投保车辆是否年检合格，以核实投保车辆的合法性，确定其使用性质。可以通过检验车辆的号牌号码、发动机号码是否与行驶证上一致等方式来验证。

3）查验车辆

根据投保单、投保单附表和车辆行驶证，对投保车辆实行实际查验。包括：

（1）确定车辆是否受损，是否有消防和防盗设备等。

（2）车辆的实际号牌号码、车型及发动机号、车身颜色等是否与行驶证一致。

（3）车辆的操纵安全性与可靠性是否符合要求，重点检查转向、制动、灯光、喇叭、雨刮器等涉及操纵安全性的部件。

（4）检查发动机、车身、底盘、电气部分的技术状况。

根据检验结果，确定整车的新旧程度。对于家庭用车，一般需要填具验车单，附于保险单的副本上。

由于目前投保的机动车数量大，需要查验的项目多，导致车辆查验工作的业务量太大，因此，可对一些重点车辆或重点项目进行检查。

重点车辆包括：首次投保车辆；未按期续保车辆；投保第三者责任险后又加保车辆损失险的车辆；申请增加附加险的；接近报废的车辆；特种车辆；重大事故后修复的车辆等。

重点项目包括：号牌、车型、发动机号、车架号、车身颜色是否与行驶证一致，目的是避免拼装车；是否按期年检，目的是避免报废车或不合格车；设备的齐全性，包括消防和防盗设备，目的是控制风险；车辆技术状况，车辆有无损伤和修复、转向性能、制动性能等，目的是确定车辆的新旧及技术状况。

4）核定保险费率

根据投保单上列出的车辆情况和保险公司的《机动车辆保险费率标准》以及相关费率规定，逐一确定投保车辆的保险费率。确定保险费率时，主要是依据车辆的使用性质、车辆种类、实际价值、车龄、驾驶员信息等。

5）计算保险费

根据各险种保险费的计算公式进行。核保的重点之一就是检查保险费的计算是否正确。

6）核保的重点项目

（1）审核投保单是否按照规定的内容与要求填写，有无错漏；审核保险价值与保险金额是否合理；对不符合要求的，退给业务人员要求其指导投保人进行更正。

（2）审核业务人员或代理人是否验证车辆和进行投保单的初审，是否如实向投保人履行了告知义务,对特别约定的事项是否在特约栏内注明,特别约定事项是否合理合法。

(3)审核费率标准和计收保险费是否正确。

(4)对于高保险金额和投保盗抢险的车辆,审核有关证件,查验实际情况是否与投保单的填写一致,是否按照规定拓印发动机号码和车架号存档。

(5)对高发事故和风险集中的投保单位,提出限制性承保条件。

(6)对费率标准中没有列明的车辆和情况,视风险情况提出厘定费率的意见。

(7)审核其他相关情况。

核保完毕后,核保人在投保单上签署意见。对超出本级核保权限的,及时上报上级核保人员或部门核保。核保完毕后,核保人将投保单、核保意见一并转出单部门缮制保险单证。

5. 核保风险控制

1)控制保险金额和保险责任

对高风险业务,可采取限制保险金额或者保险责任的方式,运用比例投保或比例赔付的方式进行控制;对于风险低、赔付率低的优质业务,则可适当提高保险金额和保险责任,以吸引客户,提高利润。

2)险种组合策略

相对于某一类高风险业务,可以通过历史数据的分析,分别确定高赔付率险种和低赔付率险种,通过险种间的组合,降低某类业务的风险。

3)免赔额控制

对于出险频率高的高风险业务,为了减少出险次数,需要投保人或被保险人自身做好风险预防工作。保险人可采用增加每次事故免赔额的方式来督促投保人或被保险人增强风险意识,避免风险事故的发生。例如对于家庭自用车的划痕险,由于出险率比较高,就可采用免赔额控制的方法,设置每次事故绝对免赔额甚至是递进免赔额来迫使投保人或被保险人提高风险防范意识,同时也能够有效防止投保人的道德风险。

4.3.4 科学核保体系的建立

在目前条件下,建立科学、合理的汽车保险核保体系,主要是要做到以下几点:

(1)建立人工与自动、事前与事后、现场与网络、个案与总体相结合的核保体系。核保至少应包括八个方面:一是基础核保。即受理投保时对有关信息的收集,包括对车辆的检验,主要由代理人和业务员进行。二是自动核保。根据事先厘定的费率和收集到的客户与车辆信息,由计算机程序自动确定适用的条款类型和费率档次;运用技术手段进行自动校验和控制。三是管理核保。主要审核业务流程、投保要素、适用险种、费率、具体业务操作等是否规范。四是经验核保。即根据以往业务经验积累的核保标准,对易出险、易发生争议之处的专门审核。五是复查核保。即承保出单后对保单的再次审核清分,主要根据对保单的追踪和客户回访,考察投保人是否违反如实告知义务、标的真实风险状况、费率适用是否正确等。其中,对代理业务的事后审核尤为重要。六是续保核保。续保业务与新保业务具有不同的特点,核保的侧重点也有所不同。续保核保应结合客户上期出险、赔付情况决定适用的险种、费率及无赔款优待,并对大客户和分散性客户区别对待,采用不同的技术和方法。七是追溯核保。即在保单出险或终止后,结合对保单出险、赔付信息的统计分析,将新的核保标准补充到核保制度中。八是总体核保。即对某一地区或全公司总体风险水平的动态评估和监控。上述各环节相互关联,互为补充,分工协作,共同构成车险核保体系。

(2) 科学制定核保标准。虽然核保中应允许核保人员加入一定的个人经验,但主要还应依据事先确定的标准进行,明确、统一、规范的核保标准是切实保证核保工作顺利开展,确保核保作用的充分发挥,增强核保效果的基础,也有利于提高业务经营的标准化、规范化程度。

核保标准的制定首先必须在对以往业务数据与核保经验数据的统计分析的基础上进行,以保证标准的客观性与科学性,因此必须注重核保数据库的建立和数据管理。其次费率厘定的过程实际上也是对标的风险进行归类进而制定核保标准的过程,因此,在厘订费率时应兼顾核保的需要。再次应针对不同的岗位(如管理核保和复查核保)、不同的客户群体(如私人和车队)、不同的业务种类(如新保和续保)、不同的车辆种类(如客车和货车等)制定差别化、精细化的核保标准。最后应实现稳定性与灵活性相结合。

(3) 实行岗位责任制,明确责权利,加强考核制度建设。首先,要科学设置核保岗位。根据前述核保环节和实际工作需要设立核保岗位,并明确职责权限。其次,要相应进行人员配备。各岗位应由专业人员负责,不应由业务员或出单员兼任或让同一核保人员兼任多个岗位,从而强化监督机制。再次,要授予核保人员充分的权力,排除对核保工作的干预。最后,要建立健全考核制度,将核保人员的责任、个人利益与核保结果和业务质量等挂钩,充分调动其积极性,增强责任心。

(4) 注重人才培养,优化人员配置。一是建立专业化的核保队伍,如实行专业核保师技术职务系列,培养不同级别的核保师。二是专业与非专业相结合。核保主要由专业核保岗位的人员进行,但又不限于专业人员,其他人员,如展业人员、代理人员等的密切配合与参与也必不可少,不能忽视后者的辅助作用,否则将导致核保工作链脱节。三是应树立全员核保意识。核保是一项综合性工作,核保体系的建立是一项系统工程,展业人员、理赔人员、信息技术人员、财务人员、统计人员等与核保工作均有密切联系,都应树立核保意识,参与核保体系的完善,提供强有力的支持。

(5) 加强核保电子化、信息化建设进程。逐步搭建核保电子化信息网络平台,为核保工作的开展提供技术支持。并利用信息技术提高核保工作效率,加强核保控制力度,提高业务管控能力与水平,完善核保数据库的建立和管理。

4.4 缮制与签发单证

核保通过后,制单部门工作人员缮制保险单证。保险单证缮制完毕后,制单人应将保险单证、投保单及其附表一起送复核人员复核。复核人员复核无误后,通知业务人员向投保人收取保险费,并对投保单、保险单证、保险费发票等进行清理归类,最后将交强险与商业险的保险单、保险证、保险标志、保险费发票等交投保人查收。

4.4.1 缮制单证

制单部门工作人员接到投保单及其附表以后,根据核保人员签署的意见,即可开展缮制保险单证工作。

缮制保险单证时应注意以下几点:

(1)双方协商并在投保单上填写的特别约定内容,应完整地载明到保险单对应栏目内,如果核保有新意见,应根据核保意见修改或增加。

(2)保险单原则上应由计算机出具,暂无计算机设备而只能由手工出具的,必须得到上级部门的书面同意。

(3)缮制的保险单证中保险合同的主体、客体和内容等要素要明确。数字要准确,避免因数字的微小疏忽,给双方造成重大损失或导致不必要的纠纷。

(4)缮制好保险单后,应将承保险种对应的所有保险格式条款附贴在正本之后,并统一加盖骑缝章。

(5)汽车保险合同实行一车一单(保险单)和一车一证(保险证)制。根据保险单打印汽车保险证并加盖业务专用章。汽车保险证应与保险单同时签发,且内容必须一致。保险单是保险索赔的有效文件,应提醒投保人妥善保存;保险证是随车携带的资料,以便出现保险事故后能顺利报案。

4.4.2 复核单证

复核人员接到投保单、保险单证及其附表后,应认真对照复核。复核无误后,复核人员通知收费人员收取保险费。

4.4.3 收取保险费

收费人员经复核保险单无误以后,向投保人核收保险费,并在保险费发票"收款人"处签字盖章,并加盖公司财务专用章。

4.4.4 保险单证补录

在不得已情况下由上级部门书面批准可以手工出具保险单证,但必须按照所填内容录入到保险公司计算机数据库中。补录内容必须完整准确,补录时间不得超过出单后的第7个工作日。

4.4.5 保险单证清分与归类

对投保单、保险单、保险费发票、保险证,应当由专业人员清理归类。投保单的附表要加贴在投保单的背面,需加盖骑缝章。清分时,按下列要求进行:

(1)清分给投保人的单证:交强险保险单正本及副本(交投保人联及公安交管部门留存联)、交强险条款、交强险标志、商业险保险单正本(被保险人留存联)及条款、机动车综合商业保险免责事项说明书、保险证、保险费发票(保户留存联)等。

(2)财务部门留存的单证:保险费发票(财务留存联)、交强险保险单与商业险保险单副本(财务留存联)。

(3)业务部门留存的单证:交强险保险单与商业险保险单副本(业务留存联)、投保单、保险费发票(业务留存联)。留存业务部门的单证,应由专人保管并及时整理、装订、归档。归档时,应注意以下顺序:承保单位应按保险费发票、保险单副本、投保单及其附表的顺序进行归档;保险单应按流水号码顺序排列(含作废保险单),装订成册,封面及装订应按照公司档案规定办理,并标明档案保存期限;对回收作废的单证要集中销毁,并登记;保险监制单证的使用应符合保监会的规定和要求。

4.4.6 相关单证

1. 交强险单证

交强险单证是指投保人与保险公司签订合同,证明强制保险合同关系存在的法定证明文件,由保监会监制,式样全国统一。交强险单证可分为交强险保险单(表4-1)、定额保险单和批单三个类别。交强险保险单、定额保险单均由正本和副本组成。正本由投保人或被保险人留存,副本包括业务留存联、财务留存联和公安交管部门留存联。公安交管部门留存联由保险公司加盖业务章后交投保人或被保险人,由其在公安交管部门进行注册登记、检验后等交公安交管部门留存。交强险保险单及批单必须由计算机出单;交强险定额保险单在不得已情况下可以手工出单,但需要在7个工作日内据实补录到计算机数据库中。除摩托车和农用拖拉机可使用定额保险单外,其他投保车辆必须使用交强险保险单。在缮制交强险保险单时,应特别注意保险合同生效时间的规定。由于保险单中对保险期间有关投保后次日零时生效的规定,使部分投保人在投保后、保单未正式生效前的时段内得不到交强险的保障。为此保监会于2009年3月25日下发了《关于加强机动车交强险承保工作管理的通知》,规定以后投保人购买交强险可享受"即时生效"政策,不必担心在投保生效前发生事故。规定建议各公司可在交强险承保工作中采取以下适当方式,以维护被保险人利益:一是在保单中"特别约定"栏中,就保险期间作特别说明,写明或加盖"即时生效"等字样,使保单自出单时立即生效;二是公司系统能够支持打印体覆盖印刷体的,出单时在保单中打印"保险期间自×年×月×日×时……"覆盖原"保险期间自×年×月×日零时起……"字样,明确写明保险期间起止的具体时点。

2. 交强险标志

交强险标志是根据我国法律、法规有关规定,由保险公司向投保人核发的,证明其已经投保的标志。交强险标志由保监会监制,全国统一式样,可分为内置型(图4-4)和便携型(图4-5)两种。具有前风窗玻璃的被保险车辆应使用内置型;不具有前风窗玻璃的被保险车辆应使用便携型。内置型标志为椭圆形,长88 mm,宽75 mm,正面印有"强制保险标志""年份""月份""中国保险监督管理委员会监制"以及作为光栅背景的"SALI"等;背面印有"流水号""保险单号""号牌号码""保险期间""承保公司""服务电话""注释"以及"月份反面文字"等。内置型标志正面涂胶,使用时将正面张贴在前风窗玻璃处。便携型标志为圆角长方形,长90 mm,宽60 mm,正面印有"强制保险标志""年份"以及"中国保险监督管理委员会监制"等;背面印有"流水号""保险单号""号牌号码""保险期间""承保公司""服务电话"以及"注"等。内置型标志使用时可放置在行驶证或驾驶证中。为便于识认,交强险标志颜色方案每年一换,但根据保监会规定,从2011年开始,交强险标志循环执行2008、2009和2010年度到期的三套交强险标志的颜色标准。交强险标志除正面文字"年份"按到期年份变更和颜色标准定期轮换外,其他各项标准仍按照《关于规范机动车交通事故责任强制保险单证和标志管理的通知》(保监发[2006]60号)的规定执行。

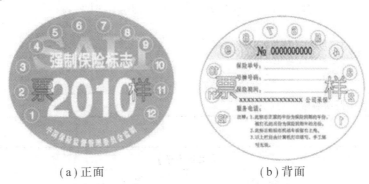

(a)正面　　　　　　　　(b)背面

图4-4　2010年内置型交强险标志

(a)正面　　　　　　　　(b)背面

图4-5　2010年便携型交强险标志

3. 商业保险保险单

××××财产保险股份有限公司机动车商业保险保险单样式见表4-2所列。

4. 保险证

××××财产保险股份有限公司机动车保险证样式见表4-4所列。

表4-4　××××财产保险股份有限公司机动车保险证

(一联)

【注意事项】
一、请您将本证随车携带,不得转借、涂改、伪造;如有遗失请立即通知本公司。 二、本证内容如有更改,请您及时向本公司申请办理批改手续。 三、请您接受交通管理人员和本公司理赔人员的检查。 四、如发生保险责任范围内的事故,请及时向公安交通管理部门和本公司报案。 五、本车发生保险事故后如需修理,您应事先同本公司协商确定车辆的维修方式、项目和修理费用,否则本公司有权重新核定或拒绝赔偿。 六、发生第三者责任范围内的事故后,未经本公司书面同意,您自行做出的承诺或支付的赔偿金额,本公司有权重新核定或拒绝赔偿。 七、本车发生保险责任范围内的损失应由第三方负责赔偿的,未经本公司同意,不得自行放弃追偿权。

(二联)

保险单号:			
被保险人:			
号牌:		厂牌型号:	
发动机号:		车架号:	
保险期间:自 年 月 日 时起至 年 月 时止			
客服电话:			
报案电话:			
报案地址:			
×××财产保险股份有限公司(签章)			

(三联)

【保险责任】			
险种名称	保额/限额	险种名称	保额/限额

4.5 批改、续保与退保

4.5.1 批改

批改是指在保险单证签发后,即保险合同有效期间内,如果保险事项发生变更,经保险双方当事人同意办理变更合同内容的手续。经批改所签发的一种书面证明称为批单。

保险合同签订之后,保险合同的双方当事人都应严格遵守并履行合同所规定的内容,任何一方都无权擅自变更合同,但是在保险有效期内,由于实际情况的变化,对合同内容所规定的有关事项会产生变更的要求,如被保险人名称、保险财产占用性质、保险财产所在地址、保险财产危险程度等事项的变更和投保科目(或投保项目)、保险金额的增减以及单位撤并、中途加保附加险等,若不及时办理变更的批改手续,在保险财产遭受保险责任范围内的事故损失时,因与合同规定不符,会影响到保险的赔偿处理。因此,在保险合同有效期内,被保险人名称、保险财产占用性质、保险财产所在地址、保险财产危险程度等事项如有变更,投保人应当及时向保险人申请办理批改手续。保险合同内容变更的批改手续,一般由投保人提出申请,填写批改申请书,经保险人同意后出具批单。批单是保险合同的组成部分,具有同等的法律效力。

1)批改内容

根据各保险公司机动车辆保险条款的规定,在保险合同有效期内,合同主体、客体与内容变更时,投保人应事先书面通知保险人申请办理批改手续,具体内容包括:

(1)被保险人变更;

(2)被保险车辆增、减危险程度;

(3)被保险车辆变更使用性质;

(4)保险责任限额增减;

(5)加保或退保部分险种;

(6)保险费变更;

(7)保险期间变更;

(8)变更其他事项。

上述情况发生变化后,投保人都需申请办理批改手续。为提醒被保险人注意,一般汽车保险单上都有如下字样:"被保险车辆转卖、转让、赠送他人或变更用途,应书面通知保险人并办理变更手续。"

2)批改程序

首先由投保人填具批改申请书,提出要求修改保险合同的项目和原因(表4-5)。其次,保险公司审核同意后,出具批单给投保人存执,存执粘贴于保险单正本背面,同时批改变动保险证上的有关内容,并在改动处加盖保险人业务专用章。最后新的保险合同生效。

表4-5 ××××财产保险股份有限公司机动车辆保险批改申请书

××××财产保险股份有限公司:

本人投保的＿＿＿＿＿＿＿＿＿＿(号牌号码)＿＿＿＿＿＿＿＿＿＿(厂牌型号)车辆,保险单号＿＿＿＿＿＿＿＿＿＿,因＿＿＿＿＿＿＿＿＿＿(原因),向贵公司申请办理变更手续。具体申请变更内容如下:

变更项目	变更前	申请变更为

特此申请

投保人签章:

年　月　日

3)批改方式

《保险法》规定:"变更保险合同的,应当由保险人在保险单或者其他保险凭证上批注或者附贴批单,或者由投保人和保险人订立变更的书面协议。"在实际工作中大都采用出具批单的方式,批单应采用统一和标准的格式。

4)批单措辞

批单措辞通常包括:批改申请人、批改的要求、批改前的内容、批改后的内容、是否增加保险费、增加保险费的计算方式、增加的保险费,并明确除本批改外原保险合同的其他内容不变。例如,××××财产保险股份有限公司变更机动车辆使用性质的批单见表4-6所列。

表4-6 ××××财产保险股份有限公司机动车辆保险批单

批单号:	保险单号:
被保险人:	

兹告知:

根据投保人的申请,经双方同意本保险单中被保险车辆的使用性质由原来的"家庭自用"自2010年5月1日零时起变更为"出租/租赁"。为此,多加收保险费合计人民币525元。

除本批改为保险单其他条件不变,特此批注。

××××财产保险股份有限公司(签章):

年 月 日

5)批改效力

有关批改效力一般规定:批改的效力优于原文。如存在多次批改,最近一次批改的效力优于之前的批改,手写批改的效力优于打印的批改。

4.5.2 续保

续保是指在原有的保险合同即将期满时,投保人在原有合同的基础上向保险人提出继续投保的申请,保险人根据投保人的实际情况,对原有合同条件稍加修改而继续签约承保的行为。

对投保人来说,通过及时续保,一方面可以从保险人那里得到连续的、可靠的保险保障与服务;另一方面,作为公司的老客户,可以在保险费率方面享受续保优惠。对保险人来说,老客户的及时续保,可以稳定业务量,同时还能利用与投保人建立起来的关系,减少许多展业工作量与费用。因此,续保是一项"双赢"的重要工作。

在办理机动车辆续保时,投保人应提供下列单据:

(1)上一年度的机动车辆保险单;

(2)被保险车辆经公安交通管理部门核发并检验合格的行驶证和号牌号码;

(3)所需保险费。

在续保时,保险人应注意:

(1)续保业务一般在原保险期到期前90天开始办理。为防止续保后至原保险单到期这段时间发生保险责任事故而影响保险费,在续保通知书内应注明:"出单前,如有保险责任事故发生,应重新计算保险费;全年无保险责任事故发生,可享受无赔款优待"等字样。

(2)及时对保险标的进行再次审核,以避免保险期间中断。

(3)如果保险标的的危险程度有所变化,应对保险费率做出相应调整。

(4)保险人应根据上一年的经营状况,对承保条件和费率作适当调整。

4.5.3 退保

退保是指在保险合同没有完全履行时,经投保人向保险人申请,保险人同意,解除双方由合同确定的法律关系,保险人按照《保险法》及合同的约定退还保险费。

退保时,投保人填具退保申请书,说明退保理由和退保时间,签字或盖章,将退保申请书递交保险公司。保险公司业务部门对退保申请进行审核后出具退保批单,批单上注明退保时间及应退保险费金额,同时收回保险单。然后退保人持退保批单和身份证,到保险公司财务部门领取应退还的保险费。

对于交强险,投保人可以解除合同的主要理由包括:
(1)被保险机动车辆被依法注销登记的;
(2)被保险机动车辆办理停驶的;
(3)被保险机动车辆经公安机关证实丢失的。

对于机动车辆商业保险,投保人可以解除合同的主要理由包括:
(1)被保险机动车辆被依法注销登记的;
(2)被保险机动车辆办理停驶的;
(3)被保险机动车辆转卖他人的;
(4)对保险公司不满,更换保险公司的。

办理退保的机动车辆必须符合下列条件:
(1)机动车辆的保险单必须在有效期内;
(2)在保险单有效期内,车辆没有向保险公司报案或索赔过可退保,从保险公司得到过赔偿的车辆不能退保;仅向保险公司报案而未得到赔偿的车辆也不能退保。

退保时投保险人所需提供的单据主要包括:
(1)投保人退保申请书;
(2)保险单正本,如遗失需事先补办;
(3)保险费发票原件,特殊情况可复印件;
(4)被保险人同意退保证明;
(5)委托他人办理的,应当提供投保人的委托书、委托人的身份证;
(6)证明退保原因的文件,如因车辆报废而退保,需提供报废证明;如因车辆转卖他人而退保,需提供过户证明。

课后案例思考

1. 刘某于2006年购置一辆普桑,用于上下班代步用,并一直在当地保险公司投保。2007年,在上一年合同未到期之际,刘某感到自用车费用太高,经朋友介绍,将车辆挂靠到当地一家汽车租赁公司从事租赁营运,并与汽车租赁公司签订了租赁合同。

思考:你作为一名保险公司业务员,如何建议刘某处理原来的车辆保险?

2. 张先生,35 岁,驾龄两年,新购置了家庭自用轿车一辆,新车购置价 25 万元。车辆核定载客人数为 5 人。平时一般停放在自家楼下道路旁侧,无人看守。张先生的妻子驾龄一年。两人均喜欢驾车旅游。

思考:你作为一名保险公司业务员,应如何为张先生制定比较合理的汽车保险方案?

3. 某市保险公司汽车保险核保管理制度如下:

××市保险公司车险业务核保管理制度

总　则

为提升车险的经营管理水平,健全和完善业务管理体系,确保车险业务良性发展,结合省公司的两核中心集中式核保核赔管理体制,为实现公司高起点发展的战略目标,根据总公司有关核保管理的相关规定,制定本制度。

第一章　核保工作基本原则

第一条　遵守《保险法》及国家相关政策、法律法规;遵守保险监管部门各项规定;遵守省公司有关业务管理规定。

第二条　树立风险意识,认真识别和评估风险并做出正确的风险选择。

第三条　以保险原理和专业技术为手段,尊重相关行业技术规范,避免"经验"主义行为。

第四条　对所有审核业务,做到客观公正、公平。

第五条　在向省公司核保部门上报和沟通业务时,应本着客观的原则,真实、全面地反映业务情况,以便省公司正确核保。

第六条　核保员对在核保过程中接触到的业务信息和资料负有保密义务,不得对其他公司或本公司其他人员透露,核保资料要妥善保管并及时归档。

第七条　核保员务必以高度的责任感,为促进公司业务持续、稳健地发展而努力工作。

第二章　核保工作程序与范围

第八条　业务单位业务上报

一、业务经办人应提供详尽的投保资料,并确保投保资料的真实性和准确性。如上报业务同时有无法核实的疑问,应在上报时清楚说明。

二、对于其他与业务有关的特殊要求,业务经办人必须提供书面的材料,并由所在业务单位出单主管及负责人签署意见后才能根据相关规定处理。

三、所有合同、协议、书面承诺、投标书、服务承诺等对外书面材料,均须公司核保部门核保审批,未得到书面批复,业务经办人不得向外提供或签署此类文件。

四、业务经办人对"一揽子"业务的情况在呈报表中应清楚说明,以便核保部门总体协调,把握核保策略。

五、业务经办人应实事求是地上报每笔业务,不得有任何虚假成分。如果因业务经办人上报资料不真实导致核保员错误判断或误核,业务经办人将承担主要责任,业务单位主管负连带责任。

第九条　直接业务核保

一、在收到上报业务后,在公司核保权限内的业务,核保员应在五分钟内给出明确核保意见,包括同意、不同意、修改部分承保条件后再上报等。

二、对存在疑问的上报业务,核保人必须主动联系有关人员,做必要的调查,弄清存在的问题。

三、对超过公司权限需上报省公司的业务,核保员应做到及时上报、沟通,在其后的每半个工作日向上报单位反馈核保进程。

四、核保人员实行首问负责制,不得推诿。

第十条　代理业务核保

一、代理业务的险种范围(根据代理合同授权的范围确定)。

二、代理业务的承保条件核保同直接业务,但代理人其他方面管理由公司统一管理,上报单位未得到书面核保批复不得向外提供或签署代理协议。

第十一条　核保权限

一、根据省公司两核中心管理规定,核保人员和核保权限等级由低到高依次划分为二级、一级、首席核保人、总公司两核中心等四级。

二、每一级核保人员在规定的权限内决定相关核保事宜,不得超越权限核保、答复,超出权限的必须上报上一级审定。

第十二条　保单批单和保单注销

一、对于已正式出立的任何形式的保单,被保险人提出修改的,必须由被保险人提供签章完备的批改申请书,核保人员据此核保,核保意见必须具体、明确,批改措辞经核保同意后,以批单方式进行批改。

二、对已正式出立保险单和保险费发票的业务,要求注销的,需视具体注销原因,提供相应的材料,由业务单位负责人签署意见后上报核保人员,经核保同意后,方可正式注销有关的保险单证。

三、对要求注销的保险业务,业务经办人必须收回所有保险单证(包括保、批单正本、保费发票各联以及其他单证)交予出单中心注销归档。

四、对已生效的保险单、批单,均应按相应险种的条款或有关法律规定按短期费率收取保险费,对已注销保险单的保险单号码,不得再重新使用。

第十三条　车险业务部分退保管理规定

退保申请审批流程:

1. 事前确认:客户承保时就提出要部分退保,应根据公司的相关规定处理;

2. 事后批准:客户在承保时未提出要部分退保,在投保后提出要求部分退保,必须由被保险人提出书面申请;

3. 申请部分退保须如实填写《车险业务部分退保审批表》中的各项内容,按审批权限逐级审批和上报；

4. 上报审批时，各业务部门还必须提供经被保险人签章的批改申请书，并由业务部门主管在申请书上审核签字，且原件备查；

5. 业务管理部负责对业务部门上报的审批表及申请书进行报批及处理；

6. 业务部门将核保通过后生成的批单、收据及审批表等交财务作划账处理；

7. 退保保费只能以转账支票形式退还被保险人或原投保人；

8. 单独投保第三者责任险原则上不允许退保。

第十四条 内部竞争业务的协调

一、续保业务，原则上由原经办人续保，其他任何部门和个人不得以任何理由对他人的续保业务进行竞抢。以下三种情况例外：

①原业务经办人已离开本公司。②其他部门或个人已出具被保险人正式签章确认的明确的独家委托函(只能为公司公章)。③脱保三天以上。

二、新保业务，采取时间优先、条件优先原则。原则上核保员优先对首家上报的业务单位或业务经办人进行报价或核保(时间优先)；如果同时上报的，原则上核保员优先对展业关系、客户信息和服务等方面更为突出的业务单位报价(条件优先)；展业关系、客户信息和服务等方面相当的或无法判断的，核保员可向参与的业务单位同时提供报价，必要时也可以以公司的名义直接向客户提供报价。

第三章　核保复议

第十五条 业务单位如对核保人员的核保结论有不同意见，可随时向业务管理部经理反映或提出质疑；如仍不能统一意见，业务单位有权向公司主管总经理提出复议。

第十六条 在业务复议或审查期间，业务单位不得以任何理由、以任何方式出具与原核保意见不一致的承保承诺。

第四章　出单管理

第十七条 根据公司的实际情况，所有保险凭证及共保协议等，统一由公司出单中心出具，其他任何部门不得出具，包括对外的书面承诺等。

第十八条 违规处理办法：

乙类差错：

1. 保单正本和副本不一致；

2. 投保单要素不齐，无投保人签字或盖章；

3. 无投保人的批改申请书而擅自批改；

4. 未按规定验车出单。

甲类差错：

1. 未经核保同意擅自出单；

2. 未报批超权限承诺或与客户签订业务协议；

3. 退费手续不齐全，违规超标准超权限退费；

4. 其他严重违反本管理制度规定的行为。

处罚：

乙类差错直接责任人全司通报，每次罚款×××元；

甲类差错直接责任人每次罚款人民币×××元，下岗学习一个月，考试合格后方能重新上岗；情节严重的，予以辞退。同时对相关责任人与业务单位领导罚款×××元，并通报批评。

第五章　核保员岗位职责及奖惩办法

第十九条　岗位职责

1. 按照核保工作的基本原则进行核保；
2. 在有效控制风险前提下，核保过程中应主动积极地对业务进行技术指导；
3. 严格执行公司各项业务政策，在授权范围内审核、签发保险合同；
4. 重视与其他岗位人员的沟通，充实核保信息；
5. 保证工作效率，严格按照要求的工作时效完成相关工作；
6. 主动进行市场调研，了解市场变化，及时反馈信息；
7. 进行承保月度统计分析，对工作中发生的新问题提出建议和意见；
8. 结合当地市场情况及总、省公司的核保政策，拟定公司的核保政策；
9. 树立服务意识，为业务单位提供专业化的业务培训。

第二十条　奖惩办法

乙类差错：

1. 无故20分钟未完成核保遭到投诉经查属实；
2. 协议、合同等文件无理由搁置超过24小时未做任何处置；
3. 工作态度恶劣遭到业务员投诉经查属实；
4. 核保要素不全或超权限业务未按规定办法处理而擅自核保。

甲类差错：

1. 出现严重违规业务，出现重大核保失误，经有关部门查处造成公司重大损失；
2. 其他严重违反本管理制度规定的行为。

处罚：

乙类差错直接责任人每次罚款×××元；

甲类差错直接责任人每次罚款×××元，下岗学习一个月，考试合格后方能重新上岗；情节严重的，予以辞退。同时对相关责任人或直接主管罚款×××元，并通报批评。

对下列情况予以奖励：

1. 工作中有突破、有创新，为公司带来显著经济效益；
2. 发现骗保、骗赔重大案件，化解公司经营风险；
3. 开发新产品，并经过批准销售，为公司带来新的业务增长点。

奖励办法：

包括评先、提职、晋级、一次性奖励等，由人力资源管理部门参照相关标准确定。

第六章 附 则

第二十一条 本制度自下发之日起施行。

第二十二条 本制度由公司业务管理部负责解释。

思考:该核保管理制度的主要内容和特点;如果你是一名核保部门领导,应如何建立适应本单位的核保管理制度?

复习思考题

(1)汽车保险展业的环节有哪些?

(2)汽车保险承保的具体流程是什么?

(3)接待投保应注意哪些事项?

(4)核保工作的主要内容是什么?

(5)查验车辆的主要项目有哪些?

(6)常见的汽车保险单证有哪些?

(7)批改、续保以及退保的工作流程是什么?

第 5 章

汽车保险理赔实务

学习目标

本章按汽车保险理赔的流程展开,主要介绍汽车保险理赔基本知识与车险理赔各环节,以及特殊案件处理、理赔监督等内容。要求掌握汽车保险理赔的含义、流程,掌握案件受理、现场查勘、损失确定、赔款理算、核赔、赔付结案等理赔环节中的关键技术与方法,掌握特殊案件的理赔方法等;熟悉案件受理、核赔、赔付结案等环节的业务操作过程;了解汽车保险的理赔监督和指标控制,汽车保险理赔的原则、特点、意义和索赔的流程及注意事项等。能对不同车险理赔案例进行合理的分析处理,做到科学理赔。

重点难点

(1)汽车保险理赔的含义和流程;
(2)现场查勘程序、内容与技巧;
(3)车辆损失确定和人身伤亡费用确定;
(4)赔款理算方法;
(5)核赔流程及主要内容;
(6)特殊案件的理赔方法。

引导案例

北京某出租车行驶至北二环安定门附近时,前机盖在行驶中突然翻动,机盖与前风挡玻璃相碰撞,造成前机盖与前风挡玻璃损坏。在紧急情况下司机采取制动,又致使该车左前部与道路中央护栏相撞,造成前保险杠、左侧大灯、边灯、翼子板损坏。

该事故由司机张某负全部责任。前机盖翻起与前挡风玻璃相撞造成的损失不属"碰撞"保险事故;司机因突发情况处理不当,又造成车辆与中央护栏相撞属保险"碰撞"责任,对车辆左前部及护栏的损失分别以"车损险"和"第三者责任险"的规定计算赔偿。

事故发生后,交警进行查勘,认定司机张某负全部责任。除承担自车损坏修理费外,还要赔偿护栏损坏修复费用2000元。该出租车公司向保险公司报案。就此案的赔偿问题,保险公司与出租车公司存在分歧。出租车公司认为,事故中前机盖翻起与前挡风玻璃相撞造成的左前部与护栏相撞均属"碰撞"保险事故,保险公司应赔偿该事故造成的车辆损失和护栏赔偿费用。

保险公司理赔人员认为此事故中前机盖翻起与前挡风玻璃相撞造成的损失不属"碰撞"保险事故,不予赔偿;司机因突发情况处理不当,又造成车辆与中央护栏相撞属保险"碰撞"责任,对车辆左前部及护栏的损失分别以"车损险"和"第三者责任险"的规定计算赔偿。

产生分歧的原因在于对"碰撞"的理解。《机动车综合商业保险示范条款》在释义中说明,"碰撞是指保险机动车或其符合装载规定的货物与外界固态物体之间发生的、产生撞击痕迹的意外撞击。包括两种情况:一是保险车辆与外界物体意外撞击造成的本车损失。二是保险车辆按《中华人民共和国道路交通安全法实施条例》关于车辆装载的规定载运货物(当车辆装载货物不符合装载规定时,须报公安交通管理部门批准,并按指定的时间、路线、时速行驶),车与货即视为一体,所装货物与外界物体的意外撞击所造成的本车损失。"上述交通事故中,前机盖在行驶中突然翻起与前挡风玻璃相撞是车辆本身部件之间的撞击,不属"碰撞"保险责任,保险公司对前机盖及挡风玻璃的损失不负赔偿责任是正确的。但是,如果该车投保了玻璃单独破碎险,前挡风玻璃的损失可按附加险条款的规定予以赔付。

5.1 汽车保险理赔概述

汽车保险理赔是保险经营的最后一个环节。因此,做好汽车保险理赔工作,对于维护被保险人的利益、加强汽车保险的经营与管理、提高保险企业的信誉和经营效益等,都具有非常重要的意义。

5.1.1 汽车保险理赔含义

汽车保险理赔是指保险车辆在发生保险责任范围内的损失后,保险人依据保险合同条款的约定对被保险人提出的索赔请求进行处理的法律行为。

保险理赔工作是保险政策和作用的重要体现,是保险人执行保险合同,履行保险义务,承担保险责任的具体体现。保险的优越性及保险给予被保险人的经济补偿作用在很大程度上都是通过理赔工作来实现的。汽车保险理赔的质量,取决于保险人理赔处理的效率和是否真正履行了保险合同的约定,这关系到保险合同双方当事人的利益。对保险人而言,理赔质量直接影响赔付率的大小和公司信誉;对被保险人而言,理赔质量直接决定其受到补偿的程度。

理赔工作一般是由被保险人提供各种必要的单证,由保险公司负责理赔的工作人员经过计算、复核等具体程序,最后将保险金赔付给被保险人。随着计算机和互联网技术的发展,各大保险公司也广泛采用网上通赔业务,为被保险人的索赔提供了极大的便利。

5.1.2 汽车保险理赔特点

了解和掌握车险理赔特点是做好该项工作的前提,因此,要求理赔人员对车险理赔特点必须有系统的认识。

汽车保险与其他保险不同,理赔工作有其显著特点,具体如下:

(1)被保险人的公众性。随着我国私人车辆的普及,被保险人中私家车车主占主导地位。一方面,由于这些被保险人文化、知识、修养差异较大,再加上他们对保险、交通事故处理、车辆修理等方面知之甚少,使得他们购买保险具有较大的被动色彩。另一方面,由于出发点不同,使得被保险人在与保险公司查勘定损及理赔工作人员的交流中往往做出利于自己的陈述和行为,甚至不惜制造道德风险。

(2)损失率高且损失幅度较小。汽车保险的事故损失金额一般不大,但事故发生频率较高,保险公司经营过程中需投入的精力和费用较大。如2016年我国共发生交通事故212846起,直接经济损失120760万元,平均每小时发生24.30起交通事故,每起事故损失567.36元,虽然事故平均赔偿金额不大,但仍要求保险人提供较高的服务质量。另外,个案赔偿金额虽然不大,但积少成多也将对保险公司的经营产生不利影响,应予以足够重视。

(3)汽车流动性大。流动性大,导致汽车发生事故的地点和时间具有不确定性,这就要求保险公司必须拥有运作良好的服务体系来支持其理赔服务,做到随时随地都能接受报案并予以及时处理。

(4)受制于维修企业的程度较大。由于汽车保险中对车辆损失的确定主要以维修费用为根据,所以维修企业在汽车保险的理赔中也扮演着重要角色。这主要是由于多数被保险人认为保险公司和维修企业间有相关协议,既然是保险公司"委托"维修企业对车辆维修,那么其必须负责相关事项。一旦因修理价格、工期和质量等出现纠纷时,会将保险公司和维修企业一并指责。事实上,保险公司只负责承担保险合同约定风险而导致的经济补偿,对事故车辆维修具体事宜并不承担责任。

(5)道德风险普遍。汽车保险是财产保险业务中道德风险发生的"重灾区",其具有被保险车辆流动性强、信息不对称、保险公司自身管理不完善、相关法律环境不健全等问题,为不法之徒提供了可乘之机。

5.1.3 汽车保险理赔原则

汽车保险理赔工作涉及面广,情况比较复杂。在赔偿处理过程中,特别是在对汽车事故进行查勘、定损过程中,必须遵循一定原则。

1)树立为客户服务的指导思想,坚持实事求是的原则

汽车保险理赔工作,体现了汽车保险的经济补偿职能。当发生车辆保险事故后,保险公司相关工作人员要急被保险人之所急,避免扩大被保险人损失,尽量减轻因事故造成的影响,及时安排事故车辆修复,并保证受损车辆能够基本恢复原有技术性能,使其尽快投入生产和使用。及时处理理赔案件以及支付赔款,以保证人民生活的安定。

在现场查勘、事故车辆修复定损以及赔案处理方面,要坚持实事求是的原则,在尊重客观事实的基础上,具体问题具体分析,既要严格按合同条款办事,又能结合实际情况进行适当灵活处理,使各方都能满意。

2) 坚持重合同、守信用、依法办事的原则

车险理赔是保险人对保险合同履行义务的具体体现。在保险合同中,明确规定了保险人与被保险人的权利和义务,保险合同双方当事人都应恪守合同约定,保证合同的顺利实施。对保险人来说,在处理各种赔案时,应严格按照合同条款,受理赔案、确定损失。该赔的一定要赔,而且要按照赔偿标准赔足;不属于保险责任范围的损失,不滥赔。要向被保险人讲明道理,拒赔部分要讲事实、重证据、依法办事,只有这样才能树立保险的信誉,扩大保险的积极影响。

3) 贯彻"八字"理赔原则

理赔过程贯彻"主动、迅速、准确、合理"的八字原则。这是保险理赔工作人员长期的实践经验总结,是车险理赔工作优质服务的基本要求。

"主动"是指主动热情地受理案件,要积极进行调查、了解和查勘现场,掌握出险情况,进行事故分析,确定保险责任。对进行索赔的被保险人要热情接待,多为被保险人着想。

"迅速"是指及时赶赴事故现场进行查勘,在索赔手续完备的情况下要算得快、核得准、审批快,尽快赔偿被保险人的损失。迅速是效率的关键,理赔各环节都能做到迅速响应,可以缩短理赔时间,提高被保险人满意度。

"准确"是指在理赔中正确认定责任范围,准确核定赔付金额,杜绝差错,保证双方当事人的合法权益。目前,在保险理赔实务中理赔不准确的情况时有发生,表现为同样的案子在不同保险公司之间掌握尺度不一样;在同一公司不同理赔人员之间掌握标准不一样;同一理赔员在不同时间掌握标准不一样。因此要求做到准确无误,不错赔、不滥赔、不惜赔。

"合理"是指在理赔中,要本着实事求是的精神,坚持按合同办事,要结合具体案情准确定性,尤其是在对事故车辆进行定损时,要合理确定事故车辆的维修方案。

理赔工作的"八字"原则是辩证的统一体,不可偏废。如果片面追求速度,不深入调查了解,不对具体情况作具体分析,盲目结论,或者计算不准确草率处理,则可能会发生错案,甚至引起法律纠纷。当然,如果只追求准确、合理,忽视速度,不讲工作效率,赔案久拖不决,则可能造成极坏的社会影响,损害保险公司的形象。

总之,遵循车险理赔原则进行处理赔案有利于维护保险人与被保险人的双方利益,特别对被保险人来说,车险事故发生后能否得到赔偿,赔偿是否及时、合理、准确,对被保险人身心影响极大。由此可见,对于保险人,最简单的理赔宗旨应该是以主动、热情、诚恳的工作态度,在尽可能短的时间内,最大限度地让被保险人得到应有保障。

5.1.4 汽车保险理赔流程

汽车保险理赔是一项复杂而繁重的工作。根据车险理赔的操作流程,可将理赔的主

要工作分为接受报案、现场查勘、保险责任确定、立案、定损核损、赔款理算、核赔、赔付结案、代位追偿、服务品质评估与改进等环节,如图5-1所示。

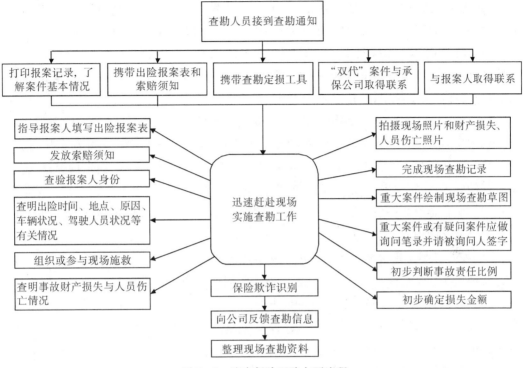

图5-1 汽车保险理赔主要流程

(1)接受报案是指保险人接受被保险人的报案,并对相关事项做出安排。接受报案是汽车保险理赔工作的第一步,各保险公司均非常重视,为此,各保险公司均提供了多种报案方式,并对报案的内容进行详细记录,对于不符合保险责任的报案,可做拒赔或不予立案处理。

(2)现场查勘是指运用科学的方法和现代技术手段,对保险事故现场进行实地勘察和查询,将事故现场、事故原因等内容完整而准确地记录下来的工作过程。现场查勘是查明保险事故真相的重要手段,是分析事故原因和认定事故责任的基本依据,也为事故损害赔偿提供了证据。现场查勘时,注意保险欺诈行为的识别,如发现和确定存在欺诈行为,可做拒赔或不予立案处理;情节严重的,需请警方介入协助调查。

(3)保险责任确定是指依据现场查勘记录和有关证明材料,对照保险条款的相关规定,确定事故是否属于保险责任范围。此步骤决定了保险人是否进行立案赔付等后续工作。

(4)立案是指对初步符合保险理赔条件的案件,在车险业务处理系统中正式确立,并对其进行统一编号和管理。立案环节标志着保险公司对案件正式进入了后续内业工作。

(5)定损核损是指依据现场查勘状况,对事故造成的实际损失进行记录,确定损失项目与金额,并取得核损人员的认可。损失确定包括车辆损失、人身伤亡费用、其他财产损失等。车辆损失主要是确定维修项目的工时费和换件项目的价格;人身伤亡费用可按道路交通事故的相关规定进行计算;其他财产损失一般按实际损失确定(可通过与受损方协商确定)。

(6)赔款理算是指根据保险事故定损和核损结果,核定和计算应向被保险人赔付保险金的过程。理算工作决定了保险公司向被保险人赔偿的金额,涉及双方利益,理赔人员必须高度负责,认真做好理算工作。得出结算结果后,将相关数据录入计算机系统生成赔款计算书。赔款计算书应分险别项目计算,并列明计算公式。业务负责人审核无误后,在赔款计算书上签字,送核赔人员审核。

(7)核赔是指在保险公司授权范围内独立负责理赔质量的人员,按照保险条款及保险公司内部有关规章制度对理赔案件进行审核的工作,如超出自身审核权限范围,需向上级核赔部门上报。核赔工作的主要内容:核定被保险车辆出险原因、损失情况;核定保险责任的确定;核定损失;核定赔款计算;防范保险欺诈行为的发生。核赔工作是保险公司在赔付保险金前的最后一道关卡,是对前述理赔工作各环节的全面审核,良好的核赔工作能有效控制理赔风险。

(8)赔付结案是指根据核赔的审批金额,向被保险人支付赔款、对理赔的单据进行清分并对理赔案卷进行整理的工作。它是一般理赔案件处理的最后一个环节。

(9)代位追偿是指如被保险车辆的损失是由第三方过错造成的,而第三方怠于赔偿,被保险人直接向本保险人索赔,保险人在保险金额内先行赔付被保险人,并在赔偿金额内代替被保险人对第三方进行追偿。

(10)理赔工作监督与管理是指对反映理赔质量的各项指标进行评估,发现问题进行修正,不断提高服务品质。

5.1.5 汽车保险理赔意义

汽车保险作为一种产品,其保险理赔就是产品质量的标志之一,理赔工作直接涉及被保险人和保险人双方利益,做好理赔工作对双方而言均具有积极意义,主要体现如下:

(1)车险理赔可实现汽车保险的基本职能。汽车保险的基本职能是损失补偿,保险车辆发生事故后,被保险人会为产生的经济损失向保险人索赔,保险人则会根据保险合同对被保险人的损失予以补偿,从而实现汽车保险的损失补偿职能。

(2)车险理赔对被保险人来说,能及时恢复其生产,安定其生活。车险理赔工作的好坏对车辆保险的社会效益具有重大影响。

(3)车险理赔可检验承保质量。保险人可通过分析赔付额度或赔付率等指标,发现保险费率、保险金额的确定是否合理,防灾防损工作是否有效,从而进一步改进车辆保险企业的经营管理水平,提高经济效益。

(4)车险理赔有利于提高保险公司知名度。汽车保险的被保险人涉及各行各业,是保险公司向社会宣传企业形象、推广公共关系的重要窗口。理赔作为保险产品的售后服务环节,其理赔人员的服务态度是否主动热情、真诚周到,服务质量是否令人满意,将直接影响保险公司在公众心目中的形象,进而影响公众对购买车险的意愿,同时,这也将影响社会公众对其他财产保险的接受程度。因此,保险理赔对社会公众认识保险、接受保险起着至关重要的作用。

(5)车险理赔有利于识别保险欺诈。保险欺诈的最终目的是获取赔偿,只有通过理赔才能实现。理赔人员通过加强查勘、定损、核损等,可有效识别保险欺诈,为保险公司挽回经济损失。

5.2 报案与接受报案

在车辆保险理赔流程中,报案与接受报案是对被保险人与保险人在理赔案件通知和获悉方面分别提出的规范要求。

5.2.1 报案

报案是指被保险人在发生了保险事故之后以各种方式通知保险人,要求保险人进行事故处理的意愿,同时,及时报案也是被保险人履行合同义务的一个重要内容。通常,保险人会向被保险人提供便捷、畅通的报案渠道。

车辆发生事故后,被保险人应及时向保险公司报案,除不可抗拒的外力外,被保险人应在事故发生后的48小时内通知保险公司。如果被保险人出险后,因交通不便、通信受阻等无法及时报案,可暂缓报案,等有条件报案时,一定要向保险人说明事实真相。《保险法》第二十二条规定:投保人、被保险人或者受益人知道保险事故发生后,应及时通知保险人。否则,造成损失无法确定或扩大的部分,保险人不承担赔偿责任。一般报案方式有以下两种情况:

(1)被保险人通过电话、电报传真或上门等多种渠道向保险人的理赔部门、保险人的经营单位、业务人员或保险人的代理人进行报案。目前最为便捷的途径是通过保险人统一的客户服务中心的报案电话进行报案,如中国人民财产保险股份有限公司的"95518"、中国平安财产保险股份有限公司的"95511"、中国太平洋财产保险股份有限公司的"95500"均为其全国统一的报案电话。

(2)对于外地出险情况,如果保险人在出险当地有分支机构,被保险人可直接向当地分支机构进行报案。目前各保险公司的内部均建立了相互代理的制度,可迅速为这些被保险人提供案件受理服务。

5.2.2 接受报案

接受报案主要是指保险人从接到被保险报案后到通知查勘人员抵达事故现场进行查勘的全过程,具体包括报案记录、填写出险报案表、查核承保信息、安排查勘等内容。

1)报案记录

接受报案人员在接到被保险人报案时,应查验、核对机动车辆保险证,询问报案人姓名、被保险人名称、保险单号码、保险险别、驾驶员情况、厂牌车型、牌照号码、出险时间、地点、原因、估计损失金额等要素,并进行报案记录。电话接报案的主要工作流程及参考用语如图5-2所示。

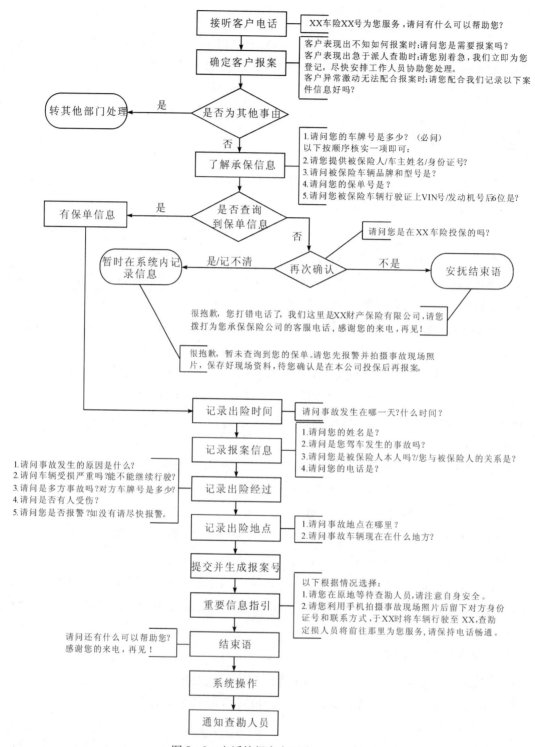

图 5-2 电话接报案主要流程及用语

2）填写出险报案表

业务人员在接受报案的同时，应向被保险人提供《被保险车辆出险报案表》和《机动车辆保险索赔须知》，见表 5-1 和表 5-2 所列，并指导被保险人据实填写《保险车辆出险报案表》。若被保险人采用电话报案,应在查勘人员到现场后或其他时间补填出险报案表或用短信方式将索赔须知概要发送至被保险人手机。

表5-1　××××财产保险股份有限公司机动车辆保险出险报案表

报案编号：

被保险人		保险单号	
机动车号牌号码		机动车种类	
出险时间		出险原因	
出险地点			
报案人		报案时间	
报案人电话		是否第一现场报案:□是　□否	
驾驶人		驾驶人驾驶证号码	
驾驶证准驾车型		驾驶证初次申领日期	
事故经过(请您如实填报事故经过。报案时的任何虚假、欺诈行为,均可能成为保险人拒绝赔偿的依据)			
		被保险人签字：	
		年　月　日	

出险报案表一般应包括如下内容：

① 被保险人姓名；
② 保险单号码；
③ 被保险机动车号牌号码、种类；
④ 出险时间、地点、原因；
⑤ 报案人姓名、报案时间、联系电话、是否第一现场报案；
⑥ 驾驶员姓名、驾驶证号码、准驾车型、驾驶证初次申领日期；
⑦ 报案人描述的事故经过及损失情况。
⑧ 被保险人签章与日期。

表5-2　××××财产保险股份有限公司机动车辆保险索赔须知

(被保险人名称/姓名)：
由于您投保的机动车辆发生了事故,请您在向我公司提交《机动车辆保险索赔申请书》的同时,依照我公司的要求,提供以下有关单证。如果您遇到困难,请随时拨打××保险公司的服务专线电话"×××××",我公司将竭诚为您提供优质、高效的保险服务。
谢谢您的合作！
机动车辆索赔材料手续明细如下：
1.□《机动车辆保险索赔申请书》
2.□机动车辆保险单正本

(续表)

3.事故处理部门出具的	□交通事故责任认定书　□调解书　□简易事故处理书　□其他事故证明（　　）	
4.法院、仲裁机构出具的	□裁定书　□裁决书　□调解书　□判决书　□仲裁书	
5.涉及车辆损失还需提供　□《机动车辆保险车辆损失情况确认书》及《修理项目清单》和《零部件更换项目清单》　□车辆修理的正式发票（即"汽车维修业专用发票"）		
6.涉及财产损失还需提供　□《机动车辆保险财产损失确认书》　□购置、修复受损财产的有关费用发票		
7.涉及人身伤、残、亡损失还需提供 　　□县级以上医院诊断证明　　　　□出院通知书 　　□需要护理人员证明　　　　　　□医疗费报销凭证（须附处方及治疗、用药明细单据） 　　□残者需提供法医伤残鉴定书　　□亡者需提供死亡证明 　　□被抚养人证明材料　　　　　　□户籍派出所出具的受害者家庭情况证明 　　□户口　　　　　　　　　　　　□丧失劳动能力证明 　　□交通费报销凭证　□住宿费报销凭证　□参加事故处理人员工资证明 　　□伤、残、亡人员误工证明及收入情况证明（收入超过纳税金额的应提交纳税证明） 　　□护理人员误工证明及收入情况证明（收入超过纳税金额的应提交纳税证明） 　　□向第三方支付赔偿费用的过款凭证（须由事故处理部门签章确认）		
8.涉及车辆盗抢案件还需提供 　　□机动车行驶证（原件）　□出险地县级以上公安刑侦部门出具的盗抢案件立案证明　□已登报声明的证明 　　□车辆购置附加费凭证和收据（原件）或车辆购置税完税证明和代征车辆购置税缴税收据（原件）或免税证明（原件） 　　□机动车登记证明（原件）		
9.被保险人索赔时,还须提供以下证件原件,经保险公司验证后留存复印件 　　□被保险车辆《机动车行驶证》　□肇事驾驶人员的《机动车驾驶证》		
10.被保险人领取赔款时,须提供以下材料和证件,经保险公司验证后留存复印件 　　□领取赔款授权书　□被保险人身份证明　□领取赔款人员身份证明　□银行卡复印件		
11.需要提供的其他索赔证明和单据 　　（1）　　　　　　　　　　　　　（2） 　　（3）　　　　　　　　　　　　　（4）		
敬请注意:为确保您能够获得更全面、合理的保险赔偿,我公司在理赔过程中,可能需要您进一步提供上述所列单证以外的其他证明材料。届时,我公司将及时通知您。感谢您对我们工作的理解与支持。		
被保险人：		保险公司：
领到《索赔须知》日期：　年　月　日		交付《索赔须知》日期：　年　月　日
确认签字：		经办人签字：
提交索赔材料日期：　年　月　日		收到索赔材料日期：　年　月　日
确认签字：		经办人签字：

3) 查核承保信息

首先,根据保单号码,查询保单信息,核对承保情况。具体包括:①查验出险时间情况,主要看是否在保险期限以内、是否接近保险期限起讫时间、是否与上起案件报案时间比较接近。②查明投保人投保险种,主要是查明涉及险种,是否购买商业保险等。③初步判断车险事故是否属于保险责任,对于明显不属于保险责任的情况,应向客户明确说明,并耐心细致地向客户做好解释工作;对属于保险责任范围内的事故和不能明确确定拒绝赔偿的案件,应登入保险车辆报案登记簿,并立即调度查勘人员赶赴现场进一步了解情况。

4) 安排查勘

对属于保险责任范围内的事故,受理报案的人员应及时通知查勘人员进行现场查勘。查勘人员应当在规定的时限内到达事故现场并向受理报案的业务人员报告。

当在外地出险时,可派自己的查勘人员前往事故现场,也可委托当地保险公司或中介公司代理查勘。委托代理查勘时应注意以下事宜:

(1) 明确委托事项。即委托的是单纯的查勘,还是查勘和定损,否则,容易产生争议。

(2) 明确委托定损权限。一般是根据保险公司对被委托机构的了解和信任程度确定一个具体的委托权限,从风险控制的角度出发,第一次委托的金额不宜太大,可以采用逐步追加的方法。例如:委托权限是5000元,则5000元以内的损失可直接定损;若超过5000元,则需报告要求进一步授权或放弃定损。

(3) 建立委托案件跟踪制度。毕竟是承保公司更关心理赔服务质量,一旦被委托机构在工作中出现质量问题,其后果还是要由承保公司来承担的。

为加强异地出险的查勘,各保险公司均建立了有效的内部运作模式,即"双代案件"(代查勘、代定损)制度。这种模式仅限于各保险公司所属机构承保的在异地出险的车辆,出险地公司有责任及时对本系统承保车辆发生的保险事故进行代查勘。代查勘公司在结案之后应将全案原件材料一套装袋,以档案移交方式交承保公司;承保公司接到代理公司转来的"双代案件"材料,认真核对无误后,应及时进行赔款理算,尽快向被保险人支付赔款,并进行结案登记。

5) 立案

对符合赔偿的案件,应正式立案登记、统一编号管理;对不符合赔偿的案件,应在出险通知书和机动车辆保险报案、立案登记簿上签注不予立案原因,并向被保险人做出书面通知和必要解释。对代查勘案件,应将代查勘公司名称登录报案、立案登记。

5.3 现场查勘

5.3.1 事故现场分类

为做好现场查勘工作,应明确事故现场的有关知识,车险事故都会有出险现场,现场一般分为原始现场、变动现场和恢复现场三类。

1. 原始现场

原始现场也称第一现场,是指事故现场的车辆、物体以及痕迹等,仍保持着事故发生后的原始状态,没有任何改变和破坏。原始现场保留了事故原貌,可为事故原因的分析与认定提供直接证据,是现场查勘最理想的出险现场。

2. 变动现场

变动现场也称移动现场,是指由于自然因素或人为原因,致使出险现场的原始状态发生改变的事故现场。包括正常变动现场、伪造现场、逃逸现场等。

(1)正常变动现场,下述原因导致的出险现场变动均属于正常变动:

① 为抢救伤者而移动车辆,致使现场的车辆、物体或人员位置发生了变化;

② 因保护不善,导致事故现场被过往车辆、行人破坏;

③ 风吹、雨淋、日晒、下雪等自然因素,事故现场被破坏;

④ 事故车辆另有特殊任务,比如消防车、救护车、工程救险车等在执行任务过程中出险后,需驶离现场,致使出险现场发生变化;

⑤ 在交通主干道或城市繁华地段发生的交通事故,为疏导交通而导致出险现场变化;

⑥ 其他原因导致事故现场变化的,如车辆发生事故后,当事人没有察觉而离开现场的。

(2)伪造现场,指当事人为逃避责任或嫁祸于人,有意改变现场遗留物状态的现场。

(3)逃逸现场,指当事人为逃避责任而驾车逃逸,导致事故现场原貌改变的现场。

3. 恢复现场

恢复现场是指事故现场撤离后,为分析事故或复查案件,需根据现场调查记录资料重新布置恢复的现场。

5.3.2 现场查勘的含义

现场查勘是指运用科学的方法和现代技术手段,对事故现场进行实地勘察和检验,通过分析存留的物证和询问人证等渠道获得事故产生原因,并采用拍照、绘图等方式完整、准确记录事故结果的工作过程。

承保车辆出险、立案后,需要查勘人员及时进行现场查勘,并依据查勘结果进行定损。现场查勘是保险事故理赔的必要程序,是收集证据的重要手段,是准确立案、查明原因、认定责任的依据,是保险赔付、案件诉讼的重要依据。因此,现场查勘在事故处理中具有非常重要的地位。

查勘人员接到查勘任务后,应迅速做好查勘准备,尽快赶赴事故现场,会同被保险人及有关部门进行事故现场查勘工作。现场查勘应由二位以上人员参加,并应尽量查勘第一现场。如果第一现场已改变或清理,要及时调查了解有关情况。现场查勘的具体流程如图5-3所示。

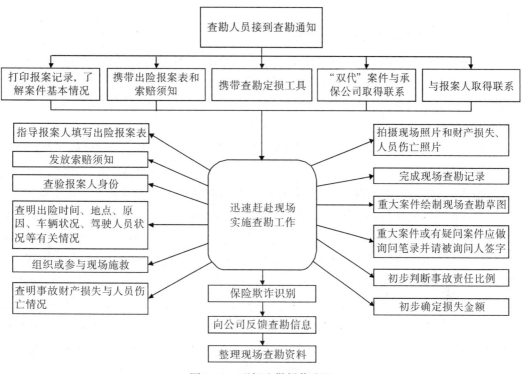

图 5-3 现场查勘操作流程

5.3.3 现场查勘的准备

接到报案电话后,查勘人员要及时到达现场,出发前需做好以下准备工作:

1)查阅抄单

(1)保险期限:查验保单,确认出险时间是否在保险期限之内。对于出险时间接近保险起止时间的案件,要做出标记,重点核实。

(2)承保的险种:查验保单记录,重点注意以下问题:注意被保险人是否只承保了机动车第三者责任险;对于报案称有人员伤亡的案件,注意被保险人是否承保了机动车车上人员责任保险;对于火灾引发的车损案件,注意是否承保了自燃损失险;对于暴雨积水引发的车损案件,注意是否承保了发动机涉水损失险。

(3)保险金额、责任限额:注意各险种的保险金额、限额,以便查勘时心中有数。

(4)交费情况:注意是否依据约定按时缴足了保险费。

2)阅读报案记录

(1)被保险人名称,被保险车辆车牌号;

(2)出险时间、地点、原因、处理机关、损失概要;

(3)被保险人、驾驶员及报案人的关系及联系电话。

3)携带查勘资料与工具

(1)资料。主要包括出险报案表、报单抄件、索赔申请书、报案记录、现场查勘记录、索赔须知、询问笔录、事故车辆损失确认书。

(2)工具。查勘用的工具主要包括定损笔记本电脑、数码相机、手电筒、卷尺、砂纸、笔、记录本等。

5.3.4 现场查勘的主要内容

现场查勘的主要内容包括查明出险时间、出险地点、出险车辆情况、驾驶员情况、事故原因、受损财产施救以及核实损失情况等,现场查勘结束后,查勘人员应按上述内容及要求认真填写现场查勘记录。如果可能,应力争让被保险人或驾驶人确认签字。

1. 出险时间

查明出险时间的主要目的是判断事故是否发生在保险期限内。查勘人员为获得准确出险时间,应仔细核对公安部门的证明与当事人的陈述时间是否一致,详细了解车辆的启程时间、返回时间、行驶路线、伤者住院治疗时间等。对于涉及装载货物出险情况,还需了解委托运输单位的装卸货物时间等。对比出险时间和报案时间,看是否在48h之内。对接近保险期限起止时间的案件应特别注意,应认真查实,排除道德风险。

确定出险时间有时对判断事故原因有所帮助,尤其是在一些特定时间。如每天(特别是节假日)的13点至16点,20点至23点,出险后应考虑是否存在酒驾问题,应设法与公安人员一起取证。譬如,某地中秋节之夜的21:30分发生了一起追尾车祸,作为后车的轿车,追尾撞上了前边的大货车,车上乘客全部死亡,轿车几乎报废。查勘人员根据时值中秋佳节,又是21:30左右这一事实,怀疑可能存在酒后驾驶,建议公安人员重点查验这一内容,最后与公安人员一起,取驾驶员血样送检,由公安部门得出了"酒后驾车,车速过快,导致追尾,后车全责"的结论。保险公司依据"酒后驾车"的客观事实,拒绝了车主的赔付要求。

2. 出险地点

出险地点一般包括高速公路、普通公路、城市道路、乡村道路、场院及其他,查勘时要详细写明。查明出险地点,主要是判断事故发生的真实地点,如果存在变动,要查明变动原因。确定出险地点还可辅助判断车辆损失是否为责任免除范围,如车辆在营业性修理场所等,还可排除可能存在的擅自移动出险地点或谎报出险地点等情况的道德风险。

3. 出险车辆

查明出险车辆情况包括以下三个方面:第一,查明车型、牌照号码、发动机号码、车架号码/VIN、行驶证,并与保险单或批单核对是否相符。第二,要查实车辆出险时的使用性质是否与保险单记载的一致,是否运载危险品、车辆结构是否改装或加装。第三,如果是与第三方车辆发生事故,还应查明第三方车辆的基本情况。

对于车辆使用性质发生改变情况,如果被保险车辆危险程度显著增加,发生保险事故后保险人一般不予赔偿。查勘时,务必查清出险车辆的实际使用性质。常见的使用性质与保单不符的两种情况是营运货车按非营运货车投保;非营运客车从事营业客运。

对于车辆改装情况,现场查勘时,需要查清车辆有无重大改装、加装情况,如未到登记地车辆管理所办理变更登记手续并且由于改装、加装导致被保险机动车危险程度显著增加的,出险后保险人不予赔偿。

我国《机动车登记规定》第十六条规定,有下列情形之一,在不影响安全和识别号牌的情况下,机动车所有人可以自行变更:小型、微型载客汽车加装前后防撞装置;货运机动车加装防风罩、水箱、工具箱、备胎架等;机动车增加车内装饰等。除此以外,改变车身颜色、更换发动机、更换车身或者车架、因质量问题更换整车等情况,需向登记地车辆管理所申请变更登记。

4. 驾驶员情况

查勘时要查清驾驶员的姓名、驾驶证号码、准驾车型、初次领证时间等。注意检查驾驶证的有效性。特种车辆出险要查验驾驶员是否具备国家有关部门核发的有效证件,对驾驶营运性客车的驾驶员要查验是否具有国家有关行政管理部门核发的有效资格证书。

5. 事故原因

查明事故原因是现场查勘的重点内容,要深入调查,需利用一定的现场查勘技术进行,采取听、看、问、思等办法,索取证明,收集证据,全面分析。凡是与事故有关的重要情节,都要尽量收集以反映事故全貌。在查实事故原因过程中,要特别注意以下问题:

(1)对特殊驾驶员应协同公安交警部门获取相应证人证言和检验证明。如驾驶人员可能有饮酒、吸食或注射毒品、被药物麻醉后使用被保险车辆或无照驾驶、驾驶车辆与准驾车型不符、超载等情况。

(2)对于查明的事故原因,应说明是客观因素还是人为因素,是车辆自身因素还是车辆以外因素,是违章行驶还是故意违法行为。

(3)对于复杂或有疑问的理赔案件,要走访有关现场目击证人或知情人,了解事故真相,做出询问记录,载明询问日期和被询问人地址并由被询问人确认签字。

(4)对于造成重大损失的保险事故,如果事故原因存在疑点难以断定的,应要求被保险人、造成事故的驾驶员、受损方对现场查勘记录内容确认并签字。

6. 受损财产的现场施救

施救受损财产是查勘人员的义务,主要是指查勘人员到达现场后,为防止损失进一步扩大,会同被保险人及有关部门,对尚未控制的险情,确定施救方案,而采取的合理施救措施。

对于受损车辆,如当地修理价格合理,应安排就地修理,防止车辆带"伤"行驶、损失扩大。如当地修理费用过高需拖回本地修理的,应采取防护措施,拖拽牢固,以防再次发生事故。如无法修复的,应妥善处理汽车残值部分。

7. 事故损失情况

事故损失情况查勘主要包括查清受损车辆、承运货物和其他财产的损失或伤亡情况;查清事故各方应承担的责任比例。

5.3.5 现场查勘方法

现场查勘所采用的主要方法有沿车辆行驶路线查勘法、由内向外查勘法、由外向内查勘法、分段查勘法四种。

(1)沿车辆行驶路线查勘法。要求事故发生地的痕迹必须清楚,以便能顺利取证、摄影、丈量与绘制现场图,进而准确确定事故原因。

(2)由内向外查勘法。适用范围不大、痕迹与物件集中且事故中心点明确的出险现场。可由事故中心点开始,按由内向外顺序取证、摄影、丈量与绘制现场图,进而确定事故原因。

(3)由外向内查勘法。适用范围较大、痕迹较为分散的出险现场。可按由外围向中心的顺序取证、摄影、丈量与绘制现场图,进而确定事故原因。

(4)分段查勘法。适于范围大的事故现场。先将事故现场按照现场痕迹、散落物等特征分成若干的片或段,分别取证、摄影、丈量与绘制现场图,进而确定事故原因。

5.3.6 现场查勘工作

现场查勘工作主要包括收取物证、现场摄影、现场丈量、绘制现场图等。

1. 收取物证

收取物证是现场查勘的核心工作,事故现场物证的类型有散落物、附着物和痕迹。

(1)散落物。分为车体散落物、人体散落物及其他散落物三类。车体散落物主要包括零件、部件、钢片、木片、漆片、玻璃、胶条等;人体散落物主要包括事故受伤人员的穿戴品、携带品、器官或组织的分离品;其他散落物主要包括事故现场人、车之外的物证,如树皮、断枝、水泥、石块等。

(2)附着物。分为喷洒或黏附物、创痕物与搁置物三类。喷洒或黏附物主要包括血液、毛发、纤维、油脂等;创痕物主要包括油漆微粒、橡胶颗粒、热熔塑料涂膜、反光膜等;搁置物主要包括织物或粗糙面上的玻璃颗粒等。

(3)痕迹。分为车辆行走痕迹、车辆碰撞痕迹、涂污与喷溅痕迹三类。痕迹具有不同的形状、颜色和尺寸,是事故过程的某种侧面反映,因此是事故现场物证收集的重点。车辆行走痕迹主要包括轮胎拖印、压印和擦印等;车辆碰撞痕迹主要包括车与车、车与地面、车与其他物体之间的碰撞或擦刮痕迹。车与车之间的碰撞痕迹包括车辆正面与正面、正面与侧面、追尾等的碰撞痕迹;车与地面之间的碰撞与擦刮痕迹常见于车辆倾覆或坠落的事故;车与其他物体间碰撞与擦刮痕迹主要由车与路旁建筑物、道路设施、电杆、树木等的接触产生。涂污与喷溅痕迹主要包括油污、泥浆、血液、汗液、组织液等的涂污与喷溅。

2. 现场摄影

现场摄影比现场图和文字记录更能直观反映现场和事故车辆的情况,是处理事故的重要证据,是真实记录现场和受损标的客观情况的重要手段之一。现场摄影是现场查勘中的一项重要工作。做好现场摄影,查勘人员通常要掌握摄影原则、方式、方法与常用技巧。

(1)现场摄影的原则。应有反映事故现场全貌的全景照片,应有反映受损车辆号牌及受损财产部位和程度的近景照片,要有某些重要局部(比如保险标的发动机号码、车辆VIN码等)的特写照片。应坚持节省的原则,以最少的照片数量反映事故现场最佳的效果。

(2)现场摄影方式。现场摄影时,应根据事故的实际情况和具体的拍摄目的,选择不同的拍摄方式,常见的现场摄影方式有方位摄影、中心摄影、细目摄影和宣传摄影四种。

① 方位摄影:即以事故车辆为中心反映周围环境情况的拍摄。此拍摄方式重在突出事故现场的全貌,目的是反映出事故车辆与其他物体之间的相互关系。

② 中心摄影：即以事故接触点为中心，反映事故接触各部位的拍摄。此拍摄方式重在突出拍摄现场的中心地段，目的是反映出事故损坏部位及其相关部位的特点、状态。

③ 细目摄影：即分别对事故中具体损失物体进行的拍摄。此拍摄方式重在突出各个具体物证，目的是反映出重要物证的大小、形状、特征。

④ 宣传摄影：即运用技巧突出反映事故某一侧面的拍摄。此拍摄方式重在突出事故某一侧面的状态、特点，目的是为了相关宣传和收集资料。

(3) 现场摄影方法。常见的现场摄影方法有相向拍摄、十字交叉拍摄、连续拍摄和比例拍摄四种。

① 相向拍摄法：即从两个相对的方向对现场中心部分进行拍摄。该方法可较为清楚地反映现场中心两个相对方向的情况，如图 5-4 所示。

② 十字交叉拍摄法：即从四个不同的地点对现场中心部分进行交叉的拍摄。该方法可从前、后、左、右四个角度准确反映现场中心情况，如图 5-5 所示。

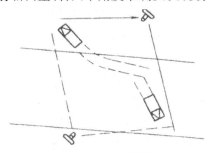

图 5-4 相向拍摄法

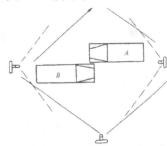

图 5-5 十字交叉拍摄法

③ 连续拍摄法：即将面积较大的事故现场分段拍摄，然后将分段照片拼接为完整的照片的方法。分段拍摄时，各照片取景应略有重合，并要求同样的拍摄距离和光圈等。此方法一般分为回转连续拍摄法和平行连续拍摄法。回转连续拍摄法是将相机固定在一处，通过转动相机的角度进行分段拍摄。此方法用于距离较远的拍摄对象。平行连续拍摄法是将同一物距的平行直线分成几段，移动镜头逐段拍摄，每个摄影地点要求与被摄对象的距离相等，如图 5-6 所示。此方法适用于拍摄狭长的平面物体，如车厢栏板和客车侧面较长的刮痕等。

④ 比例拍摄法：即将带有刻度的尺子放在被损物体旁边进行的摄影，如图 5-7 所示。该方法可确定被摄物体的实际大小和尺寸，常用于痕迹、碎片以及微小物证的摄影。

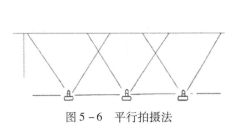

图 5-6 平行拍摄法

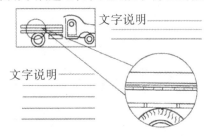

图 5-7 比例拍摄法

(4) 现场摄影的常用技巧。现场摄影存在一定的技术问题，如取景、接片技术在现场拍摄中的运用、滤色镜的使用、事故现场常见痕迹的拍摄等，需要查勘人员事先去掌握。

① 取景。现场拍摄取景时,应根据拍摄的目的和要求,合理确定拍摄的角度、距离和光照,力求所要表达的主体物突出、明显和准确。

② 应尽量选择静止的固定参照物进入拍摄画面,以便记录事故发生地。

③ 要拍摄好两个45°的照片:前45°的照片反映侧面和前牌照;后45°的照片反映另一侧面及后牌照。

④ 总成或高价值的零部件一定要拍摄照片,小的损失、低值零件视情拍摄。

⑤ 翻砂件(如发动机汽缸体、变速器外壳、主减速器外壳等)发生裂纹时,直接拍摄无法反映出裂纹。可以先在裂纹处涂抹柴油,再用滑石粉或粉笔末撒在裂纹上,用小锤敲击裂纹附近,形成一条线后再行拍摄。

⑥ 对碰撞痕迹的拍摄,要合理选择拍摄角度和光线,以准确反映其凹陷、隆起、变形、断裂、穿孔或破碎等特征。对于较小、较浅的凹陷一般要采用侧面光、反光板、闪光灯等进行拍摄。

⑦ 对刮擦痕迹,如果为有颜色物质,可选择滤色镜拍摄,突出被粘挂物。

⑧ 拍摄血迹时,应选用滤色镜拍摄。如血迹滴落在黄土或泥土黏污的油路上,可用黄色滤色镜拍摄。

⑨ 拍摄制动拖印时,为反映制动拖印的起止点及其特征,可对拖印起点用白灰等进行标记,同时,拍摄制动拖印时要注意反映起点与道路中心线或路边的关系。

⑩ 现场拍摄时,可采用数码相机和光学相机两种工具。数码相机拍摄的照片便于计算机管理,便于网上传输,成像快,但缺点是易被修改、伪造,而光学相机正好相反。

3. 现场丈量

现场丈量前,要认定与事故有关的物体和痕迹,然后逐项进行并做好相应记录。

(1) 确定事故现场方位。事故现场的方位以道路中心线与指北方向的夹角来表示。如果事故路段为弯道,以进入弯道的直线与指北方向夹角和转弯半径表示。

(2) 事故现场定位。事故现场的定位方法有三点定位法、垂直定位法、极坐标法等。三种定位方法首先都需要选定一个固定现场的基准点,基准点必须具有永久的固定性,比如可选有标号的里程碑或电线杆。

① 三点定位法:用基准点、事故车辆某一点以及基准点向道路中心线作垂线的交点三个点所形成的三角形来固定现场位置,所以此时只需要量取三角形各边的距离即可,如图5-8所示。

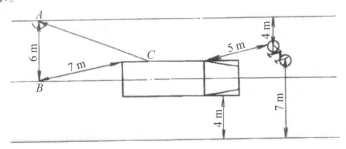

图5-8 三点定位法

② 垂直定位法:用经过基准点且平行于道路边线的直线与经过事故车辆某一个点且

垂直于道路边线的直线相交所形成的两个线段来固定事故现场,所以该方法只需要量取基准点与交点、交点与事故车辆某一点两条线段的距离即可,如图5-9所示。

③极坐标法:用基准点与事故车辆某一点连接形成线段的距离以及线段与道路边线垂直方向的夹角来固定事故现场,所以该方法只需量取线段长度和夹角度数即可,如图5-10所示。

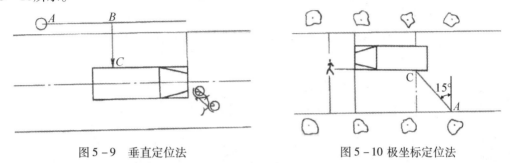

图5-9 垂直定位法　　　　　图5-10 极坐标定位法

(3)道路丈量。道路的路面宽度、路肩宽度以及边沟的深度等参数一般需要丈量。

(4)车辆位置丈量。事故车辆位置用车辆的四个轮胎外缘与地面接触中心点到道路边缘的垂直距离来确定,所以只需量取四个距离即可。车辆行驶方向可根据现场遗留的痕迹判断,如从车上滴落油点、水点,一般其尖端的方向为车辆的行驶方向,等等。

(5)制动印痕丈量。直线形的制动印痕的拖印距离直接测量即可;弧形制动印痕的拖印距离量取,一般是先四等分弧形印痕,分别丈量等分点至道路一边的垂直距离,再量出制动印痕的长度。

(6)事故接触部位丈量。最关键的是先准确判定事故接触部位。事故接触部位是形成事故的作用点,是事故车辆的变形损坏点,因此,可根据物体的运动、受力、损坏形状以及散落距离等因素科学判断事故接触部位。对其丈量时,一般应测量车与车、车与人,或者车与其他物体接触部位距地面的高度、接触部位的形状大小等。

(7)其他丈量。如果事故现场还有毛发、血皮、纤维、车身漆皮、玻璃碎片、脱落的车辆零部件、泥土、物资等遗留物,并且它们对事故认定起着重要作用,则需要丈量它们散落的距离或黏附的高度等。

4.绘制现场图

通常对于重大赔案查勘需要绘制事故现场草图,事故现场草图不要求十分工整,只要求内容完整,尺寸数字准确,物体位置、形状、尺寸、距离的大小基本成比例。如果道路线形复杂,为准确表达事故现场的空间位置和道路纵横断面几何线形的变化,事故现场草图也经常采用立体图或剖面图等。事故现场草图需当场绘制,一般包含以下基本内容:要反映出事故车方位、道路情况及外界影响因素;要表明车辆、与事故有关的遗留痕迹、散落物的相互位置等,如图5-11所示;要在简单平面图上加适当的文字说明,反映事故现场概况。

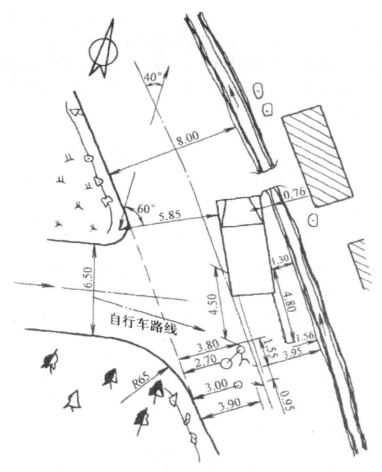

图 5-11 某一交通事故的现场查勘草图

事故现场草图的绘制过程一般可按如下步骤进行：
(1)选比例：根据出险情况,选用适当比例进行草图的总体构思。
(2)画轮廓：按照近似比例画出道路边缘线和中心线。确定道路走向,在图的右上方绘制指北标志。标注道路中心线与指北线的夹角。
(3)画车辆：以同一近似比例绘制出险车辆,再以出险车辆为中心绘制各有关物体图例。
(4)标尺寸：根据现场具体条件,选择基准点和定位法,为现场出险的车辆和主要物品、痕迹定位,标注尺寸。
(5)小处理：根据需要绘制立体图、剖面图和局部放大图,必要的地方加注文字说明。
(6)先校核：两名查勘人员,一名负责绘制现场草图,另一名负责校核。
(7)后签名：草图绘制完成后,由绘图人员、校核人员、当事人员、见证人员分别签名。

现场查勘结束后,应根据现场查勘草图所标明的尺寸和位置,按照正投影的绘图原理,选用一定比例和线型,工整准确地绘制出正式的事故现场图,它是理赔和申请诉讼的依据。

5. 填写现场查勘记录

现场查勘工作非常重要,而现场查勘的内容又非常多,为防止查勘员疏忽某些细节,同时为规范查勘工作,各保险公司一般都制定《机动车辆保险现场查勘记录》,见表5-3所列,查勘人员根据现场查勘情况,如实填写现场查勘记录表即可。

表5-3 ××××财产保险股份有限公司机动车辆保险现场查勘记录

被保险人:		保单号码:		赔案编号:	
被保险车辆	号牌号码:	是否与底单相符:	车架号码(VIN):		是否与底单相符:
	厂牌型号:	车辆类型:	是否与底单相符:		检验合格至:
	初次登记年月:	使用性质:	是否与底单相符:		漆色及种类:
	行驶证车主:	是否与底单相符:	行驶里程:		燃料种类:
	方向形式:	变速器类型:	驱动形式:		损失程度:□无损失 □部分损失 □全部损失
	是否改装:	是否具有合法的保险利益:			是否违反装载规定:
驾驶员	姓名:	证号:	领证时间:		审验合格至:
	准驾车型:	是否是被保险人允许的驾驶员:□是		□否	
	是否酒后:□是 □否 □未确定		其他情况:		
查勘时间	(1)是否第一现场:_____		(2)	(3)	
查勘地点	(1)		(2)	(3)	
出险时间:			保险期限:	出险地点:	
出险原因:□碰撞 □倾覆 □火灾 □自燃 □外界物体倒塌、坠落 □自然灾害 □其他_____					
事故原因:□疏忽、措施不当 □机械事故 □违法装载 □其他_____					
事故涉及险种:□机动车损失险 □第三者责任险 □车上人员责任险 □附加险_____					
专用车、特种车是否有有效操作证:□有 □无					
营业性客车有无有效的资格证书:□有 □无					
事故车辆的损失痕迹与事故现场的痕迹是否吻合:□是 □否					
事故为:□单方事故 □双方事故 □多方事故					
被保险车辆车上人员伤亡情况:□无 □有 伤_____人;亡_____人					
第三者人员伤亡情况:□无 □有 伤_____人;亡_____人					
第三者财产损失情况:□无 □有 □车辆损失 号牌号码:_____ 车辆型号:_____ □非车辆损失_____					
事故经过:					
施救情况:					
备注说明:					
被保险人签字:				查勘员签字:	

案例分析 5-1　接报案后第一时间赶到现场可有效识别保险骗保

案情介绍：某一冬日的 12 时左右，一报案人称在一偏僻路段由于驾驶疏忽，车辆掉入路旁沟中，车身有一定程度变形。接案人员询问出险时间时，报案人称出险还不到 3 分钟，自己刚从车中出来，爬到路上就报了案。接案人员受理案件后，马上通知查勘人员赶赴现场。当时查勘员在公司外面，距出事地点不到 2 千米，并且对接案人描述的事故地点比较熟悉，所以也没有和报案人联系，就在报案人报案后不到 3 分钟就赶到了现场。到达现场后，报案人神情有些紧张，连称"这么快呀"。查勘人员简单看了看现场后，认为有些疑问，遂打开发动机罩，用手摸了摸发动机，发觉发动机冰凉。于是，一个保险欺诈案件当即被识破。原来，报案人感觉车身油漆有些暗淡，且有多处划痕，想让保险公司对车辆整形后给予喷漆，于是导演了一个故意将车推入沟中的伪造事故。到达事先选好的地点后，报案人查看了一会儿周围环境，又犹豫了一段时间，大约是停车熄火 30 分钟后才把车推入沟中的。查勘人员的迅速赶到为准确识别该起欺诈提供了有力帮助。

本案分析：现场查勘是一项时间性强的工作。要抓住案发不久、痕迹比较清晰、证据未遭破坏、证人记忆犹新的特点，取得证据。反之，到达不及时，就可能由于人为或自然原因，现场遭受破坏，给查勘带来困难。事故发生后查勘人员要用最快速度赶到现场。为此，有的保险公司对到达事故现场的时间做了具体规定，如规定查勘人员在接到查勘任务后必须在 30 分钟之内到达事故现场等。

如果查勘人员赶赴现场不及时，造成 48 小时内未能进行现场查勘或给予受理意见的，对造成财产损失无法确定的，以被保险人提供的财产损毁照片、损失清单、事故证明和修理发票作为赔付理算的依据。

5.4　保险责任确定与立案

5.4.1　确定保险责任

确定保险责任主要是根据现场查勘的结果，包括查勘记录、现场照片、询问笔录、交警调查与调解过程等，结合承保信息来判断事故是否属于保险责任；如果属于保险责任，是属于交强险责任还是商业车险责任；商业险责任是属于哪一险种责任。初步确定被保险人在事故中所承担的责任。

对于不属于保险责任的，应对事故现场、车辆、财产损失情况、人员伤亡情况等做详细记录、拍照、录音等，特别是对排除责任的原因要做好证据保存工作，以便作为拒赔材料存档。日后如发生纠纷，可迅速向司法机关提交有力证据，维护自身权益。当然，在可能的情况下也可要求报案人或被保险人现场确认拒赔证据，并签字放弃索赔。

5.4.2　立案

对于属于保险责任的理赔案件，理赔工作人员应在现场查勘结束后的规定时间内，通过公司业务处理系统进行立案登记。立案登记后会自动生成立案编号,后续工作将由计算机进行跟踪和管理。

对于立案时限,各保险公司规定不一。根据保监会 2012 年 7 月 1 日起实施的《非寿险业务准备金内控规范》的规定,保险公司接到车险报案后 3 日、非车险报案后 15 个工作日须强制立案。因此,保险公司必须在 3 日内对符合条件的车险理赔案件进行立案处理。

5.5 定损与核损

定损是车险理赔工作的关键环节,主要是确定车辆损失、人身伤亡、其他财产损失、施救费用等。核损是指核损人员对保险事故中的车辆损失和其他财产损失的定损以及人员伤亡赔偿费用的核算情况进行复核,目的是为了保证定损的准确性、标准性和统一性。定损核损的具体操作流程如图 5-12 所示。

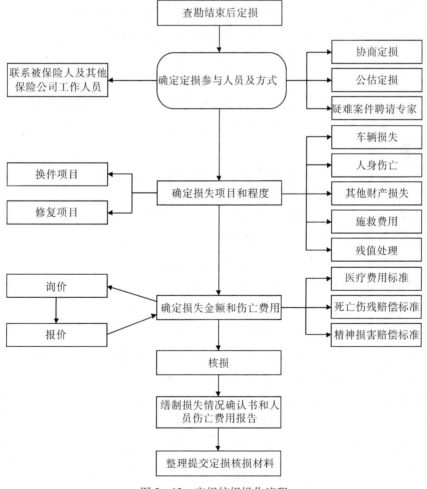

图 5-12 定损核损操作流程

5.5.1 车辆损失确定

保险人应会同被保险人、第三者车损方(涉及第三者车辆损失情况)一起进行车辆损失确定。通常按一次定损原则进行定损。保险公司一般指派两名定损员参与车辆定损。

1. 车辆损失确定程序

(1)根据现场查勘记录,确定损失部位(含间接损伤)、损失项目与损失程度,对损坏零部件逐项登记,并进行修复与更换分类。鉴定、登记工作对理赔质量有重要影响,要求认真细致。其通常采用的方法:由前到后,由左到右,先登记外附件(即钣金覆盖件、外装饰件),后按机器、底盘、电器、仪表等分类进行。

(2)与客户协商确定修理方案,包括确定修理项目和换件项目。修理项目需列明各项目工时费,换件项目需明确零件价格,零件价格需通过询价、报价程序确定。对大的车辆事故,一般需拆解定损。为此,各保险公司均规定了一些自己的协议拆解点。

(3)修理报价核准。对更换的零部件属于本级公司询、报价范围的,将换件项目清单交报价员审核,报价员根据标准价或参考价核定所更换的配件价格;对属于上级公司规定的报价车型和询价范围的,应及时上报,并按照《汽车零配件报价实务》的规定缮制零部件更换项目清单,向上级公司询价。上级公司对询价金额低于或等于上级公司报价的进行核准;对询价金额高于上级公司报价的逐项报价,并将核准的报价单或询价单传递给询价公司。

(4)定损员接到核准的报价单后,与被保险人和第三者车损方协商修理、换件项目和费用。协商一致后,签订《汽车保险车辆损失情况确认书》一式两份,保险人、被保险人各执一份。

(5)定损完毕后,由被保险人自选修理厂修理或到保险人推荐的修理厂修理。保险人推荐的修理厂一般不低于二级资质。

(6)被保险车辆修复后,保险人根据与被保险人事先明确的各自负担的费用,在被保险人提供维修费用的正式发票后进行赔偿。

在定损过程中,对损失金额较大,双方协商难以定损的,或受损车辆技术要求高,定损人员不太熟悉该车型导致难以确定损失的,可聘请专家或委托公估机构定损。

2. 车辆损失确定过程中的注意事项

车辆损失确定是一项比较复杂的工作,定损人员既要具有深厚的专业知识与丰富的实践经验,又要熟悉各种汽车结构与新技术。通过长期的定损实践,在车辆损失确定过程中应注意以下问题,将对提高定损质量有着重要作用。

(1)注意本次事故和非本次事故造成损失的界限。区分时一般根据事故部位的痕迹进行判断。对本次事故的碰撞部位,一般有脱落的漆皮痕迹和新的金属刮痕;对非本次事故的碰撞部位一般有油污和锈迹。进行区分的目的主要是避免重复赔偿。因为以往的部分小事故在定损估价赔偿后,由于被保险人的某些原因,车辆往往不进行修复,若本次事故定损时再考虑以往事故损失,就会存在重复估价和重复赔偿的问题。

(2)注意事故损失和机械损失的界限。保险人只承担条款载明的保险责任所致事故损失的赔偿。被保险车辆零部件的自然磨损、锈蚀、故障等损失保险人不负责赔偿。

（3）注意汽车保险事故损失和产品质量或维修质量问题而引发事故损失的界限。保险人只承担条款载明的保险责任所致事故损失的赔偿。若由产品质量或维修质量引发的车辆损毁，应由生产厂家、配件供应厂家、汽车销售公司或汽车维修厂家等第三方负责赔偿。汽车质量是否合格，保险人不好确定，如对汽车产品质量问题有怀疑，可委托机动车辆的司法鉴定部门进行鉴定。确认为产品质量或维修质量问题后，保险人可以对被保险人先行赔偿后再向第三方侵权人进行追偿。

案例分析5-2　车辆零部件质量问题引发的理赔案例

案情介绍：某运输公司为新购买的一辆130型载货汽车投保了车辆损失险。一日，驾驶员蔡某去送货，行至某国道一直行路段，准备超越前方一农用车时，迎面驶来一奔驰轿车。由于当时130型载货汽车速度较快，转向时驾驶员用力过猛，导致转向直拉杆头颈部突然断裂，造成与奔驰轿车相碰撞的重大交通事故。不仅该车受损、驾驶员蔡某受伤，而且奔驰轿车损坏，车上1人死亡、2人重伤，事故发生后经交通事故处理部门认定，130型货车负事故全部责任，赔偿对方所有损失。运输公司考虑到该车购买了车辆损失险，于是就自家车的损坏向保险公司提出索赔，保险公司通过查勘，认定事故原因为转向直拉杆头颈部突然断裂，作为新车出现此问题属于质量问题，保险公司不负责赔偿。运输公司不服，上诉至法院。法院经委托鉴定，获得被保险车辆"质量不合格"的结论，但根据"代位追偿"的原则，判保险公司在赔偿金额内先行赔付运输公司，后在赔偿金额内代位行使运输公司对130型载货汽车的销售方及制造厂请求赔偿的权利。

本案分析：本案焦点是该事故的近因是否属于车辆损失险保险责任范围。车辆损失险的保险责任是车辆使用过程中因产生碰撞、倾覆等意外事故或因暴风、暴雨等自然灾害导致车辆损失以及事故过程中的施救费用，保险人负责赔偿。本案中虽然属于碰撞事故，但引起碰撞的原因是直拉杆头颈部质量不合格，所以事故的真正原因是汽车制造厂生产的产品不合格，产品质量不合格不属于保险责任，因此，该事故的车辆损失应由汽车制造厂负责。根据"代位追偿"原则，保险公司可在赔偿金额内先行赔付运输公司后向销售方及制造厂追偿。如果汽车制造厂对自己的产品购买了产品质量保证保险，那么该事故的车辆损失可由产品质量保证保险赔偿。

（4）注意过失行为引发事故损失与故意行为引发事故损失的界限。过失行为引发的事故损失属于保险责任，故意行为引发的事故损失属于责任免除。损失鉴定时，可根据当事人、见证人的描述、事故车辆的实际损失、事故痕迹、事故处理部门意见等多项信息综合判断。现实中有一些案件先是由被保险人或驾驶人过失行为引发事故损失，又以故意行为导致损失扩大，此时，也要注意鉴别。

案例分析 5-3　夏利轿车撞木材堆事故的理赔案例

案情介绍：某年 10 月 30 日上午，祈女士驾驶夏利轿车到某修理厂进行日常维护。不料，在进入维修厂的院子时，不慎撞到旁边码放的木材堆。事故发生后，由于是单方事故，祈女士报警后由于事故较轻，交警并未出警。随后祈女士向保险公司报案索赔，因为其有事要办，所以将此事委托维修厂来处理。10 时 05 分，定损人员到达现场，因为车辆所在院里没有再进来车辆，所以事发现场没有被破坏，方便了定损人员的定损工作。定损人员一方面察看现场情况，一方面向维修厂处理此事的工作人员了解相关情况。对于整个事故的真实性，定损人员很快确定了下来，因为事故现场清楚地说明了一切。在确定车辆损坏部位时，因为涉及大灯周围部件的认定，所以花费的时间略长。定损过程如下：当时木材撞进大灯内部，除了大灯损坏之外，还要对大灯内部相连部件进行察看。在对右角灯的判定上，定损人员察看得比较仔细，虽然从外部看没有损伤，但因为与大灯是相连的，所以很可能也损伤到了角灯，经过再三比对，确认角灯也已经损坏，需要更换。在近 30 分钟的查勘过程中，定损人员最后确定夏利轿车的损坏部位及赔偿金额：右大灯、右杠灯和右角灯需要更换，金额为 290 元；前杠喷漆 150 元；共计 440 元。定损从 10 时 05 分开始，10:32 完毕，共用时 27 分钟。

本案分析：案件的发生虽然不是车主故意所致，但是大意驾车也是不可取的。车主在人少车少时，也要对车辆前方的路面情况进行及时、准确的观察。在这起案例中，车主将赔偿事宜交由维修厂代为处理，这里车主应该注意一个问题：报案时，应尽量抽时间将事故的经过先告知一下保险公司，以便之后维修厂与保险公司之间的沟通，这也是车主保护自身利益的一种很有效的方法。

(5) 对确定为事故损失的部位应坚持尽量修复的原则。如被保险人或第三者提出扩大修理范围或应修理而要求更换的，超出部分的费用由其自行承担，并在确认书中明确注明。

(6) 经保险人同意，对事故车辆损失原因进行鉴定的费用保险人应负责赔偿。

(7) 受损车辆解体后，如发现尚有因本次事故造成损失的部位没有定损的，经定损员核实后，可追加修理项目和费用。

(8) 受损车辆未经保险人同意而自行送修的，保险人有权重新核定修理费用或拒绝赔偿。重新核定时，应对照现场查勘记录，逐项核对修理费用，剔除扩大修理的费用或其他不合理项目和费用。

(9) 换件的残值应合理作价，如被保险人刻意要求保留残件的，应在定损金额中扣除。

(10) 定损人员应随时掌握最新零配件价格，了解机动车辆修理工艺和技术，以避免因不熟悉业务而对维修费用估计不准产生纠纷。

3. 维修费用构成

我国汽车维修价格由各省交通厅、物价局根据当地市场和物价指数，联合制定《机动车辆维修行业工时定额和收费标准》，作为机动车辆维修行业的定价依据。

事故车辆的维修费用主要由三部分构成，即修理工时费、材料费和其他费用。

1）工时费

$$工时费 = 定额工时 \times 工时单价$$

其中，定额工时是指实际维修作业项目核定的结算工时数；工时单价是指在生产过程中，单位小时的收费标准。

2）材料费

$$材料费 = 外购件费（配件、漆料、油料等）+ 自制配件费 + 辅助材料费$$

外购配件费按实际购进的价格结算，漆料、油料费按实际消耗量计算，其价格按实际进价结算；自制配件费按实际制造成本结算；辅助材料费是指在维修过程中使用的辅助材料的费用，在计价标准中已经包含的辅助材料不得再次收取。

3）其他费用

$$其他费用 = 外加工费 + 材料管理费$$

外加工费是指在维修过程中，实际发生在厂外加工的费用；材料管理费是指在材料的采购过程中发生的采购、装卸、运输、保管、损耗等费用，其收取标准：按单件配件购进价格或根据购置地点远近确定。如单件配件购进价格在1000元以下，可按进价的115%结算；单件配件购进价格在1000元以上，可按进价的110%结算。对配件购置地点距离较近的，可按进价的109%结算；购置地点距离较远的，可按进价的118%结算。

案例分析5-4 同责相撞的捷达车与红旗车维修费用确定。

案情介绍：在深圳地区发生了一起保险责任事故，一辆捷达车直行，与已经转过了弯的红旗车相撞，交警认定双方负同等责任。两车的维修费用如何确定？

本案分析：捷达车损失：更换左前转向灯，拆装及维修左前翼子板、前杠、发动机盖。总损失为700元，其中工时费200元。红旗车损失：更换前保险杠、左右前照灯、中网、水箱、冷凝器；维修及喷漆前杠、左前翼子板、发动机盖、右前门。总损失为1700元，其中工时费为400元。

4. 零配件的询报价

需更换零配件应确定价格，且符合市场情况，以保证修理厂高质量完成维修任务，做到零配件报价"有价有市"。而对于零配件市场的实际情况，生产厂家众多、价格差异较大、价格不稳定、进口汽车零部件缺乏统一价格标准等，给询报价带来很多不定因素。为此，各保险公司都建立了一套完整、准确、动态的询报价体系，如中国人民财产保险股份有限公司建立了独立的报价系统——《事故车辆定损系统》，使得定损人员在定损过程中能够争取主动，保证定出的零配件价格符合市场行情，大大加快了理赔速度。而对一些报价系统中没有的特殊车型，则采用与专业机构合作的方式或安排专人定期收集整理配件信息，掌握和了解配件市场行情变化情况，与各汽配商店及经济信息部门联系，以期取得各方面的配件信息。对高档车辆及更换配件价值较大的亦可与外地电话联系,并与当地配件价格比较。

零配件报价中常见的问题及其处理方式:

(1)询价单中车型信息不准确、不齐全,甚至互相矛盾,无法核定车型,更无法确定配件,导致报价部门不能顺利报价。针对这种情况,一般要求准确填写标的详细信息。

(2)配件名称不准确或配件特征描述不清楚。一般要求选择准确的配件名称或规范术语,并在备注栏说明,对于重要或特殊配件,可查找实物编码、零件编码或上传照片。

(3)把总成与零部件混淆。一般要求定损人员必须熟悉车辆结构和零配件市场供给情况。同时,定损人员可以向配件商咨询或上传照片。

(4)对老旧、稀有车型的配件报价,应准确核对车型,积极寻找通用的互换件。

(5)报价后价格波动或缺货。报价有一定时效,一般为3~7天,市场上货源紧张时价格上涨,所以报价、供货时间要快,避免涨价或缺货。

(6)无现货而必须订货的,原则上按海运价报价。

5.5.2 人身伤亡费用确定

人员伤亡费用主要在交强险、第三者责任保险、车上人员责任险等险种中涉及,理赔人员应按相关法律规定以及保险合同约定予以赔偿,赔偿项目和赔偿标准依据2004年5月1日起实施的《最高人民法院关于审理人身损害赔偿案件适用法律若干问题的解释》予以确定。

1. 人身伤亡费用主要种类

可以赔偿的人身伤亡费用主要包括几类:

(1)受伤人员的医疗费用:包括医疗费、误工费、护理费、交通费、住宿费、住院伙食补助费、必要的营养费,赔偿义务人应予以赔偿。其中,医疗费指受伤人员在治疗期间发生的由本次事故造成的损伤的医疗费用(限公费医疗的药品范围)。

(2)残疾赔偿费用:受害人因伤致残的,其因增加生活上需要所支出的必要费用以及因丧失劳动能力导致的收入损失,包括残疾赔偿金、残疾辅助器具费、被扶养人生活费,以及因康复护理、继续治疗实际发生的必要的康复费、护理费、后续治疗费。

(3)死亡人员的赔偿:受害人死亡的,除应根据抢救治疗情况赔偿第(1)条规定的相关费用外,还应赔偿丧葬费、被扶养人生活费、死亡补偿费以及受害人亲属办理丧葬事宜支出的交通费、住宿费和误工损失等。

(4)精神损害抚慰金:受害人或者死者近亲所遭受的精神损害,赔偿权利人向人民法院请求赔偿精神损害抚慰金的,适用2001年3月10起实施的《最高人民法院关于确定民事侵权精神损害赔偿责任若干问题的解释》予以确定。

2. 确定人身伤亡费用的工作流程

确定人身伤亡费用的工作流程如图5-13所示。

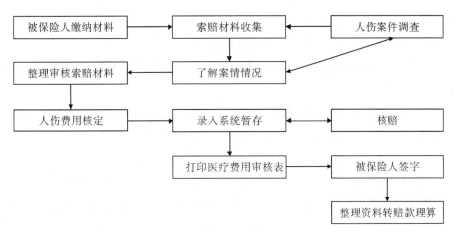

图 5-13 确定人身伤亡费用主要工作流程

1) 索赔材料交接

核对被保险人提供的索赔单证,填写资料交接凭证,一份给被保险人,一份粘贴在案卷封皮上。

2) 了解案件基本情况

调阅承保信息、人伤案件调查报告、交通队事故责任认定书、法院判决书等材料。

3) 整理、审核索赔单证

(1) 粘贴单据。门诊挂号收据、处方、医疗费收据、化验单、住院费收据和住院费清单等票据一一对应粘贴在一起。审核单据齐全、有效性。医疗费发票是否与事故发生时间相符,检查和治疗费用是否与事故相关。

(2) 粘贴单证。将交通事故责任认定书、损害赔偿调解书或法院判决书、一次性经济赔偿凭证等单据整理粘贴。审核单证真实、齐全、有效性。责任认定书是否与报案记录、出险通知书、人伤事故调查报告相符,调解是否按责赔偿,一次性经济赔偿凭证是否与调解书相符。

(3) 确认伤残鉴定书以及伤残等级准确性。

(4) 确认病假证明、护理证明、后续医疗费证明单据,并根据不同种类粘贴。

(5) 确认死亡证明、火化证明、户口注销证明,整理粘贴。

(6) 确认被抚养人户口资料及家庭成员户籍证明、实际供养关系证明,整理粘贴。

(7) 确认交通费、住宿费凭证,整理粘贴。交通费、住宿费应当以正式票据为凭,有关凭据应当与就医地点、时间、人数、次数相符合。

4) 费用核定

(1) 医药费。医药费参照医保标准,根据医保用药范围核定赔偿金额。

① 剔除非医保类药(或丙类药)部分和甲、乙类药品的自费部分;

② 剔除非本次保险事故导致的创伤而发生的治疗医药费;

③ 剔除无原医院证明的擅自住院、转院、再诊、外购药品费用。

(2) 诊疗费。

① 剔除超过医保标准范围的诊疗费；
② 剔除超过当地物价管理部门核定标准的会诊费。

(3) 住院费。剔除超过医保标准的床位费。床位费按住院天数和当地医保标准的单价计算。

(4) 住院伙食补助费。住院伙食补助费参照当地国家机关一般工作人员的出差伙食补助标准确定。受害人确有必要到外地治疗，因客观原因不能住院，受害人本人及其陪护人员实际发生的住宿费和伙食费，赔偿其合理部分。

剔除超过标准的伙补费。伙补费按住院天数和当地日补助标准计算。

(5) 后续治疗费。后续治疗费是指受害人身体尚未痊愈，确需继续治疗的，如二次手术费等。后续治疗费根据受害人伤情和医院意见核定。

(6) 整容费。剔除非为恢复生理功能而产生的整容费。

(7) 营养费。根据受害人伤残情况参照医疗机构的意见确定。

(8) 植入性材料。植入性材料是指骨科、脑外科、口腔科及其他相关学科以恢复功能（非美容或整形）为目的而永久或临时性植入人体内的材料。植入性材料分国产普通型、国产特殊材料、进口材料等。

① 按当地医保标准，剔除国产普通型、国产特殊材料、进口材料的自负比例部分；
② 剔除非本次保险事故导致的创伤而植入的治疗材料费用；
③ 剔除非以器官功能恢复为目的的整容、整形植入材料费用；
④ 剔除烤瓷牙费用超过普通种植牙费用部分。

(9) 残疾辅助器具费。按照普通适用器具的合理费用标准计算。伤情有特殊需要的，可以参照辅助器具配制机构的意见确定相应的合理费用标准。辅助器具的更换周期和赔偿期限参照配制机构的意见确定。

(10) 护理费。根据护理人员的收入状况和护理人数、护理期限确定。

护理人员有收入的，参照误工费的规定计算；护理人员没有收入或者雇佣护工的，参照当地护工从事同等级别护理的劳务报酬标准计算。护理人员原则上为一人，但医疗机构或者鉴定机构有明确意见的，可以参照确定护理人员人数。

护理期限应计算至受害人恢复生活自理能力时止。受害人因残疾不能恢复生活自理能力的，可以根据其年龄、健康状况等因素确定合理的护理期限。受害人定残后的护理，应当根据其护理依赖程度并结合配制残疾辅助器具的情况确定护理级别。

(11) 丧葬费。按照受诉法院所在地上一年度职工月平均工资标准，以六个月总额计算。

(12) 死亡赔偿金。按照受诉法院所在地上一年度城镇居民人均可支配收入或者农村居民人均纯收入标准，按二十年计算。但六十周岁以上的，年龄每增加一岁减少一年；七十五周岁以上的，按五年计算。

(13) 残疾赔偿金。根据受害人丧失劳动能力程度或者伤残等级，按照受诉法院所在地上一年度城镇居民人均可支配收入或者农村居民人均纯收入标准，自定残之日起按二十年计算。但六十周岁以上的,年龄每增加一岁减少一年;七十五周岁以上的,按五年计算。

受害人因伤致残但实际收入没有减少,或者伤残等级较轻但造成职业妨害严重影响其劳动就业的,可以对残疾赔偿金作相应调整。

(14) 交通费。根据受害人及其必要的陪护人员因就医或者转院治疗实际发生的费用计算。交通费应当以正式票据为凭;有关凭据应当与就医地点、时间、人数、次数相符合。

(15) 误工费。根据受害人的误工时间和收入状况确定。误工时间根据受害人接受治疗的医疗机构出具的证明确定。受害人因伤致残持续误工的,误工时间可以计算至定残日前一天。

受害人有固定收入的,误工费按照实际减少的收入计算。受害人无固定收入的,按照其最近三年的平均收入计算;受害人不能举证证明其最近三年的平均收入状况的,可以参照受诉法院所在地相同或者相近行业上一年度职工的平均工资计算。

(16) 被扶养人生活费。根据扶养人丧失劳动能力程度,按照受诉法院所在地上一年度城镇居民人均消费性支出和农村居民人均年生活消费支出标准计算。

被扶养人为未成年人的,计算至十八周岁;被扶养人无劳动能力又无其他生活来源的,计算二十年。但六十周岁以上的,年龄每增加一岁减少一年;七十五周岁以上的,按五年计算。

被扶养人是指受害人依法应当承担扶养义务的未成年人或者丧失劳动能力又无其他生活来源的成年近亲属。被扶养人还有其他扶养人的,赔偿义务人只赔偿受害人依法应当负担的部分。被扶养人有数人的,年赔偿总额累计不超过上一年度城镇居民人均消费性支出额或者农村居民人均年生活消费支出额。

(17) 精神损害抚慰金。受害人或者死者近亲属遭受精神损害,赔偿权利人向人民法院请求赔偿精神损害抚慰金的,适用《最高人民法院关于确定民事侵权精神损害赔偿责任若干问题的解释》予以确定。机动车交通事故责任强制保险在死亡伤残责任限额内,原则上最后赔付精神损害抚慰金。

5) 出具《医疗费用审核表》

(1) 填写机动车辆保险人员伤亡费用清单并录入系统,报核赔人员填写意见。

(2) 生成并打印《医疗费用审核表》,根据事故责任比例调整立案金额。

(3) 案卷材料转理算岗。

6) 索赔单据与调查报告不一致

索赔单据与事故调查报告不一致的,转人伤事故调查员补充材料或进一步调查。

7) 疑难、诉讼、拟拒赔案件

疑难、诉讼、拟拒赔案件及时上报查勘定损团队主管、核赔人处理。

8) 有问题单据

审核出有问题的单据要及时与被保险人沟通,做好解释工作。

案例分析 5-5　被抚养人生活费的赔偿计算

案情介绍：2005 年 9 月 5 日 23 时，蔡某驾车行至山东某市时，由于对面来车灯光晃眼，不慎将行人刘某轧死。受害人家属状告蔡某，要求赔偿人身损害等相关费用。其中：受害人死亡时 40 周岁，系城镇居民户口，共有兄弟 2 人；受害人妻子 1964 年 8 月 6 日出生，城镇居民户口；受害人儿子 1988 年 11 月 8 日出生，城镇居民户口；受害人父亲 1937 年 11 月 11 日出生，城镇居民户口；受害人母亲 1939 年 12 月 9 日出生，城镇居民户口。

受理法院判决如下：

赔偿死亡赔偿金：188756 元

丧葬费：8015.50 元

被抚养人生活费：93432.50 元

共计：290204 元。

要求被告承担 100% 的赔偿责任，即赔偿受害人费用 290204 元。

本案分析：本案中赔偿计算是否准确，主要需看各赔偿项目的计算是如何规定的。《最高人民法院关于审理人身损害赔偿案件适用法律若干问题的解释》（以下简称《解释》）规定：死亡赔偿金按照受诉法院所在地上一年度城镇居民人均可支配收入或者农村居民人均纯收入标准，按二十年计算。但六十周岁以上的，年龄每增加一岁减少一年；七十五周岁以上的，按五年计算。本案中受害人刘某死亡时的年龄为 40 周岁，受诉法院所在地上一年度城镇居民人均可支配收入为 9437.80 元，按 20 年计算，可以得到赔偿金 9437.80 元/年 × 20 年 = 188756（元）。

《解释》规定，丧葬费按受诉法院所在地上一年度职工月平均工资标准，以六个月总额计算。可得到赔偿金 8015.50 元。

《解释》规定，被扶养人生活费根据扶养人丧失劳动能力程度按照受诉法院所在地上一年度城镇居民人均消费性支出和农村居民人均年生活消费支出标准计算。被扶养人为未成年人的，计算至十八周岁；被扶养人无劳动能力又无其他生活来源的，计算二十年。但六十周岁以上的，年龄每增加一岁减少一年；七十五周岁以上的，按五年计算。被扶养人是指受害人依法应当承担扶养义务的未成年人或者丧失劳动能力又无其他生活来源的成年近亲属。被扶养人还有其他扶养人的，赔偿义务人只赔偿受害人依法应当负担的部分。被扶养人有数人的，年赔偿总额累计不超过上一年度城镇居民人均消费性支出额或者农村居民人均年生活消费支出额。

被扶养人的界定一般为未成年人和无劳动能力的人，且为受害人的近亲属（包括配偶、父母、子女、兄弟姊妹、祖父母、外祖父母、孙子女、外孙子女）。无劳动能力的人一般界定为男性 60 周岁以上、女性 55 周岁以上，或有证据证明丧失劳动能力的男性 60 周岁以下、女性 55 周岁以下的成年人。本案中被扶养人为受害人父亲、受害人母亲、受害人儿子，案发时被扶养人实足年龄分别为 67 周岁、65 周岁、16 周岁，他们的被扶养年限分别为 13 年、15 年、2 年。

《解释》规定,被扶养人还有其他扶养人的,赔偿义务人只赔偿受害人依法应当负担的部分。本案中受害人刘某的儿子为刘某与其妻共养,刘某有兄弟 1 人,共同承担赡养父母的义务,因此本案中被扶养人生活费还需进行分摊计算。受诉法院所在地上一年度城镇居民人均消费性支出 6673.75 元,每个被扶养人单独的生活费赔偿额计算如下:

受害人父亲:6673.75 元/年×13 年÷2 = 43379.38(元)

受害人母亲:6673.75 元/年×15 年÷2 = 50053.13(元)

受害人儿子:6673.75 元/年×2 年÷2 = 6673.75(元)

能否将上述计算结果直接相加呢?《解释》还规定,被扶养人有数人的,年赔偿总额累计不超过上一年度城镇居民人均消费性支出额或者农村居民人均年生活消费支出额。所以本案中前 2 年的被扶养人生活费的年赔偿额为 6673.75 元/年×(父亲的 1/2 + 母亲的 1/2 + 儿子的 1/2),已超过上一年度城镇居民人均消费性支出额 6673.75 元/年,所以按每年 6673.75 元计算;而后 11 年的被扶养人生活费的年赔偿额为 6673.75 元/年×(父亲的 1/2 + 母亲的 1/2),等于 6673.75 元/年,按实际计算;最后 2 年的被扶养人生活费的年赔偿额为 6673.75 元/年×(父亲的 1/2),小于 6673.75 元/年,按实际计算。所以,总的被扶养人生活费赔偿额应为:6673.75 元/年×2 年 + 6673.75 元/年×11 年 + 6673.75 元/年÷2×2 = 93432.5(元)。

本案中被告肇事者承担 100% 的赔偿责任,即赔偿受害人费用:188756 元 + 8015.50 元 + 93432.5 元 = 290204(元)。

案例分析 5-6　精神抚慰金的确定和赔偿

案情介绍:甲车与乙车相撞,造成甲车、乙车受损,乙车驾驶员死亡。经认定,甲车被保险人承担事故的主要责任,交警部门未明确划定事故赔偿比例。

甲车投保情况:交强险、机动车损失险(保额为 10 万元)、第三者责任保险(责任限额为 5 万元)。负事故主要责任时,免赔率为 15%。

乙车投保情况:只投保了交强险。负事故次要责任时,免赔率为 5%。

事故损失情况及调解赔偿:

(1)甲车:车辆损失 12000 元。

(2)乙车:驾驶员医药费 12000 元;

死亡赔偿金 9000×20 年 = 180000 元;

丧葬费 7000 元;

被抚养人生活费 110000 元;

精神抚慰金 30000 元;

死者随身手机 3000 元;

乙车损失 25000 元。

那么,甲、乙两车的保险公司应如何赔偿呢?

赔款计算如下:

(1)交强险。经过认定,甲车承担事故的主要责任,乙车承担事故的次要责任,因此,甲乙两车在交强险下都按有责限额各自承担赔偿。

甲车支出的赔款:

死亡伤残:死亡赔偿金180000元+丧葬费7000元+被扶养人生活费110000元+事故处理人员误工费300元+处理丧葬事宜的交通费1000元+精神抚慰金30000元,合计328300元。由于超过了交强险死亡伤残赔偿的限额110000元,所以赔偿110000元。

医疗费用:乙车人员医药费损失12000元,超过交强险医疗费用的限额10000元,所以赔偿10000元。

财产损失:乙车驾驶员手机损失3000元+乙车损失25000元,超过交强险财产损失赔偿的限额2000元,所以赔偿2000元。

交强险合计赔偿甲车122000元。

乙车支出的赔款:

作为乙车第三者的甲车,由于只存在车辆损失,所以只在财产损失限额项下赔偿。

财产损失:甲车损失12000元,超过了交强险财产损失赔偿的限额2000元,所以赔偿2000元。

(2)第三者责任保险。

甲车支出的赔款:

甲车的第三者损失:医药费12000元+死亡赔偿金180000元+丧葬费7000元+死者随身手机3000元+被扶养人生活费110000元+事故处理人员误工费300元+交通费1000元+第三者车辆损失25000元=338300元(注:精神抚慰金不属于第三者责任保险责任范围)。

纳入甲车的第三者责任保险的损失=甲车的第三者损失338300元-交强险应付的赔偿金额122000元=216300(元),超过商业第三者的责任限额50000元。

所以,甲车的商业第三者赔偿=50000×(1-15%)=42500(元)。

乙车支出的赔款:

乙车未购买第三者责任保险,所以保险公司不负责赔偿。

(3)机动车损失险。

甲车支出的赔款:

甲车在汽车损失保险下赔付=(甲车损失-乙车交强险应付的赔偿金额)×事故责任比例×(1-免赔率)=(12000元-2000元)×70%×(1-15%)=5950(元)

乙车支出的赔款:

乙车未购买机动车损失险,所以保险公司不负责赔偿。

(4)合计。

甲车支出的赔款:

保险公司赔款总额＝交强险赔偿＋第三者责任保险赔偿＋车辆损失保险赔偿＝122000元＋42500元＋5950元＝170450（元）。

乙车支出的赔款：

保险公司赔款总额＝交强险赔偿＝2000元。

本案分析：通过对该案的赔款计算可知，只在交强险部分考虑精神抚慰金，在第三者责任保险中未予考虑，其依据是保险条款的相关规定。交强险条款的保险责任部分明确规定：死亡伤残赔偿限额项下负责赔偿丧葬费、死亡补偿费、受害人亲属办理丧葬事宜支出的交通费用、残疾赔偿金、残疾辅助器具费、护理费、康复费、交通费、被扶养人生活费、住宿费、误工费，被保险人依照法院判决或者调解承担的精神损害抚慰金。而第三者责任保险条款的责任免除部分明确规定精神损害赔偿是除外责任。所以精神抚慰金只在交强险部分考虑。

另外，根据保险行业对交强险理赔的规定，对被保险人依照法院判决或者调解承担的精神损害抚慰金，原则上在其他赔偿项目足额赔偿后，在死亡伤残赔偿限额内赔偿。所以，在赔偿顺序上，精神抚慰金列第二位，而丧葬费、死亡补偿费、受害人亲属办理丧葬事宜支出的交通费用、残疾赔偿金、残疾辅助器具费、护理费、康复费、交通费、被扶养人生活费、住宿费、误工费等列第一位。一旦发生比较严重的人伤事故，死亡伤残赔偿限额项下处理第一赔偿顺序的各项费用之和往往就已经超过赔偿限额11万元，此时法院判决或者调解的精神损害抚慰金，就不能得到保险的赔偿，只能由肇事者自己承担。

目前，在我国的民事赔偿案件中，对于精神损害的赔偿已经得到认同，这种做法体现了社会的进步。但在赔偿金额方面，经常呈现出高额甚至巨额索赔现象。根据我国国情，这些巨额索赔不能从社会意义上真正体现公平，其结果将对社会进步起到负面影响。所以，对于过高数额的精神损害抚慰金的请求，人民法院一般不予支持，以限制滥诉行为，维护社会公平。所以，在交通肇事中，肇事者往往需要承担一定额度的精神损害赔偿。

为适应这种现状，车险附加险中包含有精神损害抚慰金责任险可供选择，只要投保人在投保了第三者责任保险或车上人员责任险的基础上，即可投保本附加险，该附加险的保险责任包括被保险机动车在使用过程中，发生主险约定的保险责任内的事故，造成第三者人员或本车车上人员的人身伤亡，受害人据此提出的精神损害赔偿请求，保险人依照法院判决及保险合同约定，对应由被保险人或被保险机动车驾驶人支付的精神损害抚慰金，在扣除交强险应当支付的赔款后，在本保险赔偿限额内负责赔偿。所以，车辆投保人可考虑投保该险种，以获得全面的保险保障。

5.5.3 其他财产损失的确定

保险事故导致的财产损失，除车辆本身损失外，还可能造成第三者的财产损失和车上承运货物的损失，从而产生第三者责任险、车上货物责任险的赔偿问题。

1. 第三者财产损失确定

第三者财产损失包括第三者车辆所载货物、道路、道路安全设施、房屋建筑、电力和水利设施、道旁树木花卉、道旁农田庄稼等。第三者的财产涉及范围较大,其定损的标准、技术以及掌握的尺度相对机动车辆来讲要难得多。

第三者财产损失的确定依据是《中华人民共和国民法通则》(以下简称《民法通则》)和机动车辆第三者责任险保险条款。《民法通则》规定,第三者财产损失赔偿责任是基于被保险人的侵权行为产生的,致害人应按被损害财产的实际损失予以赔偿,事故造成财产直接损失的,应恢复原状或折价赔偿。确定时可与被害人协商,协商不成可申请仲裁或诉讼。机动车辆第三者责任险保险条款规定,保险车辆发生意外事故,直接造成事故现场他人现有财产的实际损毁,保险人依据保险合同的规定予以赔偿。可见,保险人对第三者财产损失只负责赔偿直接损失,间接损失、第三者无理索要及处罚性质的赔偿不予负责,因此,保险人的实际定损费用与被保险人实际赔付第三者的费用往往有差距,这就需要定损人员做好被保险人的解释说服工作。

案例分析 5-7　第三者间接损失保险公司可否拒赔?

案情介绍:2008 年 6 月 15 日 14 时,郭某报案称,自己驾驶的自卸车由南向北沿着顺馨路行驶到某处,准备掉头转弯时,车辆尾部不慎撞倒电线杆,一些电线被扯断,电线杆将一户居民的房子砸坏。保险公司查勘人员迅速赶赴现场,进行拍照、询问和记录等查勘工作,很快便确定了车辆损失和第三者损失,且被保险人和第三者方都感到很满意。但是,第二天,郭某又打电话给查勘人员说,出事地点附近的三家居民找到他,说由于停电导致三家居民的冰箱、电视机等家用电器损坏,且有相关部门证明(家电损坏系因紧急停电后又突然来电导致烧坏了电路管件),损失合计 4500 元。保险公司回复说,对此项损失拒绝赔偿。郭某不能理解,双方产生纠纷,遂诉诸法律。后经过法院调解,郭某放弃了对间接损失的索赔。

本案分析:根据交强险和商业第三者责任保险的责任免除条款规定:被保险机动车发生意外事故,致使第三者停业、停驶、停电、停水、停气、停产、通信或者网络中断、电压变化、数据丢失造成的损失以及其他各种间接损失,保险公司将不予赔偿。本案中,出事地点附近三家居民家中的冰箱、电视机等家电,由于紧急停电后又突然来电导致的 4500 元损失的情况即为上述条款规定的责任免除范围,所以保险公司的拒赔是正确的。

2. 车上货物损失确定

凡发生保险责任内的车上货物损失,原则上保险公司必须立即派人前往出事现场,对车上货物损失进行查勘处理,然后会同被保险人和有关人员对受损的货物进行逐项清理,以确定损失数量、损失程度和损失金额。在损失金额的确定方面应坚持从保险利益原则出发,注意掌握在出险当时标的具有或者已经实现的价值,确保体现补偿原则。

案例分析 5-8　运送生猪的货车发生车祸导致生猪受损的理赔

案情介绍:一辆运送生猪的货车,由于驾驶员疲劳驾驶发生车祸,导致倾覆,驾驶员轻伤。车上共拉有50头猪,每头猪都在120 kg左右,价值1800～2000元。查勘员在半小时内赶到了车祸现场,及时进行了清点。发现所拉的猪有死亡的,有受伤的,有走失或被哄抢的,也有被路政人员帮忙找回的。驾驶员称,当时他急于查勘事故情况,刚开始没有注意到,后来看到有人趁乱哄抢生猪时,急忙阻拦,但他一个人也管不住,就眼睁睁地看着一些人把猪拉走了。最后,查勘人员确认生猪情况如下:通过运货单及询问,确认本车共拉有50头生猪,事故发生后,死亡13头,受伤15头,走失及哄抢9头,无恙13头。经过请示领导及与车主协商,当场将13头死亡的猪,说明原因后折价处理给了当地村民,使货主降低了损失,也大大降低了保险公司的赔款。最后保险查勘人员对驾驶员说,通过对本事故的查勘,认定车辆倾覆事故属实,属于保险责任。由于该车购买了车上货物责任险,所以保险公司将对死亡的、受伤的生猪考虑给予赔偿,但对哄抢的、走失的不予赔偿。驾驶员对于保险公司的赔偿不理解。

本案分析:本案主要涉及车上货物责任险,其保险责任为发生意外事故,致使被保险机动车所载货物遭受直接损毁,依法应由被保险人承担的经济赔偿责任,保险人负责赔偿。且责任免除部分明确列明偷盗、哄抢、自然损耗、本身缺陷、短少、死亡、腐烂、变质、串味、生锈、动物走失、飞失、货物自身起火燃烧或爆炸造成的货物损失,保险人不负责赔偿。所以,查勘人员只对死亡的(此为事故导致的死亡,并不是运输过程中由于挤压等造成的死亡)、受伤的生猪考虑给予赔偿,但对哄抢的、走失的不给予赔偿的说法正确。

本案中查勘人员迅速前往出事现场,迅速查明事故情况,并在好心人帮助下,为被保险人及时找回了部分走失、哄抢的生猪,同时对事故中死亡的生猪残值及时处理等一系列的做法避免了被保险人损失的扩大,值得称赞。另外,哄抢行为可能构成犯罪。我国《物权法》明确规定,拾得遗失物,应当返还权利人。拾得人应当及时通知权利人领取,或送交公安等有关部门。拒不交还,情节严重,达到一定数量的,也可能构成侵占罪。所以哄抢生猪的行为,已经触犯了法律,如果情节轻微会受到治安处罚,情节严重可能构成犯罪。

5.5.4 施救费用确定

施救费是指保险标的遭遇保险责任范围内的灾害事故时,被保险人或其代理人、雇佣人员为减少事故损失而采取适当措施抢救保险标的时支出的额外费用。所以,施救费用是用一个相对较小的费用支出来控制损失扩大。施救费用的确定要坚持必要、合理的原则。

通常保险人只承担为施救、保护被保险车辆及其财物而支付的正常、必要、合理的费用,保险人在保险金额范围内按施救费赔偿;但对于被保险车辆装载的货物、拖带的未保险车辆或其他拖带物的施救费用,不予负责;在施救过程中,因施救而损坏他人的财产,如果应由被保险人承担,该部分损失也属于施救费;但在施救中,施救人员个人物品的丢失,不属于施救费;受雇施救车辆在拖运出险车辆途中,发生意外事故造成出险车辆的损失扩大部分和费用支出增加部分不属于施救费;对于因交通事故产生的停车费、看车费及各种罚款,属于间接损失,也不属于施救费。施救的财产中,含有本保险合同未保险的

财产,如果两者费用无法划分,应按本保险合同保险财产的实际价值占总施救财产的实际价值的比例分摊施救费用。计算公式如下:

保险车辆施救费＝总施救费×保险金额/(保险金额＋其他被施救财产价值)

案例分析5-9　施救费用赔偿计算

某保险车辆的保险金额为40000元,车上载运货物价值30000元,发生属保险责任范围内的单方事故,保护与施救费用共支出1000元。试计算应赔付的施救费用。

解:被保险车辆施救费赔款＝1000×[40000/(40000＋30000)]≈571.43(元)

5.5.5　残值确定

残值处理是指保险公司根据保险合同履行了赔偿并取得对受损标的所有权后,对尚存一部分经济价值的受损标的进行的处理。

机动车辆保险条款规定,残值应由保险人与被保险人协商处理。如折归被保险人的,由双方协商确定其价值并在赔款中扣除。若协商不成,则保险公司应将已赔偿的受损物资收回。这些受损物资可委托有关部门拍卖,处理所得款项应冲减赔款。一时无法处理的,则应交保险公司的损余物资管理部门。

5.5.6　核损

核损主要是指对事故车辆损失、其他财产损失、施救费用等财产损失相关费用的确定进行审核。一般人身伤亡费用由于其特殊性在确定费用后无须核损而直接进入理算阶段。

1. 核损主要工作内容

(1)了解配件市场情况,建立、维护当地汽车配件价格信息渠道及供货渠道;

(2)负责收集车型资料信息及汽车配件价格信息,进行常见车型汽车配件价格本地化维护;

(3)非常见车型配件价格询报价;

(4)属地车型零配件价格维护;

(5)制定本地《汽车维修工时费定额标准》《施救费相关标准》收集完善《高速公路损失赔偿标准》《公路及其附属设施赔偿标准》等交通事故常见物损标准;

(6)审核查勘、定损上报案件的相关信息;

(7)审核案件真实性;

(8)审核定损项目、配件价格、维修工时费、施救等费用;

(9)大案、要案、疑难杂案现场参与核价核损;

(10)实地复勘、配件验查。

2. 核损工作要求

(1)定期对本地化价格进行更新;

(2)及时对查勘定损人员进行报价、询价;

(3)及时审核案件,根据现场照片、定损照片以及其他材料证据,结合出险时保单信息,进行核价核损;

(4)更换配件"有价有市",修理费符合当地行情,维修企业拥有相关资质;

(5)超过本级公司核价核损权限的,及时上报;

(6)对核价核损中发现的问题应定期汇总、整理,及时与有关人员沟通;

(7)及时学习新车型、新技术、新工艺,掌握汽车维修及配件市场行情。

3. 核损实务操作要求

(1)核损人员收到待核损的案件,审核各项单证材料、损失照片、承保情况、出险报案、查勘、定损等信息,验证事故发生的时间、地点、原因及碰撞过程情况,确定保险责任范围,对于发现不属保险责任的案件或有疑问的案件及时与查勘、定损人员沟通,督促及时进行复勘和调查;

(2)审核现场记录、损失照片痕迹记录,核对出险原因、经过及大概损失情况是否相符,有无扩大损失部分;

(3)审核所有受损车辆照片,目测碰撞位置、碰撞方向,判断碰撞力大小、走向,初步确定事故损失范围,并估计可能有的损伤;

(4)核损时必须注意各个部位变形痕迹的关联性,同时又要注意传导损失和非事故损失的区分(例如:车顶褶皱、弯曲与车顶平面凹陷,发动机机脚胶、悬挂、转向、底盘等部位机件机械磨损、老化与外力撞击损伤);

(5)确定损伤是否限制在车身范围内,是否还包含功能部件、元件或隐藏件(如车轮、悬架、发动机、仪表台内藏件等),根据碰撞力传导范围、损伤变形情况和损失配件拆解照片区分事故损伤与拆装损伤;

(6)对于资料不全、查勘定损不合理或需要实地查勘的,要与查勘定损员沟通了解;

(7)核损人员在核定车辆损失时,应根据车辆结构和事故的接触点及轨迹,判定是否属于本次事故所造成的损失,剔除非本次事故造成的损失;

(8)对需实地查勘的重大案件,核损人员应及时到现场,对事故现场及事故车辆进行复勘;

(9)涉及异地承保车辆在本机构管辖范围内的出险,核损原则上按出险地赔偿标准确定,对于车辆损失出险地修复标准明显高于承保公司所在地标准的,如果客户同意车辆拖回承保公司所在地修复的,由承保公司对事故进行重新定损、审核。

 5.6 赔款理算

5.6.1 交强险赔款的理算

在赔偿顺序上,交强险是第一顺序,商业机动车保险是第二顺序。因此,交强险的赔款理算,将影响到商业机动车保险的赔款理算。

交强险分别就被保险人有责与无责情况对死亡伤残、医疗费用、财产损失三类赔偿设定了赔偿限额,其赔款理算相对比较简单。

1. 交强险赔偿的责任承担方式

在商业车险中,按全部责任、主要责任、同等责任和次要责任等事故责任比例来计算赔偿额度,交强险则采用简单的二分法,即将责任仅区分为有责和无责。交强险的这种责任承担方式,是由交强险保护社会公众和受害人利益的主旨决定的,与商业车险有显著区别。

《道路交通安全法》第七十六条规定:机动车发生交通事故造成人身伤亡、财产损失的,由保险公司在机动车第三者责任强制保险责任限额范围内予以赔偿。根据此规定,交强险应实行无过错赔偿,即只要发生事故,就在责任限额内予以赔偿,而不问被保险人在事故中的过错责任。

《机动车第三者责任强制保险条例》第二十三条规定:机动车交通事故责任强制保险在全国范围内实行统一的责任限额。责任限额分死亡伤残赔偿限额、医疗费用赔偿限额、财产损失赔偿限额以及被保险人在道路交通事故中无责任的赔偿限额。

具体赔偿限额标准见表5-4所列。

表5-4 交强险赔偿限额　　　　　　　　　　　　　　　　　　　　　单位:元

赔偿范畴	死亡伤残限额	医疗费用限额	财产损失限额
有责	110000	10000	2000
无责	11000	1000	100

案例分析5-10 不予区分责任比例的交强险赔偿计算

货车甲、轿车乙两车互撞,甲车承担60%责任,车损3000元,乙车承担40%责任,车损5000元,则甲、乙两车获得交强险的赔偿分别为多少?

解:甲、乙双方都有责任,双方互为第三者,根据交强险规定和责任承担方式。

货车甲:三者财产损失5000元大于交强险财产损失责任限额2000元,故甲车获得交强险赔偿为2000元。

轿车乙:三者财产损失3000元大于交强险财产损失责任限额2000元,故乙车获得交强险赔偿为2000元。

由此可见,交强险的赔款理算依据的是简单的二分责任法,不再考虑具体的事故责任比例,即以三者的损失5000元和3000元与2000元比较,而不是5000元×60% =3000元和3000×40% =1200元与2000元比较。

案例分析5-11 交强险无责也要赔偿

案情介绍:2008年3月,吴某购买了一辆"桑塔纳"轿车,并购买了交强险。某天在路口等红灯时,被一辆"奔驰"轿车追尾,"桑塔纳"轿车后保险杠被撞坏,"奔驰"轿车的前保险杠等也损坏了。交警认定"奔驰"车主负全责。"桑塔纳"轿车维修费是180元,"奔驰"轿车的维修费是3200元。此种情况下,"奔驰"车主肯定要赔偿吴某车辆的损失180元,那么作为无责任一方的吴某或其投保的保险公司是否要赔偿"奔驰"轿车的损失呢?如果要赔偿,最多赔偿多少?按现行交强险规定,在事故中有责任方在财产损失责任限额2000元内赔偿对方车辆损失,无责任方在财产损失责任限额100元内赔偿对方车辆损失。所以,吴某赔偿"奔驰"车主100元,而"奔驰"车主赔偿吴某180元。吴某很纳闷:对方撞了自己,自己还要赔偿对方100元,交强险到底是如何规定的?

本案分析:为加强对受害人利益的保护,交强险规定机动车肇事后,即使自己一方无责也要赔偿对方一定损失,以无责任限额为赔偿限度。交强险的无责限额分为三项:无责任死亡伤残赔偿限额为11000元;无责任医疗费用赔偿限额为1000元;无责任财产损失赔偿限额为100元。该事故中,吴某的车辆被追尾,无任何责任,所以,只需在无责财产损失赔偿限额下赔偿对方部分修车费用100元。保险公司应加大宣传力度,在承保时向车主说明交强险的相关知识,在现场查勘定损时多向被保险人解释,使之明白"自己无责,也要赔偿对方"是一种正常现象。

2. 交强险理算注意事项

(1)交通事故损失应优先在交强险项下赔偿,交强险赔偿不足部分的损失,再纳入商业保险理赔,即交强险是第一赔偿序位的保险,商业车险是第二赔偿序位的保险,已获得交强险赔偿的部分,商业车险理算时应予以扣除。

(2)交强险实行限额责任赔偿,而商业车险实行比例责任赔偿。交警部门划定的责任比例,在交强险理算时无意义,在商业车险中必须考虑,实行按责划分,依责理赔。

(3)只投保商业车险而没有投保交强险的车辆,将视同已投保交强险,商业车险仅负责对应在交强险项下获得赔偿以外的部分进行赔偿。

(4)理算时人身伤残费用应参照相关法律法规的标准确定。伤人案件的医疗费用依据国务院卫生主管部门制定的交通事故人员创伤临床诊疗指南和国家基本医疗保险标准进行,人身伤残核定主要依据道路交通事故人身伤残评定准则等标准进行。

(5)无责方车辆对有责方车辆损失应承担的财产损失赔偿金额,由有责方在本方交强险无责任财产损失赔偿限额项下代赔。

(6)对被保险人依照法院判决或者调解承担的精神损害抚慰金,原则上在其他赔偿项目足额赔偿后,在死亡伤残赔偿限额内赔偿。

(7)初次计算后,如果有致害方交强险限额未赔足,同时有受害方损失没有得到充分补偿,则对受害方的损失在交强险剩余限额内再次进行分配,在交强险限额内补足。对于待分配的各项损失合计没有超过剩余赔偿限额的,按分配结果赔付各方;超过剩余赔偿限额的,则按每项分配金额占各项分配金额总和的比例乘以剩余赔偿限额分摊,直至受损各方均得到足额赔偿或应赔付方交强险无剩余限额。

(8)机动车辆保险的理算,应按保险事故的损失和所保险种的情况,在对应险种范围内,将交强险、商业第三者责任险和车损险等险种项下的财产损失、人身伤亡费用、医疗费用分别对应理算,避免交叉、重复和缺漏。

3. 交强险综合理算实例

案例分析 5－12　交强险赔款综合理算

A、B两车在某路段发生正面碰撞(A为大型载货汽车,B为小型载客汽车),不仅两车受损,还致使行人C受伤,造成道路护栏D损失。经裁定,A车负主要责任,承担损失的70%;B车负次要责任,承担损失的30%。交通事故各参与方的损失分别为A车车辆损失4000元,车上货物损失3000元;B车车辆损失9000元,车上人员重伤一名,造成残疾,花费医药费10000元,残疾赔偿金60000元;行人C经抢救无效死亡,医疗费用40000元,死亡赔偿金200000元,精神损害抚慰金30000元;道路护栏D损失6000元。A、B两车均承保了交强险。试分别计算A、B两车只有交强险情况下的交强险赔款和A、B两车同时买了交强险和商业险情况下,交强险的赔款。

解:A、B两车只有交强险情况下交强险赔款的计算过程及结果:

A、B两车在交强险理算过程中由于都负有责任,因此需要均摊行人伤害赔偿以及道路护栏损失。

A车:

(1)财产损失赔偿金额:

应由A车负担的财产损失 = B车车辆损失 + 道路护栏×50% = 9000 + 6000×50% = 12000(元) > 交强险有责财产损失赔偿限额2000元

(2)医疗费用赔偿金额:

应由A车负担的医疗费用 = B车车上人员医疗费用 + 行人C的医疗费用×50% = 10000 + 40000×50% = 30000(元) > 交强险有责医疗费用赔偿限额10000元

(3)死亡伤残费用赔偿金额:

应由A车负担的死亡伤残费用 = B车车上人员的残疾赔偿金 + 行人C的死亡赔偿金×50% + 行人C的精神损失抚慰金×50% = 60000 + 200000×50% + 30000×50% = 175000(元) > 交强险有责死亡伤残费用赔偿限额110000元

(4)A车获得交强险总赔偿金额:

总赔偿金额 = 2000 + 10000 + 110000 = 122000(元)

B车:

(1)财产损失赔偿金额:

应由B车负担的财产损失 = A车车辆损失 + A车车上货物损失 + 道路护栏×50% = 4000 + 3000 + 6000×50% = 10000(元) > 交强险有责财产损失赔偿限额2000元

(2)医疗费用赔偿金额:

应由B车负担的医疗费用 = 行人C的医疗费用×50% = 40000×50% = 20000(元) > 交强险有责医疗费用赔偿限额10000元

(3) 死亡伤残赔偿金额：

应由 B 车负担的死亡伤残费用 =（行人 C 死亡赔偿金 + 行人 C 精神损失抚慰金）× 50% = 200000 × 50% + 30000 × 50% = 115000（元）> 交强险有责死亡伤残费用赔偿限额 110000 元

(4) B 车获得交强险总赔偿金额：

总赔偿金额 = 2000 + 10000 + 110000 = 122000（元）

A、B 两车同时买了交强险和商业险情况下，交强险的赔款：

单独理算各车辆被保险人获得的交强险赔款比较简单，但在实际工作中，车辆被保险人往往还购买了商业性车险，此种情况下，不但要计算出交强险的实际赔偿金额，同时还要分别计算出事故参与各方得到的交强险赔偿金额，以利于商业保险的赔款计算。现以上例为例分析如下：

A 车：

财产损失赔偿金额 = 2000 元，其中：

赔偿 B 车车辆损失 = 2000 × [9000 ÷ (9000 + 6000 × 50%)] = 1500（元）

赔偿护栏损失 = 2000 × [(6000 × 50%) ÷ (9000 + 6000 × 50%)] = 500（元）

医疗费用赔偿金额 = 10000 元，其中：

赔偿 B 车人员的费用 = 10000 × [10000 ÷ (10000 + 40000 × 50%)] = 3333.33（元）

赔偿行人 C 的费用 = 10000 × [(40000 × 50%) ÷ (10000 + 40000 × 50%)] = 6666.67（元）

死亡伤残费用赔偿金额 = 110000 元，其中：

赔偿 B 车车上人员的金额 = 110000 × {60000 ÷ [60000 + (200000 + 30000) × 50%]} = 37714.29（元）

赔偿行人 C 的金额 = 110000 × {[(200000 + 30000) × 50%] ÷ [60000 + (200000 + 30000) × 50%]} = 72285.71（元）

B 车：

财产损失赔偿金额 = 2000 元，其中：

赔偿 A 车损失 = 2000 × {(4000 + 3000) ÷ [(4000 + 3000) + 6000 × 50%]} = 1400（元）

赔偿护栏损失 = 2000 × {(6000 × 50%) ÷ [(4000 + 3000) + 6000 × 50%]} = 600（元）

医疗费用赔偿金额 = 10000 元，其中：应赔偿行人 C 的医疗费用 = 10000（元）。

死亡伤残费用赔偿金额 = 110000 元，其中：应赔偿行人 C 的金额 = 110000（元）。

5.6.2 商业车险赔款理算

商业车险赔款理算主要涉及车辆损失险赔款理算、第三者责任险赔款理算、车上人员责任险赔款理算、全车盗抢险赔款理算以及附加险赔款理算等。

1. **车辆损失保险赔款理算**

车辆损失险保险金额目前已统一为按投保时被保险机动车的实际价值确定，即投保时被保险机动车新车购置价减去折旧金额或其他市场公允价值协商确定。在保单有效期内发生全损事故，均不再折旧，以投保时的保险金额认定。这就从条款上彻底解决了此前社会关注的"高保低赔"问题,即投保时必须按新车购置价确定保险金额,车辆发生全损时却按车辆实际价值给予赔偿的问题。

1) 全部损失

全部损失赔款=(保险金额-被保险人已从第三方获得的赔偿金额)×(1-事故责任免赔率)×(1-绝对免赔率之和)-绝对免赔额

保险金额=投保时被保险机动车新车购置价-折旧金额

折旧金额=投保时被保险机动车新车购置价×被保险机动车已使用月数×月折旧系数

月折旧系数见表5-5所列。折旧按月计算,不足一个月的部分,不计折旧。最高折旧金额不超过投保时被保险机动车新车购置价的80%。

表5-5 机动车月折旧系数表

车辆种类	月折旧系数			
	家庭自用	非营业	营业	
			出租	其他
9座以下客车	0.60%	0.60%	1.10%	0.90%
10座以上客车	0.90%	0.90%	1.10%	0.90%
微型载货汽车	/	0.90%	1.10%	1.10%
带拖挂的载货汽车	/	0.90%	1.10%	1.10%
低速货车和三轮汽车	/	1.10%	1.40%	1.40%
其他车辆	/	0.90%	1.10%	0.90%

案例分析5-13 车损险赔款理算

一辆二手小轿车为家庭自用车,投保机动车损失保险,在保险期限内发生保险事故。投保时与被保险车辆同款的新车在当地售价为100000元,并且投保时被保险车辆已经使用了2年整。事故经交管部门认定驾驶员承担全部责任,依据条款规定承担20%事故责任免赔率。车辆全部损失。暂不考虑交强险赔偿以及其他赔款率,计算车损险赔款。

解:根据表5-5所列机动车月折旧系数确定车辆折旧金额:

折旧金额=投保时被保险机动车新车购置价×被保险机动车已使用月数×月折旧系数=100000×24×0.60%=14400(元)

保险金额:

保险金额=投保时被保险机动车新车购置价-折旧金额=100000-14400=85600(元)

赔款金额:

全部损失赔款=(保险金额-被保险人已从第三方获得的赔偿金额)×(1-事故责任免赔率)×(1-绝对免赔率之和)-绝对免赔额=85600×(1-20%)=68480(元)

2）部分损失

部分损失赔款 =（实际修复费用 - 被保险人已从第三方获得的赔偿金额）×（1 - 事故责任免赔率）×（1 - 绝对免赔率之和）- 绝对免赔额

3）施救费赔款计算

施救费用赔款 = 实际施救费用 ×（保险财产实际价值/总施救财产实际价值）

案例分析 5–14　车损险赔款理算

一单位的微型载货汽车初次登记后即投保机动车损失保险，在保险开始的第 6 个月发生保险事故。投保时新车购置价 85000 元，经交管部门认定驾驶员承担全部责任，依据规定承担 20% 事故免赔率，车辆修理费 20000 元。发生事故后起吊、拖车等救援费用 2000 元，同时车上装载有 8000 元的货物。暂不考虑交强险及其他免赔率，计算车损险赔款。

解：机动车部分损失赔款：

部分损失赔款 =（实际修复费用 - 被保险人已从第三方获得的赔偿金额）×（1 - 事故责任免赔率）×（1 - 绝对免赔率之和）- 绝对免赔额 = 20000 ×（1 - 20%）= 16000（元）

施救费：

由于被保险车辆在被施救时，车上还装载有货物，因此施救费用赔款需要进行比例分摊，即需要分别计算被保险车辆实际价值与被施救财产总价值。这里被保险车辆的实际价值由于条款并未明确折旧的计算时间，因此以车辆发生事故时实际使用月数进行折旧计算较为合理。

被保险机动车实际价值 = 投保时被保险机动车新车购置价 - 折旧金额 = 投保时被保险机动车新车购置价 - 投保时被保险机动车新车购置价 × 被保险机动车发生事故时实际已使用月数 × 月折旧系数 = 投保时被保险机动车新车购置价 ×（1 - 被保险机动车发生事故时实际已使用月数 × 月折旧系数）= 85000 ×（1 - 6 × 0.90%）= 80410（元）

施救费用赔款 = 实际施救费用 ×（保险财产实际价值/总施救财产实际价值）= 2000 ×[80410/（80410 + 8000）] = 1819.02（元）

所以，车损险共赔偿 17819.02 元。

2. 第三者责任保险赔款理算

（1）当（依合同约定核定的第三者损失金额 - 机动车交通事故责任强制保险的分项赔偿限额）× 事故责任比例 ≥ 每次事故赔偿限额时：

赔款 = 每次事故赔偿限额 ×（1 - 事故责任免赔率）×（1 - 绝对免赔率之和）

（2）当（依合同约定核定的第三者损失金额 - 机动车交通事故责任强制保险的分项赔偿限额）× 事故责任比例 < 每次事故赔偿限额时：

赔款 =（依合同约定核定的第三者损失金额 - 机动车交通事故责任强制保险的分项赔偿限额）× 事故责任比例 ×（1 - 事故责任免赔率）×（1 - 绝对免赔率之和）

案例分析 5-15 商业第三者责任险理赔

一投保商业机动车辆第三者责任保险的车辆,责任限额为 20 万元。在所发生的事故中负主要责任,承担 70% 的损失,依据条款规定承担 15% 的事故责任免赔率。此次事故第三方损失为 40 万元。暂不考虑交强险和绝对免赔率,计算商业三者险赔款。

解:被保险人按事故责任比例应承担的赔偿金额为

40 万元 × 70% = 28 万元 > 三者险责任限额 20 万元,则

赔款 = 责任限额 × (1 - 事故责任免赔率) × (1 - 绝对免赔率之和) = 20 × (1 - 15%) = 17 万元

3. 车上人员责任险赔款理算

(1) 对每座的受害人,当(依合同约定核定的每座车上人员人身伤亡损失金额 - 应由机动车交通事故责任强制保险赔偿的金额) × 事故责任比例被保险人按事故责任比例 ≥ 每次事故每座赔偿限额时:

赔款 = 每次事故每座赔偿限额 × (1 - 事故责任免赔率)

(2) 对每座的受害人,当(依合同约定核定的每座车上人员人身伤亡损失金额 - 应由机动车交通事故责任强制保险赔偿的金额) × 事故责任比例被保险人按事故责任比例 < 每次事故每座赔偿限额时:

赔款 = (依合同约定核定的每座车上人员人身伤亡损失金额 - 应由机动车交通事故责任强制保险赔偿的金额) × 事故责任比例 × (1 - 事故责任免赔率)

4. 全车盗抢险赔款理算

(1) 被保险机动车全车被盗抢的(被盗抢,经过当地县级以上公安刑侦部门立案证明,满 60 天未查明下落):

赔款 = 保险金额 × (1 - 绝对免赔率之和)

保险金额 = 投保时被保险机动车新车购置价 - 折旧金额

(2) 被保险机动车被盗抢未实施成功或在 60 天内被找回,但在车辆被盗抢过程中或盗抢后零部件和附件发生损坏、丢失:

赔款 = 实际修复费用

案例分析 5-16 汽车被盗三个月后如何处理复得汽车的理赔?

案情介绍:某市焦先生于 1998 年 10 月 21 日购买了一辆"夏利"车。他为该车办理了全车盗抢险,双方确认保险金额为 8 万元,保险期限为 1 年。按照该合同中有关盗窃保险条款的规定,如果该机动车被盗,保险公司将按保险金额予以全额赔偿。1999 年 4 月 24 日,该车被盗,焦先生立即向公安机关和保险公司报了案。到了 1999 年 7 月 24 日,汽车仍未找到。焦先生持公安机关的证明向保险公司索赔,保险公司称要向上级公司申

报。1999年8月初,焦先生被盗的汽车被公安机关查获,保险公司将车取回,但这时焦先生不愿收回自己丢失的汽车,而要求保险公司按照保险合同支付8万元的保险金及其利息。而保险公司则认为,既然被盗汽车已经被找回,因汽车被盗而引起的保险赔偿金的问题已不存在,因此焦先生应领回自己的汽车,并承担保险公司为索赔该车所花费的开支。意见不合,双方便上诉至法院。

本案分析:这是一起车辆被盗3个月后,保险公司应该赔付保险金还是还车的案例。被盗车辆被追回,但如果被保险人看到车辆已不值被盗前的价格,一般愿意选择保险公司支付保险金。另外,当时适用的全车盗抢险条款第六条规定:"保险人赔偿后,如被盗抢的保险车辆找回,应将该车辆归还被保险人,同时收回相应的赔款。如果被保险人不愿意收回原车,则车辆的所有权益归保险人。"也就是说,被保险人具备要车或者要保险金的优先选择权。因此,焦先生要求保险公司按照保险合同支付保险金是合理的。

法院审理后认为,焦先生与保险公司订立的保险合同符合法律规定,双方理应遵守。本案中的失窃汽车虽被公安机关查获,但已属于保险合同中约定的"失窃3个月以上"的责任范围。故判决焦先生的汽车归保险公司所有,保险公司在判决生效后10日之内向焦先生赔偿保险金 $8\text{万元} \times (1-20\%) = 6.4\text{万元}$,其中20%为发生全损的绝对免赔率,并承担本案的诉讼费用。目前我国机动车全车盗抢险全车损失的认定时间已经统一为60个自然日。如发生超过60天车辆被找回的情况,同样可以参考本案例进行处置。

5. 主要附加险赔款的理算方法

1) 玻璃单独破碎险

赔款 = 单独破碎玻璃实际损失

2) 自燃损失险

全部损失赔款 = 保险金额 $\times (1-20\%)$

保险金额 = 投保时被保险机动车新车购置价 - 折旧金额

部分损失赔款 = 实际修理费用 $\times (1-20\%)$

施救费用赔款 = 实际施救费用 $\times$ (保险财产实际价值/总施救财产实际价值) $\times (1-20\%)$

案例分析 5-17　因质量缺陷起火烧损的商务车,由谁负责赔偿?

案情介绍:一辆商务车在行驶中被发现前部冒烟,并嗅到有烧焦的烟味。驾驶员立即停车找水泼救。但火势越来越大,只好拨打"119"求救。十几分钟后,消防车赶到,将火扑灭。车主检查发现,由于汽车起火,连同路面秸秆一起引燃。由于该车购置时间不足两个月,车主在购买保险时已经投保自燃损失险,因此向保险公司索赔,保险公司经过查勘后建议车主先找生产厂家解决。于是,车主向生产厂家指出:新车购置不足二个月即发生自燃,应该属于质量问题。厂方查看现场后,认为起火原因是高温的排气管三元催化器将路面秸秆引燃所致,应该属于使用不当造成的火灾,双方发生争议。进一步查勘得知：起火现场有秸秆燃烧的灰迹；被烧车辆已全损；车身变形，内饰和座椅、仪表台烧成灰烬；线束只剩余少部分的裸线；水箱、冷凝器、铝合金件大部分熔化，铝合金变速器壳上端也已熔化，但油箱完整。底盘部位的排气管、油箱等只是有烟熏的痕迹，没有烧损。

本案分析：该车起火时，假如只是车上的橡胶件、塑料件等易燃物燃烧，不可能产生使铝合金件大部分熔化的高温，只有汽油助燃才会产生如此的高温。全车燃烧温度最高处在发动机的左侧，而左侧安装有蓄电池、线束、输油管路等。底盘部位的排气管、油箱等没有烧损，只是有烟熏的痕迹，说明该处的温度较低。最后得出结论是起火原因在于发动机左侧的线路出现故障导致起火，将橡胶油管烧破，汽油泄漏而出，参与燃烧，燃起大火，烧损整车。由于该车尚在保修期，应该属于质量问题，应由车辆生产厂商负责赔偿。

案例分析5-18　后备厢自燃烧损的轿车，由谁负责赔偿？

案情介绍：一豪华轿车驶至高速公路收费站前突然起火。据对驾驶员询问得知：行驶中仪表显示正常，突然听到车尾传来一声闷响，车身随之轻微震动，一股浓烟从车后蹿入车厢。驾驶员停车、熄火、下车，见排气管末端有火焰，后备厢车盖缝隙有浓烟冒出，掀开后盖后，两米高的大火一蹿而起。大火导致车窗玻璃熔化，车内可燃物烧毁，仪表盘、转向盘、车座烧毁，四个车门变形变色。现场勘察表明：汽车左侧烧损比右侧严重、后面烧损比前面严重。一是左后轮铝合金烧化，左前轮胎炭化但铝合金完好无损；右后轮有熔融的铝合金残留痕迹，右前轮除烟熏痕迹外基本完好。二是后保险杠烧毁，后牌照烧化；前牌照清晰可见且前保险杠完好。三是后备厢（呈开启状）四周无漆且变色，内部物品严重烧损；发动机盖大部分没漆，打开发动机盖发现仅塑料管受高温熔融变形，未见过火痕迹，发动机完好无损。四是汽车处于下坡状态，风向是车头到车尾。当事人在发现起火时车厢内无明火，仅有从后座蔓延的烟雾，车内人员无烧伤。因此该车起火部位应在汽车尾部。起火点可能是油箱和后备厢内车载物。经对当事人讯问和现场勘验，很快排除了油箱漏油的可能性，因为后备厢内紧临油箱壁的装饰板未完全燃烧，说明装饰板没有被汽油浸湿。起火原因有可能是后备厢内的车载物。果然在后备厢发现一表板蜡（附注：易燃品）铁皮瓶身和脱离的盖子，且瓶子底部外凸呈半圆形。说明泄漏的表板蜡遇上后备厢内处于工作状态CD机和转向灯有可能产生的电火花，引发火灾。

本案分析：本车火灾系后备厢装载货物泄漏的可燃气体遇电火花引起，符合自燃损失险保险责任。

3）新增加设备损失险

赔款 =（保险金额 - 被保险人已从第三方获得的赔偿金额）×（1 - 事故责任免赔率）×（1 - 绝对免赔率之和）- 绝对免赔额

保险金额 = 投保时新增加设备购置价 - 折旧金额

4) 车身划痕损失险

赔款 = 实际修理费用 × (1 - 15%)

保险金额为 2000 元,5000 元,10000 元,20000 元等 4 档,由投保时投保人与保险人协商确定。保险期间内累计赔款金额达到保险金额,保险责任终止。

5) 发动机涉水损失险

赔款 = 发动机实际价值 × (1 - 15%)

施救费用赔款 = 实际施救费用 × (保险财产实际价值/总施救财产实际价值) × (1 - 15%)

6) 修理期间费用补偿险

全车损失赔偿 = 保险金额 - 1 天赔偿金额

保险金额 = 补偿天数 × 日补偿金额

补偿天数与日补偿金额由投保人与保险人协商确定,补偿天数不得超过 90 天。

部分损失补偿 = 送修之日起至修复之日止的实际天数 × 日补偿金额 - 1 天赔偿金额

实际天数不得超过约定补偿天数,累计赔款金额达到保险金额,保险责任终止。

7) 车上货物责任险

赔款 = 起运地价格计算的货物价值

责任限额由投保人与被保险人在投保时协商确定。

8) 精神损害抚慰金责任险

赔款 = (人民法院判决金额 - 机动车交通事故责任强制保险已赔付的精神损害抚慰金) × (1 - 20%)

每次事故赔偿限额由投保人与被保险人在投保时协商确定。

9) 不计免赔率险

赔款 = 被保险人应承担的免赔金额之和

免赔金额中不包括(一)机动车损失保险中应当由第三方负责赔偿而无法找到第三方的;(二)因违反安全装载规定而增加的;(三)发生机动车全车盗抢保险约定的全车损失保险事故时,被保险人未能提供《机动车登记证书》、机动车来历凭证的,每缺少一项而增加的;(四)机动车损失保险中约定的每次事故绝对免赔额;(五)可附加本条款但未选择附加本条款的险种约定的;(六)不可附加本条款的险种约定的。

10) 机动车损失无法找到第三方特约险

赔款 = 车损险损失应由第三方负责赔偿而无法找到第三方的 30% 的绝对免赔率

5.6.3 机动车保险典型案件赔款理算

1. 典型商业车险理算案例

案例分析 5-19 两车事故商业险赔款理算

甲、乙两车相撞,甲车车损 10 万元,医疗费 8 万元,货物损失 12 万元;乙车车损 22 万元,医疗费 4 万元,货物损失 14 万元。甲车负主要责任,承担 70% 责任;乙车负次要责任,承担30%责任。两车均投保了车辆损失险和第三者责任险,甲车在A公司投保了保险金额为16万元的车辆损失险、赔偿限额为50万元的第三者责任险;乙车在B公司投保了保险金额为30万元的车辆损失险、赔偿限额为20万元的第三者责任险。在不考虑免赔率和交强险赔偿的条件下,分别计算A、B保险公司对甲、乙两车的被保险人各应承担的赔偿金额。

解:甲、乙车第三者责任险赔款:

甲车第三者责任险赔款=(依合同约定核定的第三者(乙车)损失金额－机动车交通事故责任强制保险的分项赔偿限额)×事故责任比例×(1－事故责任免赔率)×(1－绝对免赔率)=(22+4+14)×70%=28(万元)<50万元

乙车第三者责任险赔款=(依合同约定核定的第三者(甲车)损失金额－机动车交通事故责任强制保险的分项赔偿限额)×事故责任比例×(1－事故责任免赔率)×(1－绝对免赔率)=(10+8+12)×30%=9(万元)<20万元

甲、乙车车损险赔款:

甲车车损险赔款=(甲车实际修复费用－被保险人已从第三方获得的赔偿金额)×(1－事故责任免赔率)×(1－绝对免赔率之和)－绝对免赔额=10－10×30%=7(万元)<16万元

乙车车损险赔款=(乙车实际修复费用－被保险人已从第三方获得的赔偿金额)×(1－事故责任免赔率)×(1－绝对免赔率之和)－绝对免赔额=22－22×70%=6.6(万元)<30万元

A公司对甲车被保险人的赔款=车辆损失保险赔款+第三者责任险赔款=7+28=35(万元)

B公司对乙车被保险人的赔款=车辆损失保险赔款+第三者责任险赔款=6.6+9=15.6(万元)

2. 不同责任承担方式下交强险和商业车险的综合理算

1)确定责任比例情况下的理算

交强险赔款理算按各分项限额赔偿,不考虑责任比例。商业车险理算需考虑具体责任比例。

案例分析5-20 双方都有责事故赔款理算

甲车投保交强险、车损险、商业第三者责任险20万元,乙车投保交强险、车损险、商业第三者责任险30万元。两车互撞,甲车承担70%责任,车损5000元,乙车承担30%责任,车损3500元,按条款规定主要责任免赔率为15%、次要责任免赔率为5%,则甲、乙两车能获得多少保险赔款?

解:甲、乙两车交强险赔偿:

作为甲车三者的乙车损失为3500元,大于交强险中有责财产损失赔偿限额的2000

元,所以保险公司应赔偿甲车2000元,最后交于乙车。

作为乙三者的甲车损失为5000元,大于交强险中有责财产损失赔偿限额的2000元,所以保险公司应赔偿乙车2000元,最后交于甲车。

甲、乙车第三者责任险赔款:

甲车第三者责任险赔款=(依合同约定核定的第三者(乙车)损失金额-机动车交通事故责任强制保险的分项赔偿限额)×事故责任比例×(1-事故责任免赔率)×(1-绝对免赔率)=(3500-2000)×70%×(1-15%)=892.5(元)

乙车第三者责任险赔款=(依合同约定核定的第三者(甲车)损失金额-机动车交通事故责任强制保险的分项赔偿限额)×事故责任比例×(1-事故责任免赔率)×(1-绝对免赔率)=(5000-2000)×30%×(1-5%)=855(元)

甲、乙车车损险赔款:

甲车车损险赔款=(甲车实际修复费用-被保险人已从第三方获得的赔偿金额)×(1-事故责任免赔率)×(1-绝对免赔率之和)-绝对免赔额=(5000-2000-855)×(1-15%)=1823.25(元)

乙车车损险赔款=(乙车实际修复费用-被保险人已从第三方获得的赔偿金额)×(1-事故责任免赔率)×(1-绝对免赔率之和)-绝对免赔额=(3500-2000-892.5)×(1-5%)=577.13(元)

甲车赔款理算总额=2000+892.5+1823.25=4715.75(元)

乙车赔款理算总额=2000+855+577.13=3432.13(元)

2)不确定责任比例时的理算

未确定责任比例,或者仅确定交强险之外的责任比例的,交强险按有责责任限额计算赔付,商业险按责任比例计算赔付。

3)无责任情况下的理算

已确定一方无责任的,无责方从交强险中按无责任限额赔偿,并且不能获得商业第三者责任险的赔偿。

案例分析5-21 一方全无责事故赔款理算

甲车投保了交强险、车损险、商业第三者责任险30万元,乙车投保了交强险、车损险、商业第三者责任险20万元,两车互撞,甲车损失4000元,乙车损失6000元,甲车无责任,乙车承担100%责任,全责免赔率为20%。则甲、乙两车能获得多少保险赔款?

解:甲、乙两车交强险赔偿:

作为甲车三者的乙车损失为6000元,由于甲车全无责,交强险中无责财产损失赔偿限额为100元,所以保险公司应赔偿甲车100元,最后交于乙车。

作为乙车三者的甲车损失为5000元,大于交强险中有责财产损失赔偿限额的2000元,所以保险公司应赔偿乙车2000元,最后交于甲车。

甲、乙车第三者责任险赔款：

甲车第三者责任险赔款＝(依合同约定核定的第三者(乙车)损失金额－机动车交通事故责任强制保险的分项赔偿限额)×事故责任比例×(1－事故责任免赔率)×(1－绝对免赔率)＝(6000－100)×0＝0(元)

乙车第三者责任险赔款＝(依合同约定核定的第三者(甲车)损失金额－机动车交通事故责任强制保险的分项赔偿限额)×事故责任比例×(1－事故责任免赔率)×(1－绝对免赔率)＝(4000－2000)×100%×(1－20%)＝1600(元)

甲、乙车车损险赔款：

甲车车损险赔款＝(甲车实际修复费用－被保险人已从第三方获得的赔偿金额)×(1－事故责任免赔率)×(1－绝对免赔率之和)－绝对免赔额＝4000－2000－1600＝400(元)

乙车车损险赔款＝(乙车实际修复费用－被保险人已从第三方获得的赔偿金额)×(1－事故责任免赔率)×(1－绝对免赔率之和)－绝对免赔额＝(6000－100－0)×(1－20%)＝4720(元)

甲车赔款理算总额＝100＋0＋400＝500(元)

乙车赔款理算总额＝2000＋1600＋4720＝8320(元)

3. 不同事故车辆情况下的交强险与商业车险的赔款理算

1) 单车事故的理算

案例分析5-22 单车事故赔款理算

甲车投保交强险及第三者责任险20万元，发生交通事故撞了一骑自行车的人，造成自行车上乙、丙两人受伤，财物受损，其中乙医疗费7000元，死亡伤残费110000元，财物损失2500元；丙医疗费10000元，死亡伤残费35000元，财物损失2000元，经事故处理部门认定甲车负事故70%的责任。条款规定主要责任的免赔率为15%。则甲车能获得多少元保险赔款？

解：(1) 交强险赔偿。

由于甲车被认定负有事故的70%责任，因此交强险需要在有责限额内进行赔偿。

甲车第三者乙、丙医疗费用共计7000＋10000＝17000(元)＞限额10000元，所以赔偿10000元。

甲车第三者乙、丙死亡伤残费用共计110000＋35000＝145000(元)＞限额110000元，所以赔偿110000元。

甲车第三者乙、丙财产损失共计2500＋2000＝4500(元)＞限额2000元，所以赔偿2000元。

(2)第三者责任险赔偿。

第三者责任险赔偿 =（依合同约定核定的第三者损失金额 − 机动车交通事故责任强制保险的分项赔偿限额）× 事故责任比例 ×（1 − 事故责任免赔率）×（1 − 绝对免赔率）
=（7000 + 110000 + 2500 + 10000 + 35000 + 2000 − 10000 − 110000 − 2000）× 70% ×（1 − 15%）= 26477.5（元）

所以，甲车共计能获得保险赔款为 10000 + 110000 + 2000 + 26477.5 = 148477.5（元）

2）双方事故的理算

如【案例分析 5 − 12】所示，即为双方均为机动车辆肇事的典型理算。

3）三方以上事故的理算

三车以上互撞的，各车均将除自身之外的其他车方作为第三者赔偿对象，对其损失按责任进行分项分摊赔偿。

案例分析 5−23　三车事故赔款理算

甲车投保交强险、车损险、第三者责任险限额 15 万元，乙车投保交强险、车损险、第三者责任险限额 20 万元，丙车投保交强险、车损险、第三者责任险限额 30 万元，三车互撞，责任与事故损失如下：

甲车负 50% 责任，车损 4000 元，车上 1 人受伤，医疗费用 12000 元，死亡伤残费用 140000 元；乙车负 30% 责任，车损 6000 元，车上 1 人死亡，医疗费用 10000 元，死亡伤残费用 120000 元；丙车负 20% 责任，车损 8000 元，车上 1 人死亡，医疗费用 11000 元，死亡伤残费用 160000 元。若不考虑商业车险的免赔率，则甲、乙、丙三车分别能获得多少元保险赔款？

解：（1）交强险赔偿。

甲车：交强险不区分责任比例大小，一方损失均有其他方平均承担。甲车应与乙车平均分摊丙车损失，即甲车应分摊丙车 50% 的损失；甲车应与丙车平均分摊乙车损失，即甲车应分摊乙车 50% 的损失：

死亡伤残费用：（120000 + 160000）÷ 2 = 140000（元）> 有责赔偿限额 110000 元

医疗费用：（10000 + 11000）÷ 2 = 10500（元）> 有责赔偿限额 10000 元

财产损失：（6000 + 8000）÷ 2 = 7000（元）> 有责赔偿限额 2000 元

故甲车交强险赔偿分别为死亡伤残 110000 元，其中赔付乙 110000 ×［120000 ÷（120000 + 160000）］= 47142.86（元），赔付丙 110000 ×［160000 ÷（120000 + 160000）］= 62857.14（元）；医疗费用 10000 元，其中赔付乙 4761.90 元，赔付丙 5238.10 元；财产损失 2000 元，其中赔付乙 857.14 元，赔付丙 1142.86 元。

乙车：乙车应与丙车平均分摊甲车损失，即乙车应分摊甲车 50% 的损失；乙车应与甲

车平均分摊丙车损失,即乙车应分摊丙车50%的损失:

死亡伤残费用:(140000+160000)÷2=150000(元)>有责赔偿限额110000元

医疗费用:(12000+11000)÷2=11500(元)>有责赔偿限额10000元

财产损失:(4000+8000)÷2=6000(元)>有责赔偿限额2000元

故乙车交强险赔偿分别为死亡伤残110000元,其中赔付甲51333.33元,赔付丙58666.67元;医疗费用10000元,其中赔付甲5217.39元,赔付丙4782.61元;财产损失2000元,其中赔付甲666.67元,赔付丙1333.33元。

丙车:丙车应与甲车平均分摊乙车损失,即丙车应分摊乙车50%的损失;丙车应与乙车平均分摊甲车损失,即丙车应分摊甲车50%的损失:

死亡伤残费用:(140000+120000)÷2=130000(元)>有责赔偿限额110000元

医疗费用:(12000+10000)÷2=11000(元)>有责赔偿限额10000元

财产损失:(4000+6000)÷2=5000(元)>有责赔偿限额2000元

故丙车交强险赔偿分别为死亡伤残110000元,其中赔付甲59230.77元,赔付乙50769.23元;医疗费用10000元,其中赔付甲5454.55元,赔付乙4545.45元;财产损失2000元,其中赔付甲800元,赔付乙1200元。

(2)第三者责任险赔偿。

甲车第三者责任险赔付给乙车的金额=(依合同约定核定的乙车损失金额-乙车获得的甲、丙车机动车交通事故责任强制保险金额)×事故责任比例×(1-事故责任免赔率)×(1-绝对免赔率)=(120000+10000+6000-47142.86-4761.90-857.14-50769.23-4545.45-1200)×50%=13361.71(元),其中财产分项赔付(6000-857.14-1200)×50%=1971.43(元)。

甲车第三者责任险赔付给丙车的金额=(依合同约定核定的丙车损失金额-丙车获得的甲、乙车机动车交通事故责任强制保险金额)×事故责任比例×(1-事故责任免赔率)×(1-绝对免赔率)=(160000+11000+8000-62857.14-5238.10-1142.86-58666.67-4782.61-1333.33)×50%=18889.65(元),其中财产分项赔付(8000-1142.86-1333.33)×50%=2761.91(元)。

同理,乙车第三者责任险赔付给甲车的金额=(依合同约定核定的甲车第三者损失金额-甲车获得的乙、丙车机动车交通事故责任强制保险金额)×事故责任比例×(1-事故责任免赔率)×(1-绝对免赔率)=(140000+12000+4000-51333.33-5217.39-666.67-59230.77-5454.55-800)×30%=9989.19(元),其中财产分项赔付(4000-666.67-800)×30%=760.00(元)。

乙车第三者责任险赔付给丙车的金额=(依合同约定核定的丙车第三者损失金额-丙车获得的甲、乙车机动车交通事故责任强制保险金额)×事故责任比例×(1-事故责任免赔率)×(1-绝对免赔率) = (160000 + 11000 + 8000 - 62857.14 - 5238.10 - 1142.86 - 58666.67 - 4782.61 - 1333.33)×30% = 13493.79(元),其中财产分项赔付(4000 - 666.67 - 800)×30% = 760.00(元)。

丙车第三者责任险赔付给甲车的金额 = (依合同约定核定的甲车第三者损失金额 - 甲车获得的乙、丙车机动车交通事故责任强制保险金额)×事故责任比例×(1-事故责任免赔率)×(1-绝对免赔率) = (140000 + 12000 + 4000 - 51333.33 - 5217.39 - 666.67 - 59230.77 - 5454.55 - 800)×20% = 6659.46(元),其中财产分项赔付(4000 - 666.67 - 800)×20% = 506.67(元)。

丙车第三者责任险赔付给乙车的金额 = (依合同约定核定的乙车第三者损失金额 - 乙车获得的甲、丙车机动车交通事故责任强制保险金额)×事故责任比例×(1-事故责任免赔率)×(1-绝对免赔率) = (120000 + 10000 + 6000 - 47142.86 - 4761.90 - 857.14 - 50769.23 - 4545.45 - 1200)×20% = 5344.68(元),其中财产分项赔付(6000 - 857.14 - 1200)×20% = 788.57(元)。

(3) 车损险赔偿。

甲车车损险赔款 = (甲车实际修复费用 - 甲车已从乙、丙车获得的赔偿金额)×(1-事故责任免赔率)×(1-绝对免赔率之和) - 绝对免赔额 = 4000 - 666.67 - 800 - 760 - 506.67 = 1266.66(元)

乙车车损险赔款 = (乙车实际修复费用 - 乙车已从甲、丙车获得的赔偿金额)×(1-事故责任免赔率)×(1-绝对免赔率之和) - 绝对免赔额 = 6000 - 857.14 - 1200 - 1971.43 - 788.57 = 1182.86(元)

丙车车损险赔款 = (丙车实际修复费用 - 丙已从甲、乙车获得的赔偿金额)×(1-事故责任免赔率)×(1-绝对免赔率之和) - 绝对免赔额 = 8000 - 1142.86 - 1333.33 - 2761.91 - 760.00 = 2001.90(元)

5.7 核 赔

5.7.1 核赔的含义与意义

核赔是指负责理赔质量的人员在授权范围内按照保险条款及公司内部的有关规章制度对赔案进行审核的工作。

核赔不是简单地完成对单证的审核,而是对整个赔案处理过程所进行的控制,是保险公司控制业务风险的最后关口。通过核赔,可对核保风险控制的效果、防灾防损工作的实施进行监督和检验核赔制度的运用,可在公司内部建立一套平衡制约、运作有序的内部控制机制,达到科学、合理、有效管理业务的目的。

5.7.2 核赔的流程

核赔主要流程如图 5-14 所示。

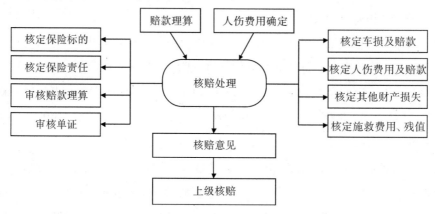

图 5-14 核赔主要流程

5.7.3 核赔的主要内容

1. 交强险案件核赔

核赔人员在交强险案件审核时应准确掌握交强险责任免除情况和交强险抢救费用垫/支付条件,以及垫付抢救费用适用追偿的情况。对于直接赔付给被侵权第三者的赔案,应审核被保险人出具的授权书或法院发出的协助执行通知书以及受害人身份证明,并在核赔说明中注明。交强险案件核赔工作主要内容包括:

1)核定保险标的

出险车辆的厂牌型号、牌照号码、发动机号、VIN 码、车架号与保险单(证)是否相符。

2)核定保险责任

出险原因是否属保险责任;出险时间是否在保险期限内;事故责任划分是否准确合理。

3)审核赔付计算

交强险分项赔偿计算是否正确;是否按损失类型分类;车损、人伤、其他财产、施救费用等项目是否合理;费用计算是否准确;免赔率使用是否正确;残值是否已经与被保险人协商处理;赔款计算是否准确。

4)审核单证

审核确认被保险人按规定提供的单证、证明及材料是否齐全有效,有无涂改、伪造;审核经办人员是否规范填写赔案有关单证并签字,必备单证是否齐全;审核签章是否齐全;审核所有索赔单证是否严格按照单证填写规范认真、准确、全面地填写。

2. 商业险案件核赔

审核商业险赔款时,需要确认被保险人是否投保交强险;确认报案、理算时没有遗漏交强险的报案和理算处理;对于第三方车辆的投保情况,应通过交警意见、其他保险公司的查勘结论、第三方车辆的商业保险凭证以及信息库查询核实其投保情况;若第三方车辆无保险,必要时从交管部门核实或以其他方式确认第三方车辆的投保情况,核实结果作为商业险赔款理算是否扣除交强险赔款的依据。商业险案件核赔工作主要内容包括：

1）核定保险标的

出险车辆的厂牌型号、牌照号码、发动机号、VIN 码、车架号与保险单（证）是否相符。

2）核定保险责任

出险原因是否属保险责任；出险时间是否在保险期限内；事故责任划分是否准确合理；赔偿责任是否与承保险种相符。

3）审核赔付计算

商业险分项赔偿计算是否正确，险种损失性质选择是否正确；属于交强险赔偿范围内的赔偿是否扣除；车损、人伤、其他财产、施救费用等项目是否核定合理；费用计算是否准确；免赔率使用是否正确；残值是否已经与被保险人协商处理；赔款计算是否准确。

4）审核单证

审核确认被保险人按规定提供的单证、证明及材料是否齐全有效，有无涂改、伪造；审核经办人员是否规范填写赔案有关单证并签字，必备单证是否齐全；审核签章是否齐全；审核所有索赔单证是否严格按照单证填写规范认真、准确、全面地填写。

5.8　赔付结案

5.8.1　结案登记

赔案按分级权限审批后，业务人员根据核赔的审批金额，通知被保险人领取赔款。被保险人在赔款收据上签章，财会部门即可将赔款打入被保险人提供的银行账号。

被保险人领取赔款后，业务人员按照赔案编号，在计算机"已决赔案"相关数据库中录入案件编号、赔款额、日期等信息。

5.8.2　单据清分

赔付结案时，应进行理赔单据的清分。一联赔款收据交被保险人；一联赔款收据交财会部门作付款凭证；一联赔款收据连同全案的其他纸质材料作为赔案案卷存档。

5.8.3　理赔案卷管理

被保险人领取赔款后，保险人要进行理赔案卷的整理。理赔案卷应按照一案一卷整理、装订、登记、保管。赔款案卷应单证齐全，编排有序，目录清楚，装订整齐，照片原始单证应粘贴整齐并附必要说明。尽管目前很多单证已电子化，但过度依赖计算机数据库仍具有一定的风险，因此推荐将计算机管理与人工管理相结合。机动车辆保险理赔案卷单证参考目录见表 5-6 所列。

表 5-6　机动车辆保险理赔案卷单证参考目录

序号	案卷单证名称	序号	案卷单证名称
1	赔案审批表	20	简易案件赔款协议书
2	赔款计算书	21	保险权益转让书

(续表)

序号	案卷单证名称	序号	案卷单证名称
3	结案报告书	22	领取赔款通知书
4	出险报案表	23	赔款统计明细表
5	报案记录（代抄单）	24	拒赔通知书
6	索赔申请书	25	拒赔案件报告书
7	事故认定书、调解书、判决书或其他出险证明文件	26	代位追偿案件登记簿
8	现场查勘记录	27	诉讼、仲裁案件审批表
9	现场查勘草图	28	结案催告、注销通知书
10	现场查勘询问笔录及附页	29	救助调度记录清单
11	车辆损失情况确认书（包括零部件更换项目清单及清单附页）	30	特约救助书
12	增加修理项目申请单	31	特约救助条款赔款结算书
13	财产损失确认书	32	预付赔款申请书
14	人员伤亡费用清单	33	预付赔款审批表
15	伤残人员费用管理表	34	损余物资回收处理单
16	误工证明及收入情况证明	35	异地出险联系函
17	赔案票据粘贴用纸（有关原始单据）	36	受理查勘、定损复函
18	赔案照片粘贴用纸（照片）	37	赔案流转时限卡
19	机动车行驶证复印件以及驾驶证复印件	38	其他有关的证明与材料

5.9 特殊案件处理

5.9.1 简易赔案

在实际工作中，很多案件案情简单，出险原因清楚，保险责任明确，事故金额低，可在现场确定损失。为简化手续，方便客户，加快理赔速度，根据实际情况可对这些案件实行简易处理，称之为简易赔案。

实行简易赔案处理的理赔案件一般需要满足以下条件：

（1）不涉及第三者，只是保险人单方车辆损失的案件；

（2）车辆损失为保险条款列明的自然灾害和被保险人或其允许的合格驾驶员导致的损失；

（3）案情简单，出险原因清楚，保险责任明确，损失容易确定；

（4）车损部位可以一次核定，且事故损失金额一般在 5000 元以下；

（5）受损的零部件按照公司询报价系统可准确定价。

简易赔案的处理流程如图 5-15 所示。

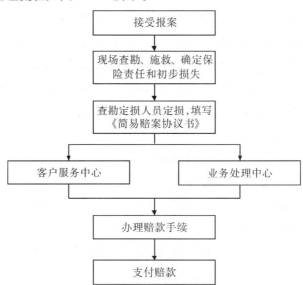

图 5-15 简易赔案的处理流程

5.9.2 疑难案件

疑难案件分争议案件和疑点案件两种。

（1）争议案件指保险人和被保险人对条款理解有异议或责任认定有争议的案件，实际操作中应采用集体讨论、聘请专家论证和向上级公司请示等方式解决，保证案件圆满处理。

（2）疑点案件指赔案要素不全、定损过程中存在疑点或与客户协商不能达成一致的赔案。疑难案件调查可以采取以下四种形式：①由查勘定损人员对在查勘定损过程中发现的有疑点案件，通过认真询问当事人和见证人并做好笔录等方式进行调查，对疑点问题必须调查落实。②由客户服务中心综合岗对在赔案制作和审批过程中发现有疑点的案件，通过熟悉案情、拟定调查方案、实施调查等步骤进行调查。③由监察部门或专门人员对群众举报的骗赔、错赔案件和虚假赔案进行调查。④由客户服务中心综合岗对重大伤人案件调查。

案例分析 5-24 汽车事故中受害人身份的识别

案情介绍：2007 年 4 月 14 日，李某驾驶"解放"货车沿平安路由南向北行驶，当向东右转弯时，将推自行车由南向北行走的赵某撞倒，赵某受伤后送入医院抢救治疗。交警下达道路交通事故责任认定书，李某因违反《道路交通安全法》，应负此事故的全部责任。

李某所驾车辆已投保交强险和第三者责任保险（20 万元限额），经查勘情况属实，构成保险责任。案发第二天，保险公司派员到医院进行人伤调查，结果如下：伤者赵某，男，20 岁，于 2007 年 4 月 14 日被李某驾驶的货车撞伤住院；诊断为骨盆骨折和左足骨折，足部骨折需要进行内固定手术,骨盆骨折需要进行外固定治疗;可能致残,约为九级;伤者系山东省某大学学生,家住济南市中区某地;目前由其父亲老赵护理,老赵系济南某公司技工;预计人身损伤赔偿费用 70000 元。一周后到医院复勘,伤者已完成足部内固定手术,但骨盆骨折伤及尿道,可能导致尿道狭窄而须再进行尿道扩张术。一年后的 2008 年 4 月 20 日,客户向保险公司提交索赔资料要求赔偿。其提交的资料主要有道路交通事故认定书、道路交通事故损害赔偿调解书、伤者两次住院的病历复印件及医疗发票、残疾评定证明、伤者和护理人收入证明等。

在审核索赔资料时,有两点引起了保险公司的注意:第一,根据伤者赵某的收入证明,他的身份由出险时某大学的学生变成了某公司的员工,交警调解误工费为 10943.50 元;第二,赵某因骨盆骨折导致尿道狭窄而第二次住院,进行尿道扩张术,但因输尿管结石又做了气压弹道碎石术,第二次住院的费用为 13073.27 元。

本案分析:保险公司当即与客户沟通,就以上两点向客户进行了说明。第一,关于误工费,产生误工费的前提条件是出险时当事人有工作,有收入来源。在出险后的第二天,保险公司医疗核损员及时到医院做了人身损伤调查,并将调查结果电话告知了客户,说明伤者赵某系山东某大学的学生。翻阅目前客户提供的伤者的病历,也是记录赵某是某大学的学生,故出险时赵某是学生。也许他现在已经有了工作,但交通事故的损害赔偿,是以事故发生时为准。赵某出险时是学生,没有工作,无收入来源,所以也就不存在误工费的问题,交警根据伤者收入证明调解出的误工费显然是不合理的,误工费一项保险公司将不予赔偿。第二,关于医疗费,根据交通法规,此项费用只负责赔偿交通事故创伤所产生的医疗费,故伤者本人过去所患疾病而产生的医疗费不予承担。根据客户提供的病历记录,伤者赵某第二次入院时,在治疗创伤所造成的并发症的同时也治疗了原本所患的疾病输尿管结石,约占第二次住院医疗费的 50%,故治疗输尿管结石的费用,即 6536.64 元,保险公司将不予赔偿。

对于上述第二点,客户表示认可,即治疗输尿管结石的费用保险公司确实不应承担。但对于第一点,即伤者赵某出险时的学生身份,他要求保险公司拿出充分证据,否则,保险公司应赔偿误工费。为获得相关证据,保险公司医疗核损员凭介绍信到出险时赵某就学的山东省某大学取证,学校出具了赵某在 2007 年 4 月系该校学生的证明,并提供了赵某于 2007 年 7 月在该校毕业的毕业证复印件。据此,医疗核损员再次和客户沟通,客户接受了保险公司的意见,同意不赔偿误工费。本案核减赔款 17480.14 元。

5.9.3 注销案件

注销案件指被保险车辆发生保险责任范围内的事故,被保险人报案、立案后未行使保险金请求权致使案件失效注销的案件。分为超出索赔时效注销和主动声明放弃索赔权利注销两种情况。

《保险法》第二十六条规定:人寿保险以外的其他保险的被保险人或者受益人,向保险人请求赔偿或者给付保险金的诉讼时效期间为二年,自其知道或者应当知道保险事故发生之日起计算。被保险人知道保险事故发生之日起 2 年内未提出索赔申请的案件,由业务处理中心在 2 年期满前 10 天发出《机动车辆保险结案催告、注销通知书》。被保险人仍未索赔的,案件报业务管理部门后予以注销处理。

对主动声明放弃索赔权利注销的案件,在业务处理中心发出《机动车辆保险结案催告、注销通知书》后,由被保险人在回执栏签署放弃索赔权利意见。案件报业务管理部门后予以注销处理。

5.9.4 拒赔案件

根据《保险法》以及相应机动车辆保险条款等有关规定,不属于赔偿范围的案件,应予以拒赔。拒赔的案件必须具有确凿的证据和充分的理由。拒赔前,应向被保险人明确说明原因,认真听取意见并向被保险人做好解释。拒赔分立案前拒赔和立案后拒赔。

立案前拒赔是指受理报案时,根据查阅的底单信息,对于超出保险期限、未投保险种出险等明显不属于保险责任的情形,明确告知报案人拒赔理由的拒赔案件或由现场查勘人员经查勘后发现不属于保险责任或存在欺诈行为的拒赔案件。

立案后拒赔是指案件确立后,在赔款理算或核赔过程中发现不属于理赔责任或存在欺诈行为,并经业务管理部门最终审批确定应拒赔的案件,给予拒赔处理。

案例分析 5-25 肇事逃逸导致理赔遭拒绝

案情介绍:2008 年 3 月 15 日,蔡某驾驶被保险车辆在济南邢村高速公路出口处将路灯杆刮倒,路灯杆损失约在 5000 元,然后在下高速时发生侧翻,被保险车辆右侧损失严重。保险公司接到报案后,查勘员立即和驾驶员联系,及时赶到出事现场进行查勘。从现场看,在高速公路出口处被撞坏的路灯杆距翻车点有 100 多米,一般车辆发生侧翻主要是由于速度过快造成的,从高速公路出口出来的车辆速度不会太快,很有可能是被保险车辆先撞坏了路灯杆,然后为了尽快逃离现场,提速逃逸,导致翻车。所以肇事逃逸的可能性极大。

在与驾驶员和路政人员谈话中了解到,这的确是一起肇事逃逸事故,于是,马上对车上人员蔡某做了询问笔录。蔡某说怕路政罚钱所以在撞到路灯杆后就想跑。做完笔录并签字后,查勘员马上向驾驶员等人说明了条款的有关规定,驾驶员肇事逃逸属于车辆损失保险、第三者责任保险的责任免除条款。客户不得不自动放弃索赔。

本案分析:肇事逃逸指被保险人或其允许的驾驶人在被保险车辆肇事后,为逃避法律法规制裁,逃离肇事现场的行为。肇事逃逸首先是一种违法行为,保险公司对此造成的车辆损失不负赔偿责任。另外,被保险人的逃逸行为有可能加重保险人的合同义务,如被保险人承担事故的主要责任,由于有逃逸行为,一般被认定为负事故的全部责任,这就会加重保险人的赔偿责任,保险人对此不予赔偿。所以,车辆保险条款中将肇事逃逸明确列为责任免除内容。

5.9.5 预付案件

预付案件是指某些特殊案件需要预付部分赔款。常见预付案件包括两种情况:可确定最低金额预付案件和重大赔案预付案件。

可确定最低金额预付案件是指根据《保险法》的规定,保险人自收到赔偿或者给付保险金的请求和有关证明、资料之日起 60 日内,对其赔偿或者给付保险金的数额不能确定的,应当根据已有证明和资料可以确定的最低数额先予支付;待保险人最终确定赔偿或者给付保险金的数额后,再支付相应的差额部分。

重大赔案预付案件是指伤亡惨重、社会影响面大,被保险人无力承担损失的重大案件,经审核确定为保险责任,但赔款金额暂不能确定的,可在估计赔偿金额的一定比例范围内先行预付,最终确定赔偿金额后,支付相应差额。

5.9.6 代位追偿案件

代位追偿或称代位求偿,是 2015 年以来我国商业车险条款与费率改革工作的亮点之一,目的是为了解决车险理赔难的问题。《保险法》第六十条规定:因第三者对保险标的的损害而造成保险事故的,保险人自向被保险人赔偿保险金之日起,在赔偿金额范围内代位行使被保险人对第三者请求赔偿的权利。前款规定的保险事故发生后,被保险人已经从第三者取得损害赔偿的,保险人赔偿保险金时,可以相应扣减被保险人从第三者已取得的赔偿金额。保险人依照本条第一款规定行使代位请求赔偿的权利,不影响被保险人就未取得赔偿的部分向第三者请求赔偿的权利。

中保协《2014 版示范条款》中《机动车综合商业保险条款》在机动车损失险第十八条中规定:因第三方对被保险机动车的损害而造成保险事故,被保险人向第三方索赔的,保险人应积极协助;被保险人也可以直接向本保险人索赔,保险人在保险金额内先行赔付被保险人,并在赔偿金额内代位行使被保险人对第三方请求赔偿的权利。被保险人已经从第三方取得损害赔偿的,保险人进行赔偿时,相应扣减被保险人从第三方已取得的赔偿金额。保险人未赔偿之前,被保险人放弃对第三方请求赔偿的权利的,保险人不承担赔偿责任。被保险人故意或者因重大过失致使保险人不能行使代位请求赔偿的权利的,保险人可以扣减或者要求返还相应的赔款。保险人向被保险人先行赔付的,保险人向第三方行使代位请求赔偿的权利时,被保险人应当向保险人提供必要的文件和所知道的有关情况。

也就是说,在被保险人购买车损险后,被保险车辆的损失是由第三方的过错引发的保险事故造成的,第三方对被保险车辆的损失负有赔偿责任,在第三方怠于赔偿的情况下,被保险人可以直接向本方保险公司提出代位追偿申请,由本方保险公司在车损险限额内先行代为赔偿,并把追偿权转移给保险公司。

代位追偿适用的条件:

(1)被保险人投保车损险且发生车损险保险责任范围内的事故,即仅限车辆损失,而非死亡、伤残或者疾病等损失;

(2)事故责任明确,被保险人未得到责任方的赔偿,并按照《保险法》第六十一条规

定,保险事故发生后,被保险人未放弃对责任方请求赔偿的权利;

(3)被保险人明确要求保险公司按照代位追偿索赔方式先行赔付车辆损失;

(4)代位追偿案件结算所需资料齐全。

代位追偿案件的一般流程如图5-16所示。

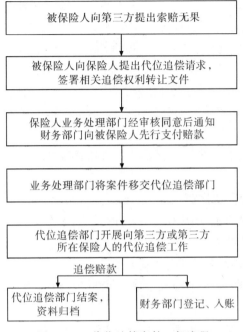

图5-16 代位追偿案件一般流程

案例分析5-26 向第三者追偿的权利能不能放弃?

案情介绍:2008年7月,武汉市的王某购买了一辆"富康"轿车,同时投保了机动车辆保险。同年10月16日,王某在驾车途中不慎与迎面开来的一辆货车相撞。"富康"轿车与货车各有损失,王某损失约8000元。经交通管理部门裁定,货车车主对此次事故负有主要责任。而王某考虑自己的车投了保险,便与货主约定双方责任自负,各自离开。随后,王某向保险公司提出索赔。保险公司了解实情后以"王某未经保险人同意,擅自放弃向第三者追偿的权利"为由,拒绝赔偿。王某对此感到不能理解,引起争议。

本案分析:《保险法》第六十一条规定:"保险事故发生后,保险人未赔偿保险金之前,被保险人放弃对第三者的请求赔偿的权利的,保险人不承担赔偿保险金的责任。保险人向被保险人赔偿保险金后,被保险人未经保险人同意放弃对第三者请求赔偿的权利的,该行为无效。"财产保险中,保险财产由他人致损后,被保险人不能擅自放弃对第三者的追偿权,而应协助保险人行使代位求偿权,否则保险人有权拒绝赔偿。

案例分析 5-27 代位追偿赔款计算。

案情介绍:A 车在甲保险公司投保了机动车辆损失险、交强险、50 万商业三者险及不计免赔率险;B 车在乙保险公司投保了机动车辆损失险、交强险、100 万商业三者险及不计免赔率险;C 车在丙保险公司投保了机动车辆损失险、交强险、50 万商业三者险及不计免赔率险;三车均未投保车损险附加不计免赔率险。发生多方互碰交通事故。经交警认定,A 车 70% 责任,B 车 20% 责任,C 车 10% 责任;A 车损失 4000 元,B 车损失 10000 元,C 车损失 5000 元,事故中无人伤,无其他财产损失。A 车申请代位追偿,B、C 未申请代位求偿,经与 B、C 协商,A 车申请甲保险公司直接将其交强险、商业三者险赔款支付给 B、C 车。试分别计算 A、B、C 三车能够得到的赔款数额。

解:先计算无代位追偿情况下,三车能够得到的赔款数额:

(1)交强险赔偿。

A 车:交强险不区分责任比例大小,一方损失均有其他方平均承担。A 车应与 B 车平均分摊 C 车损失,即 A 车应分摊 C 车 50% 的损失;A 车应与 C 车平均分摊 B 车损失,即 A 车应分摊 B 车 50% 的损失。

B、C 车财产损失:(10000 + 5000)÷ 2 = 7500(元)> 有责赔偿限额 2000 元

甲保险公司交强险赔付 B 车损失金额 = 2000 × {(10000 ÷ 2)÷ [(10000 + 5000)÷ 2]} = 1333.33(元)

甲保险公司交强险赔付 C 车损失金额 = 2000 × {(5000 ÷ 2)÷ [(10000 + 5000)÷ 2]} = 666.67(元)

同理,乙保险公司交强险赔付 A 车损失金额 = 2000 × {(4000 ÷ 2)÷ [(4000 + 5000)÷ 2]} = 888.89(元)

乙保险公司交强险赔付 C 车损失金额 = 2000 × {(5000 ÷ 2)÷ [(4000 + 5000)÷ 2]} = 1111.11(元)

丙保险公司交强险赔付 A 车损失金额 = 2000 × {(4000 ÷ 2)÷ [(4000 + 10000)÷ 2]} = 571.43(元)

丙保险公司交强险赔付 B 车损失金额 = 2000 × {(10000 ÷ 2)÷ [(4000 + 10000)÷ 2]} = 1428.57(元)

(2)第三者责任险赔偿。

由于三车均投保了第三者责任险不计免赔率附加险,因此

A 车第三者责任险赔付给 B 车损失金额 =(依合同约定核定的 B 车损失金额 − B 车获得 A、C 车机动车交通事故责任强制保险赔偿金额)× A 车事故责任比例 ×(1 − 事故责任免赔率)×(1 − 绝对免赔率)=(10000 − 1333.33 − 1428.57)× 70% = 5066.67(元)

A 车第三者责任险赔付给 C 车损失金额 =(依合同约定核定的 C 车损失金额 − C 车获得 A、B 车机动车交通事故责任强制保险赔偿金额)× A 车事故责任比例 ×(1 − 事故责任免赔率)×(1 − 绝对免赔率)=(5000 − 666.67 − 1111.11)× 70% = 2255.55(元)

同理,B 车第三者责任险赔付给 A 车损失金额 =(依合同约定核定的 A 车损失金额

-A车获得B、C车机动车交通事故责任强制保险赔偿金额)×B车事故责任比例×(1-事故责任免赔率)×(1-绝对免赔率)=(4000-888.89-571.43)×20%=507.94(元)

B车第三者责任险赔付给C车损失金额=(依合同约定核定的C车损失金额-C车获得A、B车机动车交通事故责任强制保险赔偿金额)×B车事故责任比例×(1-事故责任免赔率)×(1-绝对免赔率)=(5000-666.67-1111.11)×20%=644.44(元)

C车第三者责任险赔付给A车损失金额=(依合同约定核定的A车损失金额-A车获得B、C车机动车交通事故责任强制保险赔偿金额)×C车事故责任比例×(1-事故责任免赔率)×(1-绝对免赔率)=(4000-888.89-571.43)×10%=253.97(元)

C车第三者责任险赔付给B车损失金额=(依合同约定核定的B车损失金额-B车获得A、C车机动车交通事故责任强制保险赔偿金额)×C车事故责任比例×(1-事故责任免赔率)×(1-绝对免赔率)=(10000-1333.33-1428.57)×10%=723.81(元)

(3)车损险赔偿。

由于三车均未投保车损险不计免赔率附加险,因此在车损险计算时,A车由于承担主要责任,需承担15%的事故责任免赔率;B、C车由于承担次要责任,需各承担5%的事故责任免赔率。

A车车损险赔款=(A车实际修复费用-A车已从B、C车获得的赔偿金额)×(1-事故责任免赔率)×(1-绝对免赔率之和)-绝对免赔额=(4000-888.89-571.43-507.94-253.97)×(1-15%)=1511.10(元)

A车车损险免赔额=(4000-888.89-571.43-507.94-253.97)×15%=266.67(元)

B车车损险赔款=(B车实际修复费用-B车已从A、C车获得的赔偿金额)×(1-事故责任免赔率)×(1-绝对免赔率之和)-绝对免赔额=(10000-1333.33-1428.57-5066.67-723.81)×(1-5%)=1375.24(元)

B车车损险免赔额=(10000-1333.33-1428.57-5066.67-723.81)×5%=72.38(元)

C车车损险赔款=(C车实际修复费用-C车已从A、B车获得的赔偿金额)×(1-事故责任免赔率)×(1-绝对免赔率之和)-绝对免赔额=(5000-666.67-1111.11-2255.55-644.44)×(1-5%)=306.12(元)

C车车损险免赔额=(5000-666.67-1111.11-2255.55-644.44)×5%=16.11(元)

再计算在A车申请代位追偿情况下,各保险公司赔付情况。

(4)甲保险公司赔付A车及追偿款。

甲保险公司在A车提出代位追偿请求后向A先行赔付的赔款:

由于A车在事故中占主要责任,同时未购买车损险不计免赔率附加险,因此在赔款计算时需要扣除15%的免赔率,此时计算方法同车损险计算,即甲保险公司在A车车损险项下先行赔付A车金额=4000×(1-15%)=3400(元)。

甲保险公司在先行赔付A后向乙、丙保险公司追偿的赔款:

应追偿赔款总金额=代位追偿方式下车损险及附加险总赔款金额-按常规索赔方

式车损险及附加险应赔付金额 = 3400 - 1511.10 = 1888.90(元)

甲保险公司应向乙保险公司交强险追偿888.89元。

甲保险公司应向丙保险公司交强险追偿571.43元。

应向某责任对方第三者责任险及附加险承保公司追偿金额 = (应追偿代位赔款金额 - 各责任对方交强险应承担本车损失之和) × (某责任对方事故责任比例/各责任对方事故责任比例之和)。因此

甲保险公司应向乙保险公司第三者责任险追偿金额 = (1888.90 - 888.89 - 571.43) × [20%/(20% + 10%)] = 285.72(元)。

甲保险公司应向丙保险公司第三者责任险追偿金额 = (2244.90 - 888.89 - 571.43) × [10%/(20% + 10%)] = 142.86(元)。

(5)甲保险公司赔付及A车获得赔款小计。

甲保险公司代位赔付A车3400元;赔付后向乙保险公司追偿交强险888.89元,向乙保险公司追偿第三者责任险285.72元;向丙保险公司追偿交强险571.43元,向丙保险公司追偿第三者责任险142.86元;交强险赔付B车损失1333.33元,第三者责任险赔付B车损失5066.67元;交强险赔付C车损失666.67元,第三者责任险赔付C车损失2255.55元。因此,甲保险公司共计需赔付3400 + 1333.33 + 5066.67 + 666.67 + 2255.55 = 12722.22(元),共计需追偿888.89 + 285.72 + 571.43 + 142.86 = 1888.90(元)。

A车获得甲保险公司先行赔款3400元;获得乙保险公司第三者责任险赔款507.94 - 285.72 = 222.22(元);获得丙保险公司第三者责任险赔款253.97 - 142.86 = 111.11(元),共计获得赔款3400 + 222.22 + 111.11 = 3733.33(元)。其中与自身损失差额4000 - 3733.33 = 266.67(元),正好等于A车车损险免赔额,这部分差额是由于A车未投保车损险附加不计免赔率险造成,因此需要A车自行承担。

(6)乙保险公司赔付及B车获得赔款小计。

乙保险公司交强险赔付A车损失888.89元,第三者责任险赔付A车损失507.94元;交强险赔付C车损失1111.11元,第三者责任险赔付C车损失644.44元;车损险赔付B车损失1375.24元。因此,乙保险公司共计需赔付888.89 + 507.94 + 1111.11 + 644.44 + 1375.24 = 4527.62(元)。

B车获得甲保险公司交强险赔款1333.33元,获得甲保险公司第三者责任险赔款5066.67元;获得丙保险公司交强险赔款1428.57元,获得丙保险公司第三者责任险赔款723.81元;获得乙保险公司车损险赔款1375.24元,共计获得赔款1333.33 + 5066.67 + 1428.57 + 723.81 + 1375.24 = 9927.62(元)。其中与自身损失差额10000 - 9927.62 = 72.38(元),正好等于B车车损险免赔额,这部分差额是由于B车未投保车损险附加不计免赔率险造成,因此需要B车自行承担。

(7)丙保险公司赔付及C车获得赔款小计。

丙保险公司交强险赔付A车损失571.43元,第三者责任险赔付A车损失253.97元;交强险赔付B车损失1428.57元,第三者责任险赔付B车损失723.81元;车损险赔

付 C 车损失 306.12 元。因此,丙保险公司共计需赔付 571.43 + 253.97 + 1428.57 + 723.81 + 306.12 = 3283.90(元)。

C 车获得甲保险公司交强险赔款 666.67 元,获得甲保险公司第三者责任险赔款 2255.55 元;获得乙保险公司交强险赔款 1111.11 元,获得乙保险公司第三者责任险赔款 644.44 元;获得丙保险公司车损险赔款 306.12 元,共计获得赔款 666.67 + 2255.55 + 1111.11 + 644.44 + 306.12 = 4983.89(元)。其中与自身损失差额 5000 − 4983.89 = 16.11(元),正好等于 C 车车损险免赔额,这部分差额是由于 C 车未投保车损险附加不计免赔率险造成,因此需要 C 车自行承担。

5.9.7 损余物资处理

损余物资处理是指对车损残件、全损残值和盗抢追回车辆等的处理。下面以盗抢追回车辆为例说明损余物资处理流程,如图 5-17 所示。保险公司对于盗抢追回车辆的处置应与被保险人协商处理。

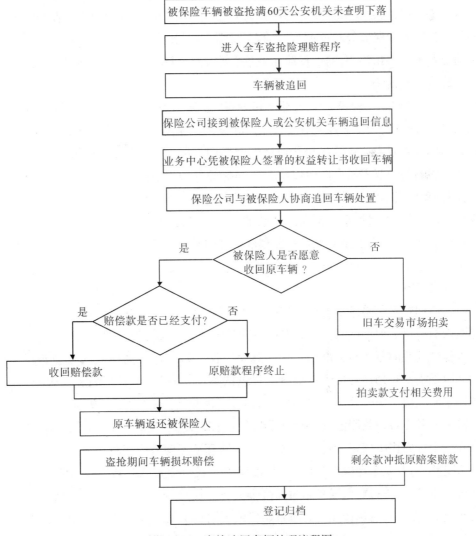

图 5-17 盗抢追回车辆处理流程图

5.10 理赔工作监督管理

理赔工作是保险人履行车险合同的过程,对保险人信誉将产生直接和重要的影响。同时,理赔工作也是保险人控制经营风险的一个重要环节,严格按照保险合同进行理赔是防止滥赔和骗赔、确保公平的前提。因此,为保证理赔工作的顺利开展,强化保险公司的经营管理,提高车险产品的质量和服务水平,对车险理赔业务要实行必要的监督管理。

5.10.1 车险理赔监督

1. 监督方式

监督方式包括外部监督和内部监督。

(1)外部监督是指保险企业以外的部门对保险理赔工作进行的监督,包括:银保监会、各地保监局、全国或者地方保险行业协会的监督,保险企业委托外部审计机构对自身业务进行专项审计,以及部分保险公司委请社会人士对公司经营情况进行监督。外部监督的优点是能够确保监督的透明度,使保险企业真正形成压力。同时,外部监督检查的结果消费者也能够相信,有助于保险企业在消费者心目中塑造良好的形象,增强消费者对企业的信心和信任。

(2)内部监督是指保险企业内部通过业务、财务和审计,定期和不定期的检查和监督,从而建立起来的内部监控和管理体系。业务部门是经营和管理机动车辆保险业务的部门,同时,也是制定业务经营和管理规则的部门,其对业务的监督和管理专业性较强,具有责任和利益的双重压力。而保险企业的财务部门,通过财务数据的采集和分析,可以从经营成果、成本结构等宏观方面了解和控制经营情况;审计部门可以结合年终、专项和离任审计等形式,对机动车辆保险经营的一个局部进行深入审计,从而了解经营中可能存在的问题,所以保险企业通过财务和审计部门对机动车辆保险业务进行监督和管理也是十分必要的。

2. 赔案周期

赔案周期是指保险事故案件处理的周期,即从保险事故发生到保险公司向被保险人支付赔款的时段。此期间根据处理部门不同又可分为外部处理期间和内部处理期间。

外部处理期间是指有关部门对于一起属于保险范围的交通事故的处理期间。内部处理期间是指保险公司在接到被保险人提供的索赔资料后,进行理算和处理的周期,这个周期主要取决于保险公司的内部管理水平。《保险法》第二十三条规定:"保险人收到被保险人或者受益人的赔偿或者给付保险金的请求后,应当及时作出核定;情形复杂的,应当在三十日内作出核定,但合同另有约定的除外。保险人应当将核定结果通知被保险人或者受益人;对属于保险责任的,在与被保险人或者受益人达成赔偿或者给付保险金的协议后十日内,履行赔偿或者给付保险金义务。保险合同对赔偿或者给付保险金的期限有约定的,保险人应当按照约定履行赔偿或者给付保险金义务。"第二十四条规定:"保险人依照本法第二十三条的规定作出核定后,对不属于保险责任的,应当自作出核定之日起三日内向被保险人或者受益人发出拒绝赔偿或者拒绝给付保险金通知书,并说明理由。"第二十五条规定:"保险人自收到赔偿或者给付保险金的请求和有关证明、资料之日起六十日内,对其赔偿或者给付保险金的数额不能确定的,应当根据已有证明和资料可以确定的数额先予支付;保险人最终确定赔偿或者给付保险金的数额后,应当支付相应的差额。"因此,对比较明确的保险事故案件,在索赔资料完备的情况下,内部处理期间受法律约束。但被保险人应注意内部处理期间的起点不是出险时刻,而是保险合同双方达成赔偿协议时刻。当然,保险公司不能为躲避法律约束,以不能"达成协议"作为理由而故意拖延赔案周期。因为赔案周期长短将直接影响保险公司在被保险人心目中的形象,进而影响被保险人今后购买汽车保险的决策。

3. 影响赔案周期的因素

影响赔案周期的因素可分为外部因素和内部因素两类。

外部因素通常指非保险公司的因素,主要是交通事故处理部门对事故的处理周期。交通事故处理包括责任认定和损失认定。其中,责任认定比较简单,只要对事故现场进行认真调查,并参照有关法律和法规即可进行;而损失认定往往比较复杂,原因有两方面:一是交通事故中的车辆损失认定时间长,因事故车辆的修理本身需要一定时间,同时,车辆修理过程中大量的零配件采购需要时间,有些进口车辆甚至需从国外进口配件;二是交通事故中的人身伤亡损失认定时间长,因受伤人员需痊愈出院后才能最后确定,伤情严重者需数月,甚至1年以上的治疗和康复期。而只有待这些受伤人员痊愈出院后才能确定医疗费用和伤残程度。所以,交通事故处理中损失认定的复杂在很大程度上制约了保险事故处理的周期。

内部因素是指保险公司在接到被保险人提供的索赔资料后进行内部理赔、核赔和给付赔款的过程。这与保险公司的管理水平、理赔人员的工作态度和效率有很大关系。因此,保险公司内部应建立有效机制,如建立内部各环节工作时限制度、监督和责任追究制度等。同时,应加强对理赔人员职业道德的培养和业务水平的提高,以增强员工的服务意识,使他们高效地完成理赔工作。

4. 未决赔案管理

未决赔案是指保险公司对属于保险责任范围而由于各种原因尚未赔付结案的案件。

(1)未决赔案管理的意义。未决赔案的数量直接决定未决赔款的多少。未决赔款是保险公司将来的支出,是其主要负债之一。如果对未决赔案管理不够,导致未决赔款估计不准,将直接影响未决准备金的提取、利润核算和产品定价的准确性,甚至会影响到保险公司的偿付能力。因此,非常有必要加强对未决赔案的管理,从而提高结案速度,降低未决赔案数量,掌握各地保险经营风险,提升保险公司自身经营管理能力。

(2)未决赔案存在的原因。由于保险事故的查勘、损失确定、赔款理算、赔付结案等处理工作都需要一定时间,所以保险公司在经营过程中出现和存在一定数量的未决赔案是正常的,但由于管理不善、不及时撤案等原因,会增加未决赔案的数量,这些原因则是不正常的。因此,未决赔案存在原因可分为两类,一类是正常原因造成的未决赔案,另一类是非正常原因造成的未决赔案。对正常的未决赔案应通过简化理赔流程、提高各环节工作效率来减少未决赔案的数量。同时,应注意加强对非正常原因造成未决赔案的分析。非正常原因有外部因素和内部因素,但主要是内部因素,这些因素包括管理方面的问题、技术方面的问题以及服务质量方面的问题。分析的目的是要了解造成案件非正常解决的原因,以便解决问题,降低非正常未决赔案的比例。

(3)未决赔案管理中易出现的问题。首先,对未决赔案管理的作用和重要性缺乏深刻理解和认识,导致对该工作重视不足,以至于在规范管理上缺少有效、可行的举措;其次,对未决赔案缺少统计和分析,造成处理不及时,直接影响结案率和未决赔款准备金的提取;第三,对未决赔案的未决赔款估算不准确,这将影响未决赔款准备金的提取;最后,缺少对被保险人自行撤案或拒赔案件的定期统计,造成未决赔案统计数据的不真实。

(4)加强未决赔案管理举措。未决赔案的管理包括立案、撤案和结案三个环节,因此,可针对三个环节分别加强管理。第一,应加强对立案的管理。有的公司将报案等同于立案,这是造成未决赔案管理混乱的一个原因。事实上,许多报案由于各种原因最终没有立案,如错报、重复报案,不属于责任范围,因免赔额或无赔款优待等因素放弃索赔等。第二,应加强对撤案的管理,即使立案,仍可能因各种原因而没有进行索赔或处理,这种情况下应说明原因,及时将案件撤销。第三,应加强对结案的管理。在案件赔款已决后,应及时催促被保险人前来领取赔款,赔款领取后应及时将有关资料统计并核销立案。

对于未决赔案管理的关键是确保以上三个环节的资料统一、准确和及时,为此应建立未决赔案专人负责制,由专人负责将当地未决赔案情况及时进行统计;每月对未决赔案情况进行一次统计分析,并将统计分析情况上报有关部门。

5. 内控制度

保险公司可以通过内部控制制度实现对理赔工作的监督,确保理赔工作的质量。这些内部控制制度包括定期检查制度、专项检查制度、案件回访制度、客户满意度调查制度等。

(1)定期检查制度是指由保险公司内部的职能部门定期对经营单位进行全面的业务检查,检查内容包括查勘工作、案件理算工作、案件管理工作和赔款支付工作等多个方面,目的是定期了解经营单位的经营情况,及时发现和解决问题。

(2)专项检查制度是指根据在经营过程中发现的问题,对于某一类工作进行专门的检查,以了解问题存在的范围和影响的程度,并针对这些问题研究解决的办法。

(3)案件回访制度是对某些特定的客户群,或者特殊类型的案件,在理赔工作结束后对他们进行回访,目的是反馈这些特定群体和个体的被保险人对保险公司理赔工作的意见和建议,并了解他们对保险的新需求,以便有针对性地改善保险产品、改进理赔服务。常见的回访对象有出租车索赔案件、一些重大案件或者被保险人投诉的案件等。

(4)客户满意度调查制度是指定期或不定期对被保险人进行问卷调查,全面了解被保险人对保险公司各方面工作的满意度。通过对回收问卷的统计分析,发现问题,改进不足,改善服务水平。

5.10.2 车险理赔指标控制

理赔质量的考核指标主要包括:赔付率指标、理赔效率(包括理赔周期、立案率、结案率)指标和车险估损准确性指标。

(1)赔付率指标。赔付率指一定时期内保险赔款支出与保费收入的比率。保费收入可分为入账保费收入和已赚保费收入,所以赔付率也分入账保费赔付率和已赚保费赔付率,即

$$赔付率 = 赔款支出/保费收入$$

$$入账保费赔付率 = 赔款支出/入账保费收入$$

$$已赚保费赔付率 = 赔款支出/统计期已赚保费收入$$

其中,赔款支出是指统计期内保险企业应付的赔款,既包括已付赔款,又包括未决赔款。

(2)理赔效率指标。理赔效率指标包括理赔周期、立案率、结案率等。理赔周期指当年结案案件从报案到结案的平均时间。立案率指当年立案件数与当年有效报案数的比例。结案率指当年已结案件数占已结案件数与未决赔案件数总量的比例。

(3)车险估损准确性指标。车险估损准确性是指当年车险案件的初始估损金额与理算前定损金额的差异程度。

5.11 保险索赔

机动车辆保险索赔是指被保险人的保险机动车辆发生保险责任范围内的保险事故后,按照保险合同有关条款的规定,向保险公司要求赔偿的行为。索赔是从被保险人角度而言的。

5.11.1 被保险人在索赔阶段的权益

1. 被保险人有获得赔偿的权益

机动车辆保险合同成立后,双方当事人开始按照合同的规定享有权利和义务,保险公司要承担相应的保险责任。因此,被保险人有权在约定的保险事故发生时请求保险公司赔偿。

保险机动车辆发生保险事故后,被保险人就赔偿事项有如下权益:

(1)保险公司进行事故现场查勘后,应根据事故性质、损失情况,及时向被保险人提供索赔须知,告知被保险人应提供的各种与索赔相关的材料,在被保险人提供了各种必要单证后,保险公司应迅速审查核定,并将核定结果及时通知被保险人。若认为有关的证明和资料不完整,应当及时通知被保险人补充提供相关证明和资料。如果保险机动车辆发生的事故经保险公司认定属于保险责任,并且在保险公司与被保险人对赔偿金额均无异议的情况下,保险公司应在与被保险人达成有关赔偿的协议后十日内支付赔款。若保险公司在与被保险人达成有关赔偿的协议后十日内未支付赔偿,则违反了《保险法》和

保险合同条款的有关规定,因此除支付赔款外,还应当赔偿被保险人因此受到的损失。

(2)保险事故发生后,可能会发生因事故损失严重具体损失金额在短时间内无法完全确定的情况,或由于受害者受伤严重造成治疗时间很长或需要继续治疗,从而赔偿金额暂时无法确定的情况。针对上述赔偿数额不能确定的情况,为保护被保险人的利益,保险公司应自收到赔偿请求和有关证明、资料之日六十日内,根据已有证明和资料可以确定的最低数额先予支付。然后待赔偿数额最终确定后,保险公司再支付相应的差额。

(3)保险事故发生后,被保险人应及时通知保险公司;保险公司得知后,要对事故的原因、性质、过程等进行调查,以便确定保险事故是否属于保险责任范围。被保险人向保险公司提出赔偿的请求时应当提供有关事故和损失的证明和资料,保险公司应当及时确定保险标的的损失程度和损失金额,计算应该支付的赔款金额。在这个过程中,保险公司和被保险人都会产生一些费用开支。比如,保险公司为了调查事故发生的原因,可能需要支出一些差旅费、调查费,有时还要请有关部门进行鉴定或聘请保险公估公司,也要支付费用;被保险人为取得有关部门的证明和资料以便向保险公司请求赔偿,也可能需要支出一些差旅费、鉴定费等费用。《保险法》第六十四条规定:"保险人、被保险人为查明和确定保险事故的性质、原因和保险标的的损失程度所支付的必要的、合理的费用,由保险人承担。"

(4)在第三者责任险中,当被保险人对第三者造成损害,依法应对第三者负赔偿责任时,被保险人对第三者的损害赔偿责任由保险公司承担。被保险人在此过程中可能会与第三者在赔偿数额上发生争议,从而发生一些费用,如诉讼费、仲裁费、聘请律师的费用、差旅费、制作有关文件的费用等;《保险法》第六十六条规定:"责任保险的被保险人因给第三者造成损害的保险事故而被提起仲裁或者诉讼的,除合同另有约定外,由被保险人支付的仲裁或者诉讼费用以及其他必要的、合理的费用,由保险人承担。"

2. 对保险赔偿提出争议的权益

保险理赔是保险公司最为重要的业务环节之一,是保险的社会保障功能的重要体现,也是出现保险纠纷最多的环节。被保险人如果认为保险公司的赔偿金额与自己预期不相符,有权对赔偿金额提出异议,对保险公司的行为提出质疑。

保险公司对于保险责任范围内的保险事故,经过核定后应该及时履行保险责任。对不属于保险责任范围内的保险事故,保险公司在收到被保险人的赔偿请求后,应当向被保险人发出拒绝赔偿的通知书。《保险法》第二十四条规定:"对不属于保险责任的,应当自作出核定之日起三日内向被保险人或者受益人发出拒绝赔偿或者拒绝给付保险金通知书,并说明理由。"该规定明确规定了保险公司处理非保险责任范围内的事故所应采取的措施或做法,也是保险公司对被保险人提出的不属于保险责任范围内的索赔请求所给予的书面答复。如被保险人收到了保险公司发出的拒绝赔偿通知书,则说明保险公司认定其提出的索赔请求不成立、不予赔付。这是一种书面的拒赔证明。被保险人如果对保险公司的决定不服,可以申请仲裁或向人民法院提起民事诉讼。

导致保险公司和被保险人双方对赔偿金额发生争议的原因很多,其中一个重要原因是保险条款不严密,造成合同双方对条款的理解有差异。《保险法》第三十条规定:"采用保险人提供的格式条款订立的保险合同,保险人与投保人、被保险人或者受益人对合同条款有争议的,应当按照通常理解予以解释。对合同条款有两种以上解释的,人民法院或者仲裁机构应当作出有利于被保险人和受益人的解释。"另外,《合同法》第四十一条规定:"对格式条款的理解发生争议的,应当按照通常理解予以解释。对格式条款有两种以上解释的,应当作出不利于提供格式条款一方的解释。"这是因为保险条款通常是保险公司事先拟定好的格式条款,投保人、被保险人没有参与保险条款的制订。因此,保险条款是有利于保险公司的。如果由于保险条款本身存在歧义造成投保人或被保险人的误解,引起争议,人民法院或仲裁机构自然应当作有利于投保人和被保险人的解释,否则,对投保人和被保险人来说是不公平的。就保险条款解释而言,需要注意的是保险公司未向投保人或被保险人明示的内容不得以公司内部条款解释为由约束被保险人。

另外,出于保险公司的原因,如误用条款、计算错误等,也会造成赔偿金额发生错误。被保险人如果有充足的理由和证据,有权对赔偿金额提出异议,要求保险公司予以解释,必要时可以向仲裁机关或向人民法院起诉来保护自己的合法权益。

5.11.2 被保险人索赔程序

保险机动车辆发生事故后,被保险人向保险公司要按照一定程序提出索赔要求。

1)出险通知

出险后在抢救伤者和避免损失扩大的前提下,尽量保护好第一现场,为交警确定事故责任提供原始资料。在第一时间内向交警队报案,可拨打全国统一电话 122 报案,也可以拨打 110 联动报警平台报案,报告清楚时间、地点、车牌号码等事故相关情况,等候交警队进行事故处理。在向交警队报案的同时,向投保的保险公司报案。

2)采取合理的施救措施

机动车辆事故发生后,被保险人应履行施救义务,尽量减少事故发生所造成的损失。在事故发生时,被保险人应该进行积极抢救,对受损财产进行整理、恢复,采取各种必要措施,减少物质损失。对于因被保险人没有尽力施救的义务而使保险标的的损失扩大的,保险公司对损失扩大的部分不负赔偿责任。保险公司对合理的施救费用承担补偿义务,即被保险人为了抢救以及保护、整理保险财产而支付必要的、合理的费用由保险公司负担。这里需要注意的是,保险公司对被保险人支出的合理施救费用的补偿,应当在保险标的损失赔偿以外,但补偿的最高限额以不超过保险金额为限。

3)积极配合保险公司的查勘工作

被保险人应当积极协助查勘人员进行现场查勘,提供检验上的方便,使保险公司能够正确、迅速地进行查勘。

4)向保险公司提出索赔

被保阶人向保险公司索赔时,应向保险公司提供与确认保险事故的性质、原因、损失程度等有关的证明和资料作为索赔证据。属于道路交通事故的,被保险人应提供公安交通管理部门或法院等机构出具的事故证明、有关的法律文书(裁定书、裁决书、调解书、判决书等)及其他证明;选择自行协商方式处理交通事故的,被保险人应当提供依照《道路交通事故处理程序规定》签订记录交通事故情况的协议书。关于损失程度、事故后果方面的证明资料,以确定赔款数额,如损失清单、有关费用单据、修理费发票等。

被保险人在提出索赔时一定要注意保险索赔时效的要求。保险事故发生后,被保险人必须在规定的期间内向保险公司提出赔偿的要求,这一期间被称为索赔的期限,一般为2年。在索赔期限内,被保险人享有向保险公司索赔的权利。超过索赔期限以后,被保险人向保险公司索赔的权利丧失,保险公司对索赔请求不再受理,被保险人即使向人民法院起诉也不可能胜诉。

5) 领取赔款

当保险公司核实损失并经计算确定应赔偿的保险金以后,保险公司会通知被保险人领取赔款。被保险人为法人或其他组织的,应提供单位财务专用章或公章。被保险人为自然人的,应提供被保险人身份证明(原件)。代他人领取赔款的,需被保险人签署的《领取赔款授权书》和领取赔款人身份证明(原件)。被保险人接到领取赔款的通知后应及时提供银行账户或银行卡转账领取赔款。

6) 出具权益转让书

出具权益转让书并不是机动车辆保险索赔的必经程序,只有保险事故涉及第三者责任或全车盗抢险时,被保险人领取赔款后才需要出具权益转让书。在车损险中,当被保险车辆发生保险责任范围以内的损失,按照国家的法律和有关规定,应当由第三者负责赔偿的,保险公司可以先向被保险人支付保险金,但被保险人要将向第三者索赔的权利转让给保险公司,由保险公司向第三者追偿。我国《保险法》第六十条规定:"因第三者对保险标的的损害而造成保险事故的,保险人自向被保险人赔偿保险金之日起,在赔偿金额范围内代位行使被保险人对第三者请求赔偿的权利。"在全车盗抢险中,由于被保险车辆丢失或损坏是由于盗抢犯罪行为人造成的,保险公司在全部赔付或部分赔偿后,根据被保险人签署的权益转让书取得被保险车辆的所有权和向盗抢犯罪行为人追偿的权利。

5.11.3 索赔注意事项

1. 未经保险公司认可不要擅自修复受损保险车辆

不要未经保险公司检查,确定修理项目、方式和费用就对受损保险车辆或第三者财产进行修复。根据保险条款规定,被保险机动车辆因保险事故损坏或致使第三者财产损坏,应当尽量修复。修理前被保险人应当会同保险公司检验,协商确定修理项目、方式和费用。否则,保险公司有权重新核定或拒绝赔偿。

2. 被保险人不要对第三者自行承诺或支付赔偿金额

按照机动车辆保险条款规定,保险车辆发生第三者责任事故时,保险公司按照《中华人民共和国道路交通安全法实施条例》《道路交通事故处理程序规定》等相关规定以及保险合同,在保险单载明的责任限额内核定赔偿金额。未经保险公司书面同意,被保险人自行承诺或支付的赔偿金额,保险人有权重新核定。也就是说,被保险人在机动车辆保险事故种,不能因为参加了机动车辆保险,在涉及第三者人身伤亡或财产损毁的保险事故中,就对第三者损失金额中的不合理赔偿要求或明显带有敲诈勒索性质的赔偿要求自行承诺支付,被保险人应据理力争,承担自己应承担的事故损失赔偿部分,不能应允第三者的不合理要求,否则保险公司将有权重新核定或拒赔。

另外,需要注意的一点是,保险公司对被保险人给第三者造成的损害,可以依照合同的约定,直接向该第三者赔偿保险金。

3. 代位追偿注意事项

在保险公司行使代位追偿权利时,被保险人需要注意以下几点问题:

(1)保险公司代位追偿的金额不得超过其向被保险人支付的赔款。保险公司的代位追偿权利的产生是由于已经向被保险人支付了赔款,因此保险公司代位追偿的金额以其向被保险人支付赔款的金额为限,即保险公司只能在已经支付赔款的范围内向第三者要求赔偿,如果保险公司因代位追偿权利的行使而获得的赔款大于其向被保险人支付的赔款,则超过部分的赔款应还给被保险人,保险公司不能因行使代位追偿权而获利。

(2)保险事故发生后,被保险人已经从第三者取得损害赔偿的,保险公司赔偿保险金时应相应扣减被保险人从第三者已取得的赔偿金额,否则被保险人可能会得到多于实际损失的赔款而违背了保险的损失补偿原则。

(3)如果被保险人因保险事故的发生而从保险公司获得的赔款少于实际损失,即使保险公司行使代位追偿的权利,也不影响被保险人就未取得赔偿的部分向第三者请求赔偿的权利,即被保险人仍可以就其实际损失与从保险公司所获赔偿的差额部分向第三者请求赔偿。

(4)保险公司行使代位追偿的权利,需要被保险人的协助。当第三者造成保险事故时,被保险人作为当事人和受害者掌握有关情况,持有有关证据和文件。因此,在保险公司向第三者行使代位请求赔偿权利时,被保险人应当向保险公司提供必要的文件和其所知道的有关情况。由于被保险人的过错致使保险公司不能行使代位请求赔偿的权利的,保险公向可以相应扣减保险赔偿金。

(5)保险公司行使代位追偿的权利时,除被保险人的家庭成员或者其组成人员故意造成保险事故以外,保险公司不得对被保险人的家庭成员或者其组成人员行使代位请求赔偿的权利。因为被保险人因保险事故而获得的赔款为家庭共同财产,如果保险公司对被保险人的家庭成员或者其组成人员行使代位请求赔偿的权利,会使被保险人获得的赔款又回到保险公司手中,那么被保险人实际上就没有获得保险赔偿。

(6)保险公司赔偿前被保险人不得放弃向第三者索赔的权利。保险公司的代位追偿的权利产生于其向被保险人支付赔款之时。在保险公司向被保险人支付赔款之前,并不具有代位追偿的权利,向第三者请求赔偿的权利属于被保险人。由于民事权利是可以放弃的,所以,此时若被保险人放弃向第三者请求赔偿的权利,并不违背法律的规定,是可以发生法律效力的,只是必将损害保险公司的利益。因为被保险人已放弃向第三者请求赔偿的权利,保险公司向被保险人支付赔款后,被保险人已不可能再向保险公司转让向第三者请求赔偿的权利。

（7）保险公司赔偿后被保险人不得放弃向第三者索赔的权利。自保险公司向被保险人支付赔款之日起，无论被保险人在形式上是否向保险公司转让其向第三者请求赔偿的权利，保险公司在法律上都已取得代位追偿的权利。被保险人向第三者请求赔偿的权利在保险公司赔款金额以内的部分应归属于保险公司，被保险人无权处理。所以，保险公司向被保险人支付赔偿后，如果被保险人未经保险公司的同意放弃对第三者请求赔偿的权利的，该行为无效。

案例分析 5-28 保险公司能否向被保险人的家庭成员行使代位追偿？

案情介绍：王某为自己的车购买了车辆损失险以及玻璃单独破碎附加险，同时还在此家保险公司为自己投保了一年期的短期意外伤害险。

某日，王某和妻子一同驾车出门。路上因琐碎问题两人发生了激烈争吵。王某一气之下将车停至路边并要求其妻下车。其妻子下车后捡起路边石块对车辆前挡风玻璃进行敲击，造成前挡风玻璃产生裂纹。王某上前制止其妻的行为时，不慎在纠缠中摔倒造成踝关节骨折。随即王某向保险公司报案，保险公司派人查勘现场并对王某及其妻进行了询问和记录。王某经过治疗之后向保险公司提出赔偿玻璃损失以及自身受伤所发生的医疗费用的申请，并提供了相关费用单据。保险公司经调查核实后认定王某受伤是在与妻子的纠缠中造成的，属于误伤，符合意外特征，同意向王某支付骨折医疗费用以及更换前挡风玻璃费用，但同时就玻璃更换费用向其妻子进行追偿。

王某认为，保险公司先赔偿玻璃费用再向其妻子追回，等于没有赔偿。为什么意外伤害部分不追偿而更换玻璃的费用就要追偿？要不都追偿要不都不追偿。既然买了保险，保险公司就不应该再去向第三者追要，如果追要了等于保险公司最后又将钱要了回去，那还要买保险干吗？双方各持己见最后对簿公堂。法院经过审理，支持保险公司的意见。

本案分析：首先，要解释保险公司就王某更换汽车前挡风玻璃的费用向其妻进行追偿是否合理？《保险法》第四十六条第一款规定："被保险人因第三者的行为而发生死亡、伤残或者疾病等保险事故的，保险人向被保险人或者受益人给付保险金后，不享有向第三者追偿的权利，但被保险人或者受益人仍有权向第三者请求赔偿。"第六十条第一款规定："因第三者对保险标的的损害而造成保险事故的，保险人自向被保险人赔偿保险金之日起，在赔偿金额范围内代位行使被保险人对第三者请求赔偿的权利。"第六十二条规定："除被保险人的家庭成员或者其组成人员故意造成本法第六十条第一款规定的保险事故外，保险人不得对被保险人的家庭成员或者其组成人员行使代位请求赔偿的权利。"从上述条款的规定中可以看出：①代位追偿只适用于财产保险中，对于人身保险和责任保险，保险人无权向造成保险事故的第三者进行追偿。②保险人不能向被保险人的家庭成员行使追偿权，以避免赔偿出去的钱又被保险人要回来的情况，但被保险人的家庭成员故意造成保险事故的除外。本案中，王某的妻子作为完全民事行为能力人，由于和丈夫吵架而毁坏车辆玻璃,是故意而为之。因此,即便是王某的妻子,保险公司仍具有向其行使代位追偿的权利。

其次,要解释保险公司为何对于王某的意外伤害部分的赔偿不向其妻进行追偿?《保险法》第四十六条第一款已明确说明,在人身保险中保险公司无权向实施侵害的第三者追偿,但被保险人或者受益人仍有权利向第三者请求赔偿。这是因为人的身体价值是无法衡量的,同时也不可能发生权利的转移。但被保险人或者受益人仍有权利向第三者请求赔偿,这也是给被保险人提供最大的保障。本案中,被保险人王某因阻止其妻损坏车辆的过程中意外摔倒受伤,虽然是因为第三者的行为引起的保险事故,但保险公司查明王某及其妻子非斗殴也非蓄意,属于误伤,符合意外特征,因此向王某支付骨折的医疗费用之后,不能再向其妻进行追偿。

4. 索赔时不要隐瞒事实、伪造单证、制造假案

被保险人如存在隐瞒事实、伪造单证、制造假案等行为,保险公司可以依据保险合同的规定拒赔或对其虚报的部分不承担赔偿责任,而且被保险人还有可能受到法律的制裁。《保险法》第一百七十四条规定:"投保人、被保险人或者受益人有下列行为之一,进行保险诈骗活动,尚不构成犯罪的,依法给予行政处罚:(一)投保人故意虚构保险标的,骗取保险金的;(二)编造未曾发生的保险事故,或者编造虚假的事故原因或者夸大损失程度,骗取保险金的;(三)故意造成保险事故,骗取保险金的。保险事故的鉴定人、评估人、证明人故意提供虚假的证明文件,为投保人、被保险人或者受益人进行保险诈骗提供条件的,依照前款规定给予处罚。"另外,《保险法》第二十七条第三款规定:"保险事故发生后,投保人、被保险人或者受益人以伪造、变造的有关证明、资料或者其他证据,编造虚假的事故原因或者夸大损失程度的,保险人对其虚报的部分不承担赔偿或者给付保险金的责任。"

课后案例思考

1. 王小姐开一辆上海大众帕萨特,在一个暴雨天外出,由于路上大量积水,汽车发动机进水后王小姐强行点火,造成"爆缸",仅更换发动机缸盖就花费3万元。该车已投保了车辆损失保险,并未投保发动机涉水损失附加险,王小姐认为发动机损坏也是车辆损失之一,坚持向保险公司就车辆发动机损坏提出索赔申请。

思考:假如你是保险公司的理赔人员,你应该如何处理客户的索赔请求并说明理由?

2. 甲车投保交强险、车损险、商业三者险10万元、车上人员责任险(每座2万元)。乙车投保交强险、车损险、商业三者险15万元、车上人员责任险(每座1万元)。两车相撞。事后交警认定甲车负70%责任,车损3000元,车上1人受伤,死亡伤残费用60000元,医疗费用70000元;乙车负30%责任,车损5000元,车上1人死亡,死亡伤残费用80000元,医疗费用8000元,精神损害20000元。

试计算:甲、乙两车分别能获得多少保险赔偿?

3.某日上午10时左右,刘某驾驶一辆"三菱"越野车在某国道行驶至一转弯处,由于车速过快导致车辆失控,车掉入路边沟中,其本人受轻伤。随后刘某报案,通知保险公司。

思考:假如你是保险公司查勘人员,你应该如何完成本次事故的现场查勘工作?

4. A车在甲保险公司投保了机动车辆损失险(未投保车损险附加不计免赔率险)、交强险、商业三者险50万及不计免赔率险;B车在乙保险公司投保了机动车辆损失险(未投保车损险附加不计免赔率险)、交强险、商业三者险100万及不计免赔率险。双方发生互碰交通事故,A车主责,B车次责;A车损失4000元,B车损失10000元,事故中无人伤,无其他财产损失。

试计算:A、B被保险人均向其承保公司申请代位追偿情况下,甲、乙保险公司各自的赔款额以及A、B车获得的赔款额。

复习思考题

(1)汽车保险理赔有何重要意义?
(2)对车险理赔原则中"主动、迅速、准确、合理"的八字方针如何理解?
(3)汽车保险理赔业务的一般流程是什么?请用流程图表示。
(4)接受报案的主要工作内容有哪些?
(5)车险事故现场有哪些类?事故现场出现变动的原因有哪些?
(6)现场查勘工作包括哪些内容?
(7)现场摄影时应注意哪些事项?
(8)简述车辆定损的流程及注意事项。
(9)汽车维修费用如何确定?
(10)车险事故中的人身伤亡费用按什么来确定?
(11)交强险和商业险各险种赔款计算是如何进行的?
(12)核赔的流程和主要内容是什么?
(13)代位追偿是如何进行的?
(14)车险理赔的监督方式有哪些?

第6章

汽车保险理赔典型风险提示

学习目标

《保险法》的修订以及保险行业管理部门各种管理意见的出台要求汽车保险理赔从业人员能够及时把握政策,规避各种纠纷风险。本章对目前我国汽车保险理赔工作中突出存在的风险进行了论述。通过本章的学习要求了解目前我国汽车保险理赔工作存在的风险种类以及如何规避此类风险。

重点难点

(1)理赔工作存在的纠纷风险种类;
(2)如何在日常工作中规避典型风险?

引导案例

就我国而言,汽车保险的作用还是举足轻重的。在很大程度上弥补了车主的损失,维护了人民的利益。在这一点,我们应该毋庸置疑。但是,行业的瑕疵还是存在的,而且这些瑕疵非常棘手,往往会让相关法规尴尬。虽然在我国,汽车保险的分类还是比较细致的,但是在某种程度上分析,其弊端依然致命。首先存在的问题就是汽车保险的诈保。近年来,诈保案频繁发生,主要的诈骗形式包括买来事故车进行保险诈骗、汽修厂利用客户车制造事故诈保、团伙汽车诈保。这些诈保形式,给汽车保险的实施带来了麻烦。如果不能很好地予以控制,大量的资金就会流入不法分子手中,对行业造成很大伤害。而后的问题,也是最重要的问题就是汽车保险的纠纷问题。纠纷与车主们关系更加密切,车主们也对此非常烦恼。经常可以看到,买全险却得不到全赔,保险瑕疵等等,这让车主在买保险的时候不由地会驻足。问题的原因主要还是我国汽车保险的发展不够健全,相关条款还不够细致,导致在出现问题的时候产生尴尬的情况。在过去的一段时间里,我国汽车保险一直处于停滞状态,甚至要撤销。于是有人就会说,汽车保险是不是又要消失了,存在的更多价值是让不法分子去诈保,车主们出现问题就步入纠纷的"怪圈"。

——节选自汽车点评网《汽车保险是汽车后市场的"鸡肋"吗?》

6.1 合同订立阶段风险

6.1.1 销售保险时没有依法履行说明义务

根据《保险法》第十七条规定:"采用保险公司提供格式条款订立保险合同的,投保单应当附格式条款,保险公司应当向投保人说明合同的内容;还要对免责条款作出足以引起投保人注意的提示,并以书面或者口头形式向投保人作出明确说明;未作提示或者明确说明的,该条款不产生效力。"在投保人购车买汽车保险时,保险公司及其代理人不向投保人说明保险条款的内容,不讲主险与附加险的关系,有的只是简单地告诉车主,就是上个全险。但是这个"全险"的概念既不明确也不科学,对于保险知识相对贫乏的车主来说,会误以为自己买到了保险公司所有涉及机动车的保险险种,任何车辆的责任,保险公司都会承担。销售过程中业务人员更不讲保险条款中的责任免除条款内容,使得广大的保险客户拿着保险单却并不知晓哪些情况属于保险责任、哪些情况是保险公司免除保险责任的范围、"绝对免赔额"等是怎么回事。出险后,车主因种种情况被保险公司拒赔时才知道"这也不赔、那也不赔",极易给人"投保容易理赔难"的印象。针对这种情况,商业车险改革以来,中保协在 2014 版《示范条款》的修订过程中专门编写了商业车险投保告知书,对免除保险人责任的约定进行了集中表述,并对条款中容易引致歧义的内容进行了解释,但仍然需要保险公司业务人员以书面或口头的形式向投保人作明确说明。同时针对目前保险行业"无纸化投保""网络投保"等更加便捷的投保方式的流行,由于法律规定的缺失和保险公司对于电子产品法律风险提示义务履行得不充分,极易造成纠纷,因此需要慎重对待。如果保险公司没有依法履行说明义务,将会承担免责条款无效的后果。

 案例分析 6-1 保险公司未履行告知义务,被保险人坚持 7 年终获赔

案情介绍:2001 年 5 月 13 日凌晨零时许,陈某驾驶"捷达王"轿车行驶至一路段时,车辆仪表盘下冒烟。陈某随即熄火停车检查,发现发动机与仪表盘部位起火,随车人员下车施救灭火,但未能将火扑灭,车辆被烧毁。之后,因陈某已购买车损险,遂向保险公司提起索赔,却被告知车辆火灾系自燃,车损险责任免除条款规定:自燃、不明原因火灾造成保险车辆的损失,保险公司不负责赔偿。

陈某很是纳闷,在投保单上签名时并没有看到相关保险条款,对于责任免除条款更是一头雾水,更没人提醒自己投保自燃损失附加险。他认为,保险公司未就保险合同中的免责条款尽到明确说明义务,应当承担理赔义务。随后,陈某踏上了漫长的诉讼之路。

7年间,执着的陈某不服一审、二审判决,多次向上级法院提出再审申请。2008年2月,省高级人民法院就本案指令由某市中级人民法院另行组成合议庭进行再审,陈某看到了希望的曙光。

本案分析:保险合同中的免责条款是否有效,投保车辆自燃造成的损失应否予以理赔,是案件争议的焦点。2008年7月,陈某所在地中级人民法院再审查明,保险公司虽然在保险单中注明,要求投保人仔细阅读所附保险条款,特别是责任免除条款部分,但未就免责条款的内容、术语、目的等向陈某作出明确说明。投保单虽有陈某签名,但保险公司未就自燃的含义及法律后果提醒投保人予以特别注意。法院认为,我国《保险法》规定:保险合同中有关于保险人责任免除条款的,保险人在订立保险合同时应当向投保人说明,未明确说明的,该条款不产生效力。故涉案机动车辆保险合同约定的免责条款对陈某不产生效力,遂判决保险公司赔偿陈某车辆保险金14万元,撤销原一、二审判决。

案例分析6-2　网络投保,保险人如何履行说明义务?

案情介绍:赵某通过网络为其车辆购买了交强险、第三者责任险等。某日,赵某驾驶车辆与一小客车相撞,造成小客车损坏及车上人员受伤。赵某先行垫付了对方人员的医疗费用,随后向其所在保险公司申请要求赔付医疗费用。保险公司经审核后认为保险事故造成第三者人身伤亡的,公司只能按照《道路交通事故受伤人员临床诊疗指南》和国家基本医疗保险的标准核定医药费用,故对赵某预付的医疗费用中的自费费用不予赔付。赵某认为其根本不清楚还有这样的规定,其通过网络购买的保险产品,也没有人向其说明情况。双方争执不下,于是对簿公堂。法院经过审理后做出了合同条款中免责条款无效,保险公司需向赵某赔付其垫付的全部医疗费用。

本案分析:《保险法》第十七条规定:"订立保险合同,采用保险人提供的格式条款的,保险人向投保人提供的投保单应当附格式条款,保险人应当向投保人说明合同的内容。对保险合同中免除保险人责任的条款,保险人在订立合同时应当在投保单、保险单或者其他保险凭证上作出足以引起投保人注意的提示,并对该条款的内容以书面或者口头形式向投保人作出明确说明;未作提示或者明确说明的,该条款不产生效力。"本案的争议焦点在于保险公司是否就其格式合同中免除保险人责任的相关条款向赵某履行了提示和明确说明义务。赵某表示其投保时并不清楚保险条款内容;保险公司坚称其已履行相关提示和明确说明义务,在投保环节的网页设计中有"详细条款"链接,并需勾选"我已阅读以上保险条款"才能完成投保步骤。法院经调查核实后认为,提示和明确说明义务应由保险人主动积极履行的,而不是基于投保人的请求才被动产生的,本案中投保人如需要阅读具体保险条款,需主动在网页中点击"详细条款"链接才能看到,保险公司亦确认网络中并无主动弹出保险条款页面且无法提供证据证明投保人已经阅读相关条款,应当认定其并未主动向投保人出示提供保险条款,保险人未能尽到提示和明确说明义务,有违诚实信用原则,保险条款中免除保险人责任的上述条款均不产生效力。因此判决保险公司需向赵某赔付其全部垫付医疗费用。

车险网络销售模式不同于传统营销模式,保险公司需要特别注意说明义务的履行,以避免法律纠纷。首先,在网络投保界面中应设置主动弹出保险条款对话框,采用特殊字体、大字号、醒目颜色对免责条款进行标注,引起投保人注意,在允许投保人勾选"已阅读相关条款"之前设置强制停留时间或强制下拉滚动条到底,以保证投保人有时间进行阅读和理解保险人免责条款内容、相关概念等。其次,为保障合同双方权益,保险人还可以通过音频、视频、动画、在线客服等多种形式强化对投保人宣讲保险条款内容,并通过电话回访确认投保人已充分理解条款特别是免责条款内容,最大限度地保障投保人的知情权、选择权,同时也维护了保险人自身的权益。

6.1.2 投保单等保险文书代签名情况严重

保险合同纠纷诉讼中,争议双方都会将投保单作为重要的证据向法庭提交。其中被保险人亲自签名或盖章代表了被保险人对保险合同的认可。发生意外事故后,保险公司依照保险合同约定的内容决定是否履行保险责任。但是保险公司依据保险合同拒赔的主张有时得不到法院的支持,其中一个重要原因是保险公司在销售保险或保险代理公司、经纪公司在代理销售时,为图省事,由他人代投保人签名,法院据此认定保险公司未履行保险条款的说明义务,因此免责条款不产生法律效力,不能约束被保险人。在车险业务中,也存在投保单代签名的现象,由此导致保险公司败诉的案例已有不少。

案例分析6-3 业务员代签名导致保险公司败诉

案情介绍:某年下半年,王某购买了一辆二手的"红旗"车。买车后,他找到在保险公司担任业务员的朋友童某,请他帮自己投保。12月1日,童某帮他在保险公司投保了包括车辆损失险、第三者责任险、自燃损失附加险等机动车辆保险,保险金额为45万余元,保费为2900元。

这次投保才过了两个星期,王某的车就闯了大祸。12月15日,他的朋友陶某开着车不慎撞上了行人,致人死亡和车辆损坏,为此王某向保险公司对超出交强险的部分索赔9万余元。保险公司在仔细对事故进行审查后发现事故发生时王某的汽车未按规定检验,因此保险公司作出了不予理赔的决定。相持不下后,王某将这家保险公司告上了法院。

本案分析:保险公司认为肇事车辆未按规定时间检验,按照保险合同中的规定保险公司免除责任。保险条款很清楚地写明了这些条款,并且王某已在投保单上签字,说明其已经理解并接受了条款。

王某辩称保险条款写得太多,看了眼都花。并且当他拿到保险条款的时候,已经办好了保险手续,所有签字都是童某代签的,童某并无他的授权书。

法院审理后认为,保险公司在与王某签订保险合同时未要求王某亲笔签名,"投保单声明栏"签名与王某签名字迹明显不符,保险公司亦不能举证证明该签名系王某所写,故不能认定"投保单声明栏"系王某本人所签。保险公司不能证明对保险合同免责条款已履行告知、说明义务,故应在第三者责任险范围内承担赔偿责任。因此当庭判决保险公司向王某支付保险金9万余元。

6.1.3 保险条款未送达投保人或送达无签收

保险实务中,部分保险公司不重视保险条款的送达和签收。一是有送达的流程但无送达的规范;二是有的代理人不作为,滞留保险合同条款;三是只重视保险收费,忽视了送达保单后合同条款的签收程序和保留送达的证据。一旦发生保险合同纠纷,保险公司往往无法举证证明已履行送达义务。

案例分析6-4 投保人变更未送达保险条款导致保险人败诉

案情介绍:某运输公司为其货车投保了交强险和责任限额为30万元的商业第三者责任险。其后,公司又将货车转让给孙某,交强险和商业第三者责任险的投保人遂变更为孙某,保险公司对此进行了批改并向其出具了批单,载明了变更的相关信息。某日,孙某驾车在行驶过程中与一辆轿车发生碰撞,经交警认定孙某负事故全责。事后,孙某支付了对方车辆的维修费用。在孙某要求保险公司支付所垫付的维修费用时双方发生分歧。保险公司坚持要在赔款中扣除20%的事故责任免赔率,孙某认为不合理,双方协商不成,孙某遂将保险公司告上法庭。

本案分析:在法庭上,保险公司辩称,孙某只投保了第三者责任险而未投保相应的不计免赔率附加险,根据第三者责任险条款规定:负全部事故责任的,实行20%的事故责任免赔率。孙某在保险事故中被交管部门认定负全部责任,因此在结算时扣除20%的免赔率合法合理。孙某则认为该条款属免责的霸王条款,在变更投保人后,其未收到保险条款,免责条款对他不适用。

法院审理后认为,保险标的转让及投保人变更后,保险合同约定的权利义务转移至孙某,孙某和保险公司间形成机动车交通事故强制保险和第三者责任保险合同关系。保险公司作出批单时,疏于将保险合同条款送达变更后的投保人,且未能提供任何证据证明已向变更后的投保人履行了对保险合同中的重要条款内容作出提示和明确说明的义务,故保险条款中关于"负全部责任事故免赔率20%"的条款对孙某不产生效力。据此,法院宣判保险公司全额赔付保险金。

6.1.4 投保前未对高额被保险车辆进行认真检验

部分保险公司在承保时疏于对被保险车辆进行检验,理赔审核中才发现投保人未对被保险车辆的相关情况作如实说明,从而引发理赔纠纷,使自己处于不利地位。

案例分析6-5 保险公司审核不严导致车主私改汽车出险后照样获赔

案情介绍:李某购置了一辆"英菲尼迪"轿车,随后对车子更换了加大轮毂以及越野轮胎,并且在当地一家保险公司购置了车辆保险。在购买保险时以及第一次出险后,保险公司查勘人员未就车辆改装问题向李某提出异议;但第二次出险后,保险公司认为被保险人私自对车辆进行改装,明显增加了保险标的危险程度,投保时未如实告知,故而拒绝赔付。李某对保险公司的这一做法表示无法接受遂将保险公司告上法庭。

李某认为,车辆改装在投保前,保险公司承保前为何不对车辆进行检验,首次理赔时也未对改装提出异议,应认定保险公司默认了改装的合理性。因此不能以此为由拒赔。

保险公司则承认在承保和第一次理赔过程中存在工作上的失误,但就本案而言,投保人私自改装车辆的事实清楚,根据保险合同条款,理应拒绝赔付。

本案分析:法院经审理认为,李某私自改装车辆的情况属实,但其本人并未就其改装事实进行故意隐瞒。保险公司在保险合同订立时以及车辆第一次出险后均未对改装事实提出异议,并在第一次出险后按正常程序向被保险人进行了赔偿,属于工作严重失误,构成弃权事实,应承担过错后果。为此法院判决保险公司向李某按合同约定支付保险金。

6.2 接报案阶段的风险

6.2.1 接报案人员录入信息错误

接报案人员需要具有较好的态度、较高的问话技巧以及熟练的电脑打字能力,才能较清晰地识别和记录报案人员反映的事故信息。尽管保险公司都保留有报案通话记录,但仍需接报案人员手工录入计算机系统,在此过程中不可避免地存在着操作风险,引发纠纷。

案例分析6-6 接报案人员事故地点信息录入错误导致报案人苦等查勘人员

案情介绍:马先生某日开车出门办事时在双龙街附近与另一辆车发生碰撞,导致双方车辆受损。马先生随后向其投保的保险公司报了案。保险公司接报案人员接到报案并进行记录后通知马先生在现场等待查勘人员。结果马先生与另一辆车的车主在路边苦等了近一个小时仍无查勘人员前来。无奈之下,马先生又拨打保险公司电话,询问情况。至此,保险公司接报案人员才发现将事故地点双龙街错录为双龙路,而双龙路距市区较远,查勘人员尚未赶到。于是通知查勘人员返回前往双龙街。等查勘人员到达事故现场时,时间又过去了半个多小时。整个过程耽误了马先生一个多小时的时间,造成了其对保险公司管理混乱,服务质量差的不良印象。

本案分析:接报案人员在接报案过程中,要避免错误的发生,特别是事故的时间、地点、过程、损失情况等重要信息,需要特别引起重视,避免因工作失误导致纠纷。

6.2.2 接报案人员未详细了解事故损失情况

保险事故发生后,部分保险公司接报案人员只是对报案人报告的交通事故做简单的出险记录,疏忽对于重要信息的询问和记录,导致有的事故发生后无法确定其真实性,造成了不必要的纠纷。

案例分析6-7　接报案人员忽视车损严重程度导致诉讼纠纷

案情介绍：李先生由于工作需要于购置了一辆"奔驰"轿车。某日，李先生驾驶被保险车辆发生交通事故，导致车辆严重损坏。出险后，李先生在事故现场立刻通过电话向保险公司报案，接报案人员在简单询问过程中并没有询问车辆的损坏程度，其后便让李先生将事故车自行拖到某维修厂等待查勘定损。当查勘人员到达维修厂实施查勘时才发现事故较为严重，估损金额高达数十万元。查勘员认为这么高额的赔偿，如果没有公安交通管理机关对事故进行认证，很难证明车辆出险的真实性，于是要求李先生补开证明。当李先生赶到交管部门索要事故证明时，交管部门因事故发生时未接到报案、未派交警出现场，拒绝出具《道路交通事故责任认定书》。保险公司便以被保险人提供的索赔单证不全而拒赔。李先生对保险公司在接到报案时不告知其向交管部门报案，事后要求自己提供交管部门证明并拒赔的做法十分气愤，强烈要求全额赔付，双方发生理赔纠纷。李先生将保险公司告上法庭。

保险公司称被保险人李先生在保险事故发生后并未对车辆损失情况进行如实描述，致使公司接报案人员错误地认为只是一般轻微事故，而要求其将车辆拖至某维修厂等待查勘定损。被保险人有故意隐瞒事实的嫌疑，其出险的真实性值得怀疑。被保险人不能提供交管部门的《道路交通事故责任认定书》，因此不予理赔。同时，该公司承认接报案工作人员存在失误，对被保险车辆的高价值未予以重视。

李先生辩称自己非专业人员，对事故后车辆的损失无法做出正确的判断；同时事发后自己精神紧张，未通知交管部门，并且确实存在向保险公司报案描述不清的事实。自己只是按照保险公司的指导将车拖至指定的维修厂等待查勘定损，这一行为本身并无过错。保险公司以其不能提供交警的《道路交通事故责任认定书》为由拒绝赔偿，显然侵害了自身的合法权益。

本案分析：法院审理后认为，被保险人李先生在车辆出险后未及时通知交管部门，以及在向保险公司报案时描述不清的事实存在；保险公司接报案人员未及时派人了解现场状况以及车辆损坏程度，同时忽略了被保险人未通知交管部门的事实就要求被保险人将车辆拖离事故现场，造成无法认定事故真实性的事实，双方均负有责任。因此判决被保险人负主要责任，保险公司负次要责任，向被保险人支付应付保险金额的30%作为补偿。

6.2.3　接报案人未对报案人进行必要指导导致损失扩大

保险公司接报案人没有在第一时间对报案人进行必要指导，导致报案人未能采取相关施救措施防止损失扩大，也失去了收集和保存证据的机会，从而引发理赔纠纷。

案例分析6-8　保险公司未对出险车辆进行正确指导导致货物损坏造成纠纷

案情介绍：某设备公司需要向一外地客户运送一台精密仪器设备，由于设备价值较高,因此在当地保险公司投保了车上货物责任险。公司所雇司机在运输过程中遇前方修路,绕路行驶时车身颠簸导致货物外包装破损。司机发现后立即通知保险公司,保险公司接报案工作人员仅对案件情况作了记录,并未指导司机如何采取相关施救措施防止损失扩大。司机在报案后对设备破损的外包装作了简单固定后继续上路行驶,由于车厢内货物与车厢内壁发生碰撞,运送的精密仪器严重损坏。运输车辆到达目的地后,收货方经检验发现货物损毁严重,因而拒收货物。机电设备公司因此遭受重大损失,在要求保险公司全额赔付时遭到拒绝,遂将保险公司告上法庭。

本案分析:本案争论焦点在于保险公司接报案人员在接报案后是否有义务对被保险人进行适当的指导以避免损失的进一步扩大。根据我国《保险法》第五十七条规定:"保险事故发生时,被保险人应当尽力采取必要的措施,防止或者减少损失。保险事故发生后,被保险人为防止或者减少保险标的的损失所支付的必要的、合理的费用,由保险人承担;保险人所承担的费用数额在保险标的损失赔偿金额以外另行计算,最高不超过保险金额的数额。"《民法通则》第一一四条规定:"当事人一方因另一方违反合同受到损失的,应当及时采取措施防止损失的扩大;没有及时采取措施致使损失扩大的,无权就扩大的损失要求赔偿。"可见,我国相关法律并未就保险事故发生时保险人采取相关措施避免损失扩大的义务做出规定。但是,保险人在接到被保险人报案后,并未对货物的特殊性以及高价值引起足够的重视,导致货物全部损毁的事实成立;同时也未能举证在接到报案后车上设备是否已经损坏以及损坏的程度多少,因此法院经审理后认为保险公司对货物的损失负有次要责任。被保险人在运输过程中发现问题后未采取有效措施避免设备损坏,应承担主要责任。后经双方协调,保险公司一次性向被保险人支付损失金额的20%作为补偿。

6.2.4 接报案后未及时派员查勘现场

被保险车辆出险后,特别是在异地出险后,保险公司由于相关工作人员的疏忽或者工作效率低下等原因,不能及时抵达现场。在等待的过程中,因为一些客观原因被保险人无法保护事故现场,而保险公司则以被保险人未能履行应尽义务为由拒绝赔付,从而引发理赔纠纷;或者由于没有及时查勘,造成事故认定困难,使保险公司处于不利地位。

案例分析6—9 报案后等了近3小时保险公司无人到场查勘

案情介绍:尚先生一次驾车出门办事,大约13时车辆行驶至一大桥收费站处,与另一辆车发生碰撞,导致尚先生的车右前方部位变形。尚先生随即向投保的保险公司报了案。13时01分,尚先生收到保险公司发来的短信:"报案已受理,车牌号******,报案编号为******,请立即通知警方,并开具事故证明。"13时03分尚先生再次收到保险公司的短信,内容是已经安排查勘人员出险。尚先生等了1个小时后,没见到查勘人员,他再次拨打客服电话报案。14时14分,尚先生又收到了保险公司的短信,内容也是已经安排查勘人员出险。尚先生再次耐心地等待,一直到15时40分也没有看到查勘人员到场,无奈之下,他只好驾车离开了事故现场。17时10分,尚先生第3次收到已经安排查勘人员出险的短信。尚先生说:"报案已经4个小时了,保险公司的查勘人员也没有到事故现场。我回家后保险公司的查勘人员也没有与我联系。另外当地保险公司的一位工作人员在无法及时赶到事故现场的情况下,却以我已经报案两次,要求我放弃要求查勘,这样的服务与投保时的承诺服务差距太大了。"尚先生遂将此事反映到当地媒体。

本案分析:媒体记者介入调查后,保险公司承认是公司的派工系统出现了问题,愿意向尚先生赔礼道歉并赔偿其损失。《保险法》第二十一条规定:"投保人、被保险人或者受益人知道保险事故发生后,应当及时通知保险人。故意或者因重大过失未及时通知,致使保险事故的性质、原因、损失程度等难以确定的,保险人对无法确定的部分,不承担赔偿或者给付保险金的责任,但保险人通过其他途径已经及时知道或者应当及时知道保险事故发生的除外。"在车险条款中,对报案时限也给予了明确规定为事故发生后48小时之内。对于保险公司的查勘时限,目前没有强制规定,行业在这方面的大致约定是保险公司应及时受理被保险人的事故报案,并尽快进行查勘。保险公司在接到报案后48小时内,由于保险公司的原因未进行及时查勘且未给予受理意见,造成财产损失无法确定的,以被保险人提供的财产损毁照片、损失清单、事故证明和修理发票作为赔付理算依据。因此,被保险人只要在出险后48小时内报案就属于及时报案,也就履行了通知义务。如果报案后保险公司一直未安排查勘且未给予明确的处理意见,被保险人完全可以履行自己的权利,即拍照留好证据,然后凭损失清单、事故证明和修理发票进行索赔,保险公司不得以证据不清、维修费用过高等理由拒赔。

案例分析6-10 保险公司未到现场查勘适用弃权原则

案情介绍:陆某将其所有的一辆家用小汽车向某保险公司投保了机动车交强险、车损险、第三方责任险及不计免赔率附加险,并按约定交付保险费。某日陆某驾驶该车发生车辆单方事故,造成车辆损坏。陆某立刻拨打电话通知保险公司,保险公司接到报案后,立刻委托另一家保险公司代理查勘。由于出险地处于偏僻地区,该保险公司查勘员未能及时赶到现场查勘定损,于是通知陆某保留证据后自行开到某4S店修理。其后,陆某拿了维修费用发票到保险公司索赔,保险公司在审核陆某提供的事故照片以及发票时,认为维修费用过高不予理赔。经协商多次,始终未能达成共识。于是陆某向当地仲裁委员会申请仲裁。经仲裁庭开庭审理后进行调解,保险公司最终按陆某垫付的维修费用如数赔偿。

本案分析:被保险人陆某的车辆发生保险事故后及时向其投保的保险公司报了案,保险公司也及时委托通知了出险地的另一家保险公司代理查勘,但代理保险公司的查勘员未赶到现场查勘而让陆某自行修理。根据《民法通则》第六十三条第二款规定:"代理人在代理权限内,以被代理人的名义实施民事法律行为。被代理人对代理人的代理行为,承担民事责任。"因此代理公司的行为等同于陆某所在保险公司放弃对现场查勘的权利,由此导致损失原因无法认定及损失金额争议的问题,陆某所在保险公司应承担不利的后果。至于该保险公司与代理保险公司之间,根据《民法通则》第六十六条第二款规定"代理人不履行职责而给被代理人造成损害的,应当承担民事责任",陆某所在保险公司可另案要求代理保险公司赔偿因其过错行为给前者造成的损失。

6.3 估损、核损、定损阶段的风险

6.3.1 定损、核损环节对财产损失认定不统一

在机动车辆保险理赔的定损、核损环节中,查勘定损人员对损失的评估可能是需要更换零配件,估损金额会比较高;核损人员从控制成本出发,对损失的评估可能是无须更换零配件,只要经过修理就行,因此估损金额会比较低。被保险人与保险公司的理赔争议,有不少发生在此环节。

案例分析6-11 一段对话,揭示了保险公司的定损员和核损员的"套路"

案情介绍:车险事故发生了,保险公司是怎么确定赔偿额度的?最近,一段在保险公司内部系统沟通的留言对话,揭示了保险公司的定损员和核损员对待赔偿多少态度的不同。

保险公司定损员:"老师,您好!该案标的配件鼓风机壳体已经核实全国无货,中韩两国关系不好,销量锐减,湖北仅此一家服务站,服务站从厂家进货时间较长且只提供总成件,已和服务站协商鼓风机总成扣残10%方案,烦请领导个案审批!"可见这位定损员为客户争取利益也是蛮拼,分析中韩两国关系,言辞恳切,领导难道还有理由拒绝吗?

保险公司核损员:"韩国已换总统,中韩两国关系已开始缓和,建议在此阶段让服务站还是订壳体,降低理赔成本。"可见领导就是领导,国际局势、国内反应尽在掌握,不管你用什么套路,我都是成本为先。

本案分析:上述案例为网上流传,真伪无从考证。但从中可以看出,在定损和核损阶段,保险公司内部往往也会产生分歧。定损人员主要目的是在与被保险人以及维修厂沟通的基础上,尽快制订让三方都认可的方案;而核损人员主要是从成本管理、风控的角度出发,尽量减少赔偿支出。两者出发点的不一致,特别是在定损员已经与被保险人就赔偿额度达成一致的前提下,又被核损人员推翻,常常会造成被保险人与保险公司的纠纷。

案例分析6-12 保险公司定损单与核损价格不一致引发纠纷

案情介绍:某日凌晨,沈女士在回家途中,驾驶的"帕萨特"轿车不慎撞上路边的一根电线杆,导致车辆严重受损。经其投保的保险公司鉴定,依照查勘员和沈女士共同签名

确认的定损单确定金额2.8万元用于修车并支付维修费。等到保险公司索赔时,才发现核损金额只有1.5万元,其中1.3万元的差价要由沈女士自己买单,这显然是不合理的。经过三番五次的交涉均未奏效,沈女士将保险公司告上法庭。

本案分析:沈女士认为自己已在定损单上签字,保险公司单方面改变定损单显失公平,应当依照双方签名确认的定损金额理赔。保险公司认为定损单只是一个估价,并不是理赔的实际金额,沈女士对定损单的用途在理解上有一定偏差。

法院经审理后认为,保险公司作为事故受损车辆的理赔单位,不能既评估车辆损失,又进行赔偿。这从法律上失去了与投保人的平等关系。最后法院指定当地物价局对这起事故的损失进行重新核定。经核算,保险公司赔付给沈女士2.43万元。

6.3.2 复勘现场不及时造成难以判定事故的真实性

查勘人员在对保险事故做出初步定损意见前,应与核损或核赔人员进行及时沟通。如果对事故产生疑问,应及时对事故现场进行复勘或调查取证,否则会因对事故真实性存疑而影响理赔时效。

案例分析6-13 保险公司复勘不及时引发纠纷

案情介绍:李女士夜间倒车撞上施工现场的铁架子,并现场报案。保险公司要求李女士次日将事故车开至定损中心进行损失核定。查勘员次日到定损中心验车后,将初步的估损意见上报核损部门。第四日,核损部门将需要进行现场复勘的意见反馈给查勘员。当查勘员与被保险人一同到达事发地点进行碰撞痕迹比对时,施工现场的铁架子已拆卸移走。此案保险公司因对事故真实性存疑,迟迟没有做出理赔决定。李女生无奈将保险公司告上法庭。

本案分析:李女士认为自己已在事故现场向保险公司报案,履行了通知义务;铁架拆移导致无法对碰撞痕迹进行复勘属于保险公司的过失,保险公司应当给予全额赔偿。保险公司认为,一开始查勘员递交的报告存在不少问题,公司对于事故的真实性难以确认。铁架子突然被拆卸移走,他们也没有料到。后经法院调解,保险公司承认工作失误并全额理赔,但是仍给被保险人留下了"投保容易理赔难"的印象。

6.4 理赔阶段的风险

6.4.1 对被保险人提供的索赔材料提出过分要求

在理赔阶段,部分保险公司审核申请人提供的索赔材料不是从核定保险事故的性质、损失情况及被保险人的实际情况出发,而是以被保险人可能弄虚作假的前提出发,对被保险人提出一些苛刻的要求,使得被保险人无法按保险人的要求提供索赔材料,引发纠纷。

案例分析6-15　保险公司向被保险人索要过分材料引发纠纷

案情介绍：吴先生驾车出游内蒙古，恰逢当地发生多年不遇的特大沙尘暴，车辆发生交通事故受损。吴先生向保险公司报案后，保险公司派人查勘、定损，其后在当地对车辆进行了维修。等吴先生回京办理理赔手续时，特地出具了当地气象部门对特定时间发生沙尘暴及其程度的书面证明，但保险公司理赔人员仍机械地按照总公司理赔规定要求吴先生提供事发当地报纸对此次沙尘暴发生及危害的相关报道作为事故证明。吴先生一时无法获得，对此要求非常不满，引发理赔纠纷。

本案分析：保险公司如需被保险提供一些特别材料，需在事故查勘现场当面与被保险人进行沟通和确认。本案中，保险公司理赔工作人员在吴先生回京后才提出需要事发地当地报纸的要求，明显有为难被保险人的意图，因此引发纠纷也在所难免。

6.4.2　做出拒赔决定后疏于书面通知被保险人并说明理由

《保险法》第二十四条规定："保险人依照本法第二十三条的规定作出核定后，对不属于保险责任的，应当自作出核定之日起三日内向被保险人或者受益人发出拒绝赔偿或者拒绝给付保险金通知书，并说明理由。"但在实际操作中，有的保险公司拒赔不发或忽略拒赔通知书；有的保险公司寄送通知书但没有被保险人的签收；有的保险公司不交代拒赔的理由和依据，造成被保险人误以为保险公司无理由拒赔。有时一个简单拒赔案件处理不当，会让被保险人产生对保险公司服务的不满情绪，引发双方的纠纷。

案例分析6-15　保险公司拒赔疏于通知书送达引发纠纷

案情介绍：白先生是一名出租车司机，一次在行驶途中车辆不慎撞到了路侧护栏导致车身部分损坏，并无人伤。白先生认为事故不大，在报告保险公司后就径直离开了事故现场。车辆修理完毕，白先生将索赔材料递交保险公司，等了几天，还没有收到保险公司有关赔偿的消息。遂打电话询问，被告知保险公司已做出拒赔决定，并早已经以信函方式寄出拒赔通知书。白先生坚称未收到通知。双方引发矛盾，白先生于是向媒体以及多个网络平台表达自己的不满。

本案分析：事情经过调查了解，确实是白先生的车辆由于车辆检验过期不能得到保险公司的赔偿。但是，保险公司疏于对拒赔通知书的送达以及签收过程的确认，导致双方矛盾激化，引发纠纷，给保险公司造成了不良的舆论影响。

6.4.3　对预估拒赔的案件未注意收集并保存证据

有的查勘定损人员工作比较随意，对于一些事故自行判断属于责任免除的范围后，随即放弃对事故现场的查勘和对受损车辆的估损等工作，也放弃了对受损车辆进行记录、测量、拍照等查勘工作以及证据的保全。一旦被保险人起诉，由于保险公司无法对被保险车辆的损失情况进行举证，法院会按照被保险人提供的损失证明认定事实，保险公司只能承受对自身不利的结果。

案例分析 6-16 保险公司对拒赔案疏忽证据保存导致败诉

本案分析:在庭审现场,王女士提交给法院的驾驶证已进行了审验,新证有效期涵盖事故发生时间,同时提供了交警部门的事故责任认定书、事故现场照片以及车辆维修记录和费用发票。由于保险公司未能获得交管部门关于王女士办理驾驶证审验手续的具体时间证明,对自己拒赔的主张无法举证,因此法院判决保险公司败诉,需按实际支出的修车费用给付赔偿金。保险公司由于对这起预估拒赔的案件未注意保存证据而吃了"哑巴亏"。

当然,本案例发生在较早时间。目前中保协《2014 版示范条款》对车损险与商业第三者责任保险中关于驾驶人驾驶证的免责条款均做了修改,去除了"驾驶证有效期届满,驾驶证未审验"的内容,将驾驶证相关免责范围局限于"无驾驶证,驾驶证被依法扣留、暂扣、吊销、注销期间"等情况。驾驶证短时过期并不意味着驾驶人驾驶水平和技能就立即丧失,与保险事故发生没有直接因果关系,因此驾驶证届满短期为审验不能成为保险公司拒赔的理由。该条款的修改对于广大被保险人来说更加公平、合理。但是根据我国《机动车驾驶证申领和使用规定》超过机动车驾驶证有效期一年以上未换证的,车辆管理部门应当注销其机动车驾驶证,即驾驶人的驾驶证如届满 12 个月仍未审验的,发生保险事故后符合免责条款中的驾驶证注销条件,保险公司拒赔是完全正确的。

6.5 开展保险中介业务中的风险

6.5.1 中介机构不合规开展业务

部分保险公司对于中介机构的授权较为随意,在其日常业务中也疏于监管,导致某些中介机构自身管理混乱,出现违规开展业务、变相利益输送等行为,干扰了我国机动车保险市场的正常秩序,也给被代理的保险公司带来隐患。鉴于此,保监会于 2017 年 7 月 11 日发布《中国保监会关于整治机动车辆保险市场乱象的通知》(保监财险[2017]174 号),其中明确要求各财产保险公司应加强对车险中介业务的合规性管控,履行对中介机构及个人的授权和管理责任。不得委托未取得合法资格的机构从事保险销售活动,不得向不具备合法资格的机构支付或变相支付车险手续费。不得委托或放任合作中介机构将车险代理权转授给其他机构。财产保险公司发现非合作机构假借合作名义开展车险销售活动的,应及时在官方网站、中国保险行业协会网站等公开途径发表声明,并依法追究相关机构的法律责任。未公开声明的,财产保险公司应对此承担相应的法律责任。财产保险公司应加强对车险业务归属地的内部管控,不得直接或委托中介机构开展异地车险业务。各财产保险公司应加强对第三方网络平台合作车险业务的合规性管控。财产保险公司可以委托第三方网络平台提供网页链接服务,但不得委托或允许不具备保险中介合法资格的第三方网络平台在其网页上开展保费试算、报价比价、业务推介、资金支付等保险销售活动。财产保险公司、保险中介机构及个人不得通过返还或赠送现金、预付卡、有价证券、保险产品、购物券、实物或采取积分折抵保费、积分兑换商品等方式,给予或者承诺给予投保人、被保险人保险合同约定以外的利益。不得以参与其他机构或个人组织的促销活动等方式变相违法支付保险合同约定以外的利益。

6.5.2 中介机构订立的保险代理合同内容不完善

保险代理合同制订粗糙,只有授权中介公司代为销售保险,支付代理费笼统约定,没有约定履行代理职责的规范和具体内容,也没有违约责任的处置。实际操作中,因中介机构的不当代理行为引发被保险人投诉、申请调解或者提起诉讼后,被代理保险公司不得不承担相关的民事责任,而且还无法对委托代理人进行追偿。

6.5.3 中介机构人员素质参差不齐

中介公司人员构成十分复杂,有专职代理人员,也有兼职代理人员;有的既代理财产保险,也代理人身保险;有的只是挂靠在某代理公司名下的非专业人员。不少代理人根本不具备保险代理人的从业资格,也没接受过保险知识培训,挂靠某保险代理公司,只是为了使用该公司与保险公司联网的业务系统终端及时打印车险保单。部分挂靠中介机构的代理人本身是汽车销售人员,由于利益驱使,加上没有合同制约,无须承担销售和理赔中不当代理行为甚至是无权代理行为的责任,也会发生一些销售误导或者不负责任的代理行为,导致发生纠纷。

6.5.4 中介机构造假客户信息

部分代理人员或中介机构为图省事和赚取佣金,代替投保人进行投保业务的操作,所填写的联系电话和其他信息也不是被保险人的真实信息。由于无法获取客户的真实信息,被代理保险公司在后期的合同履行阶段很难与真正的客户取得联系,直到出险才发现业务前期的种种问题,此时已很难弥补。有的中介机构取得保险单后私自对其进行变造,例如加上自己的联系电话或"报案电话",为投保人设定额外的限制条件,阻碍了被保险人与保险公司的正常联系,给理赔工作带来一定困难。

6.5.5 中介机构与被代理保险公司产生纠纷殃及顾客

有的保险公司授权中介机构进行查勘定损、代办理赔等事宜。在合同履行中,往往因为代理费用出险纠纷,中介机构便停办所有的查勘定损案件、扣留被保险人提交的所有索赔材料,使得保险公司也无法进行索赔案件的处理,造成被保险人无法及时定损维修以及得到赔付,从而导致大量纠纷发生。中介机构利用自身的客户资源,故意造成客户与保险公司的对立,迫使保险公司就范。

6.6 处理客户投诉中的风险

6.6.1 部分保险公司无专门处理投诉的岗位或部门

随着我国汽车保有量的不断增加,汽车保险的纠纷案件也在逐年增多,然而部分财产保险公司未建立专职处理客户投诉的部门,也没有制定相应的投诉处理办法和管理流程,很难快速有效化解保险纠纷。这些保险公司遇到投诉主要交由理赔部或客服部处理,无法与各个职能部门及时沟通,处理纠纷的方法简单效果不佳,遇到疑难案件则主张客户诉讼,导致纠纷频发。

6.6.2 多人接待、多种说法、久拖不决

保险公司在处理客户投诉时随意性较大,常常是多人接待,多种处理意见,一人一个说辞。被保险人在得到多种解释或方案时,自然会抓住最有利于自己的一种解释或方案作为保险公司的处理决定。如果与保险公司不能达成一致,往往会对被保险人造成较大刺激,认为保险公司"出尔反尔""言而无信",造成纠纷升级。同时,在诉讼过程中,如果保险公司个别工作人员存在一些不当的说法,往往也会使公司陷入极为不利的局面。

6.6.3 服务态度差

部分保险公司工作人员不注意与客户沟通的技巧及策略,对决定赔付的数额不解释计算依据,对决定拒赔的案件不解释原因和理由,致使被保险人误认为保险公司在故意拖延。客户向保险公司投诉后,得不到及时、合理的沟通和解释,有的甚至在后面的理赔过程中故意打击报复和刁难顾客,造成矛盾升级。因此,客户向消费者协会、各地保监会投诉,反映到媒体公开曝光等情况时有发生,最后甚至与保险公司对簿公堂。

案例分析6-17 保险公司服务态度差导致纠纷

案情介绍:张先生某日下午驾车从济南赶回老家聊城,途经一县城时与一辆货车相撞,张先生才买不久的车辆受损严重。随后他拨打了保险公司电话,告知相关情况,大约过了20多分钟,保险公司工作人员赶到现场拍照,并要求张先生报警并做责任划定。交警到来后将事故双方车辆全部扣留。第二日下午,交警认定货车承担此次事故全部责任。得知货车的保险公司与自己车辆投保的是同一家保险公司且货车急着赶路,于是货车先行离开。随后张先生联系保险公司,由于车辆还能行驶,保险公司让其回聊城某修理厂维修车辆。待张先生回到聊城时天色已晚,张先生考虑修理厂离家较远,此时将车送去维修,自己找车回家比较困难,于是给保险公司聊城分公司打电话商量能否明日再送去维修。但当时接听电话的工作人员坚持要他将车送到维修厂,并且态度很不好,为此两人发生了一些口角,虽然最后张先生将车开至了维修厂,但心里越发生气于是拨打客服电话投诉了该员工。隔日下午,保险公司一名工作人员联系张先生告之将事故责任认定书交到保险公司,并建议他将之前的投诉撤掉,说这样事故好处理。张先生想到昨日那名员工的恶劣态度,没同意撤诉。第二天上午张先生按照保险公司要求将事故责任认定书交到公司时对方拒收,并宣称张先生未得到保险公司同意就让事故另一方自行离开,本保险公司无法理赔,需要其自己联系货车所在保险公司自己去理赔。张先生十分气愤,自己和货车都在一家保险公司买的保险,同时自己又无责,为什么要自己去找对方所在地公司理赔?明显是在刁难自己。于是张先生把事情的来龙去脉告诉媒体,曝光保

险公司的行为。经媒体介入后,保险公司聊城分公司一名工作人员解释道,让张先生自己去对方所在地理赔的那名工作人员是没有了解事故的具体情况。事故双方都是在他们公司买的保险,只需公司内部处理即可,并不需要张先生亲自去理赔。现在张先生手续不全,所以公司没有接收他的责任认定书。等其将车辆维修完,并补齐相关手续即可给他办理理赔。

本案分析:本案例集中反映出保险公司在处理客户投诉中多人接待、多种说法以及服务态度差的问题,导致客户与公司的矛盾升级。最后尽管保险公司按规定进行了赔付,但造成的矛盾以及媒体的曝光,让其处于不利地位,公司信誉受到严重损害。

6.7 保险条款和保险文书设计中的风险

中保协从2011年开始经过4年时间不断完善后推出的《2014版示范条款》,对条款的设计、解释、名词定义等均做了大幅度调整,可以说在条款层面已杜绝了争议的发生。因此,2015年新一轮商业车险条款和费率改革以来,相关涉及条款和文书的纠纷逐渐减少。目前,在保险条款中反映问题或争议较多的是在《机动车损失保险》与《机动车第三方责任保险》中的一条责任免除条款:发生保险事故时被保险机动车行驶证、号牌被注销的,或未按规定检验或检验不合格。争论点在于"检验不合格"到底是指"事故发生时检验不合格"还是指"车辆按规定进行年检不合格后仍上路行驶"的情形。相关保险监管部门、行业协会、最高人民法院等部门尚未给出统一解释。在司法实践中,较多的司法基层单位主张按照《合同法》第四十一条"对格式条款的理解发生争议的,应当按照通常理解予以解释。对格式条款有两种以上解释的,应当作出不利于提供格式条款一方的解释"进行判定,即认为"检验不合格"是指后一种情形,排除了车辆年检合格,在事故发生后交警部门检验为不合格后保险公司拒赔的情况。在理赔实务中,需要相关人员特别注意。

案例分析6-18 发生事故时车辆制动不合格保险公司拒赔引争议

案情介绍:2017年某日,李某驾驶车辆外出,因超速行驶碰撞到前方横过公路的薛某,造成薛某受伤。事故发生后,交警委托鉴定机构对李某驾驶的车辆进行技术检验,经鉴定机构分析和检验,肇事车辆制动不合格。后事故经交警部门认定,李某负事故的主要责任,薛某负次要责任。李某在某保险公司投保了交强险以及第三方责任保险,为此李某向保险公司提出赔偿请求。保险公司对超出交强险部分拒赔,李某因此拖延对薛某的赔偿。薛某因索赔未果,遂诉至法院要求李某及保险公司承担赔偿责任。

庭审中,原告与被告保险公司对肇事车辆制动不合格是否构成商业保险条款中的免赔事由发生争议。保险公司辩称,本案中,肇事车辆在事故发生后经检验制动不合格,第三者责任险合同条款第二十四条第三款第一项明确规定"发生保险事故时被保险机动车行驶证、号牌被注销的,或未按规定检验或检验不合格"的情形属免责条款。原告则认为,车辆年检合格,在行驶中出现了临时技术性问题,不能免除保险公司的赔偿责任。法院经过审理后最终判决保险公司在第三者责任险限额内承担赔偿责任。

本案分析:法院经审理认为,事故发生时,肇事车辆已按照国家有关规定在车辆管理机关进行了检验,且检验合格。基于合格的检验,驾驶人员有理由相信车辆符合上路行驶的条件。至于车辆发生事故时能否检验合格,车辆的驾驶人员无法预测和控制。保险公司认为保险条款中约定的"检验不合格"是指事故发生时检验不合格,而原告认为该条款中的"检验不合格"指的是"车辆已按照规定进行年检,经检验不合格后仍上路行驶的情形",法院认为,根据《合同法》"对格式条款有两种以上解释的,应当作出不利于提供格式条款一方的解释"的规定,本案中,保险公司对合同条款的解释,明显加重了对方的义务,显失公平,故应作出对保险公司不利的解释。

课后案例思考

1. 邱某购买了一辆家用轿车,并在某保险公司投保了第三者责任保险,保额20万元。当年10月14日,邱某驾车与行人邓某相撞,造成邓某死亡。邱某向死者家属支付了90119.75元赔偿款后,向保险公司索赔,保险公司以邱某发生事故时无驾驶证而拒赔。邱某表示,事故发生时,他的驾驶证还未核发下来,投保时保险公司的业务人员未告知他"无驾驶证,保险人不予赔偿",故保险公司应予赔偿。邱某将保险公司起诉至当地法院。邱某诉称,投保单上有"投保人兹申明:保险人已经对保险责任、责任免除和投保人、被保险人等内容作了具体说明,本投保人均明白无误……"但投保人签章处的"邱××"不是他签的,证明保险公司未向他履行免责条款的告知义务。保险公司则称,他们也不清楚投保人签章是不是邱某本人签的,如果不是,则保单无效,保险公司就没有赔偿义务;此外,"无证驾驶"是法律明文规定禁止性行为,邱某本人应该知道,不需要保险公司告知。

经鉴定,投保单左下角投保人签章处的"邱××"和右下角保险人签章处的"邱××"均不是邱某本人书写。法院认为,原告邱某向被告某保险公司投保车辆第三者责任保险并缴纳了保险费,被告同意承保,就权利义务达成协议,该保险合同成立、有效。邱某无证驾驶,应受行政法规的处罚或刑事制裁,而保险合同是平等的民事主体之间就权利义务关系达成的协议。投保单上的投保人签名不是邱某本人书写,不能证明被告已经向原告明确告知了保险人的责任免除条款,被告也无证据证实在与邱某签订保险合同时,向原告提供了机动车的车辆保险投保提示、机动车第三者责任保险条款等附件从而告知了原告该保险合同的免责条款。《保险法》第十七条第二款规定:"对保险合同中免除保险人责任的条款,保险人在订立合同时应当在投保单、保险单或者其他保险凭证上作出足以引起投保人注意的提示,并对该条款的内容以书面或者口头形式向投保人作出明确说明;未作提示或者明确说明的,该条款不产生效力。"因此,该保险合同中关于"无证驾驶,保险人不予赔偿"的免责条款不产生效力,某保险公司应按约定向邱某支付保险金。

思考：本案中保险公司出现了本章所说的哪一种典型风险？应在工作中如何加以避免？

2. 市民刘先生等4人买车时，某保险代理公司兜售优惠低价车险。3个月后，刘先生的车出事故理赔，他发现保险单与行驶证车辆资料不相符。随后，他发现一起保险的三位朋友的保险单都有错误，保险单上的厂牌车型都完全对不上，也就是说保险单根本就是无效的。一周前，刘先生要求保险公司更改保险单，该保险公司只对车主姓名和其他错误作出了更改批单，对厂牌型号拒不更改，因为原车型与保单车型差价很大，更改后保费要增加2000多元。原来，保险代理员当初为吸引刘先生故意报低保价，随后更改厂牌型号导致保险单失效。刘先生等人向当地消费者协会投诉，在消费者协会人员的调解下，该保险公司免费更正保险单。

消费者协会人员建议，车主办理完保险手续拿到保险单正本后，一定要及时核对保险单上所列项目如车牌号、发动机号等，如有错漏要立即提出更正。

思考：本案中出现了本章所说的哪一种典型风险？作为保险公司应如何加强对保险中介机构和代理人的管理？

复习思考题

(1) 汽车保险理赔工作中典型的风险有哪些？

(2) 你如果作为一名保险业务人员，应如何避免出现理赔工作中的风险？

第 7 章

汽车保险欺诈预防与识别

学习目标

本章主要讲述了汽车保险欺诈的定义、现状以及表现形式,同时也介绍了汽车保险欺诈的防范与调查。通过本章学习,要求了解汽车保险欺诈的定义及成因,掌握汽车保险欺诈的表现形式及其特征,了解汽车保险欺诈的预防方法。

重点难点

1. 汽车保险欺诈常见的行为;
2. 如何预防汽车保险欺诈案件的发生?

引导案例

昨日,北京市保监局通报"安宁 2017"反保险欺诈专项行动相关情况,共查出欺诈线索 1500 余条,已上报保监会,下一步将积极配合公安机关开展案件侦查工作。

"近年来,随着保险行业的蓬勃发展,利用或假借保险合同谋取不法利益的保险欺诈行为时有发生,特别是车险领域一直是保险欺诈犯罪的'重灾区',根据对保险诈骗司法案件的数据统计,车险欺诈在保险欺诈发案数量中占比约 80%。"北京市保监局相关负责人表示,保险欺诈行为不仅直接侵害消费者合法利益、蚕食保险机构经营利润,而且由于成本的增加间接推高了保险产品价格,严重破坏了保险市场秩序。

保监会自 2014 年起连续多年联合公安部开展打击保险欺诈的"安宁行动",建立高效的执法协作机制,严厉惩处保险领域违法欺诈行为。在保监会的统筹指导下,2017 年北京市保监局在北京地区开展打击车险欺诈专项行动——"安宁 2017"。

"打击重点是车险诈骗。"北京市保监局相关负责人介绍。近年来,随着监控摄像等信息化设备的大量应用和保险公司反欺诈手段的显著加强,酒后换驾等机会型欺诈案件逐渐减少,车险欺诈更多表现为团伙型、职业型欺诈案件。因此,本次专项行动重点打击车险团伙欺诈、职业欺诈等恶性欺诈行为,例如故意制造保险事故或伪造保险事故、故意夸大事故损失、故意提供虚假证明文件、先出险后投保等。

在明确了打击重点之后,具体工作措施先是线索筛查。由中国保信北京分公司利用信息系统对大数据筛查出的高风险赔案和各保险公司上报的涉嫌欺诈赔案进行了线索串并,目前这项工作已初步完成,共筛查出欺诈线索1500余条。接着由北京保险行业协会牵头,成立案件调查取证专家组,对欺诈案件线索进行关联分析,梳理团伙案件的内在特征。根据专家分析,目前已经整理出数个涉嫌欺诈的目标团伙。上述欺诈线索已上报保监会,下一步将组织行业收集案件证据,积极配合公安机关开展案件侦查工作。

——选自《车险欺诈成"重灾区"占保险欺诈八成》,搜狐网,2017年7月20日

7.1 汽车保险欺诈及其成因

近年来,随着我国国民经济的高速发展和人民群众对生活品质提升的追求,汽车保险也得到了长足的发展,但由于保险本身的射幸性以及车辆的流动性和非保险人管理的特性,车险欺诈手段层出不穷。现在,有组织、有预谋、分工明确的犯罪链已然呈现,严重侵害了我国汽车保险的正常秩序,成为当前车险业发展的最大威胁,打击迫在眉睫。

7.1.1 汽车保险欺诈的定义

保险欺诈是一种假借保险名义或利用保险合同实施欺诈的违法犯罪活动,主要指以骗取保险金为目的,采取虚构保险标的、制造保险事故、编造事故发生的原因或夸大损失程度等手段,导致保险公司多支付保险金,或支付不应支付的保险金的行为。保险欺诈不仅损害保险消费者的权益,同时造成保险服务资源浪费,增加保险公司的成本,破坏正常的市场秩序。

车辆保险欺诈主要是指违法犯罪人员主观上以非法占有为目的,利用虚假的、并不存在的交通事故或者故意制造交通事故等方式骗取保险金的犯罪行为。其法律特征:第一,行为人在主观上有违法犯罪的故意,即有诈骗、非法获取保险赔偿的目的;第二,主体的特殊性,即实施诈骗行为的人必须是保险合同的投保人、被保险人或受益人;第三,行为人在客观上必须实施了利用保险合同进行诈骗的行为;第四,行为的结果侵害了受法律保护的金融保险秩序。车险的经营具有链条长、涉及主体范围广、索赔便捷等特点,因此很容易成为恶意欺诈者的攻击对象,成为保险行业的重灾区。

7.1.2 保险欺诈产生的原因

保险欺诈产生的原因是多方面的,不仅包括投保人、被保险人和受益人方面,也包括社会环境、法律、司法、保险行业自身等方面。

1)从社会环境和诈骗心理看

社会公众对保险业的认识的局限性,造成比较多的是从个人的投资回报和利益角度来看待保险,因而,不少人的保险意识有偏差,认为投保得不到赔偿就是"吃亏",等于自己白白地送钱给保险公司,为了"扯平账务",便采取种种手段去欺骗保险公司。另有一

些人,受市场经济中不良因素的影响,为达到个人的某种目的,攫取不义之财,不惜一切手段,采取虚报误报、故意隐瞒、恶意串通等不道德行为,甚至采取极端方式如自杀、谋杀等犯罪行为诈取保险金。应当说,这是一些不法分子铤而走险、实施诈骗的内心起因之一。

当今社会,竞争日趋激烈,生活压力大,个体与群体更加隔离,这使有些人丧失了社会道德意识,不愿为社会整体利益而牺牲自身利益,不能容忍自身生活享乐的微小损失。这种自私与竞争压力导致部分人试图通过骗保获得高额赔偿金额,以满足个人欲望。这种不顾社会和他人利益的对于个人需要和欲望的满足,是保险欺诈产生的理想温床,也是保险欺诈产生的社会思想基础。

同时,由于保险知识宣传不到位,大众普遍存在与保险公司对立的情绪。在不少人看来,投保人、被保险人或受益人欺骗保险公司是可以原谅的,并不是什么违法行为,骗到了就是赚到了。这种社会评价,无疑助长了保险欺诈行为。由于失去了社会公众的监督和有效的道德谴责,致使保险欺诈者在实施欺诈行为时,往往有恃无恐。

2)从立法层面看

"保险诈骗罪"是由原诈骗罪派生而来,相应条款于1997年《中华人民共和国刑法(修订)》中正式提出,其目的是为了加大打击保险领域越来越多的诈骗行为。与诈骗罪相比,保险诈骗罪缺乏定罪标准比较模糊,追诉金额标准起点高(保险诈骗罪追诉金额标准起点为个人10000元,单位50000元;诈骗罪追诉金额标准起点为2000元)而最高量刑却低(保险诈骗罪最高为10年以上有期徒刑;诈骗罪最高为无期徒刑),违法成本相对较低也在客观上纵容了保险欺诈的发生。

3)从司法层面看

与银行业相比,不少司法工作者对保险行业的重要性和地位认识不足。在刑侦、诉讼以及审批等环节出现懈怠情况,对于涉及保险行业的犯罪行为打击力度不足。一些法院工作人员在审理保险民事纠纷时,发现有骗保嫌疑,也往往因为收集证据困难、案件社会影响小而听之任之,不去追究犯罪人的刑事责任。

4)从保险行业自身看

保险市场的进一步开放和保险市场营销机制的广泛推行,市场竞争主体增多,使得保险市场的竞争日益激烈。保险公司自身制度不严、有章不循,也是造成保险诈骗案件屡屡发生的一个重要原因。个别保险公司为扩大市场份额,疏于对承保质量的控制,放松了对客户的甄别;更有个别公司为争取客户,不惜以赔促保,这些无疑为保险欺诈提供了土壤,给保险公司的稳定经营埋下了隐患。具体表现:一是承保核保把关不严,重业务开拓,轻制度管理;重数量扩张,轻质量效益,部分公司缺少对涉嫌诈骗案件跟踪、分析的部门和专业人员。二是现场查勘不到位,机动车保险案的第一现场到达率低,现场勘查、调查不及时,第一手资料匮乏,容易使诈骗者在事件性质、受损程度、证据等方面做手脚、钻空子。三是一些保险人员素质不高,责任心不强,法制观念淡薄,工作粗枝大叶,敷衍了事,不按章办事,对一些本该识破的骗局未能及时发现,有的甚至与诈骗者内外勾结,共同诈骗。四是公司资金支持不足,诈骗案件的调查和搜集证据需要经费,否则,工作难以为继,而目前普遍存在的情况是保险公司在开拓市场争夺客户方面的投入要远高于后端客户维护尤其是反欺诈的费用。

总之,各种原因的综合存在,导致了保险欺诈的发生,或者对保险欺诈行为起了姑息养奸、推波助澜的作用。

7.2 汽车保险欺诈的主要表现形式及特点

保险合同双方当事人都可能构成保险欺诈犯罪,汽车保险从欺诈行为主体来看,可分为保险人欺诈、被保险人欺诈以及伙同第三方(修理厂、4S 店等)欺诈。由于各国政府通过行政、法律和经济方式对保险人一方的市场准入以及日常经营、财务活动都实施了较为严格的管理和监督,因而日常发生较多的是投保人、被保险人或受益人一方的欺诈。

7.2.1 保险欺诈的表现形式

随着商业车险的改革,车险示范条款的推出,使得车险诈骗者无须考虑原来不同公司不同条款的差别,欺诈活动形式成"标准化"趋势;同时随着欺诈与反欺诈角逐的不断升级,犯罪分子也更加"专业化"和"集团化"。有组织、有预谋、高智商地实施骗保犯罪行为,使得反保险欺诈的任务格外艰巨。几年来,从各保险公司发生的车险骗保案件来看,依据其具体情况,将其归纳为以下几种:

1. 浑水摸鱼——先出险,后投保

这类诈骗案件又称为"倒签单",即在车险理赔中,一些未投保险或脱保的机动车辆,在发生较大事故后,诈骗实施者浑水摸鱼,通过一些手段隐瞒车况向保险公司投保车险,保险公司因工作的疏漏,未验车就承保或查勘定损员查勘现场不及时,未复勘现场,未能及时发现案件异常,导致先出险、后投保的"倒签单"案件的发生。"倒签单"案件的发生,属于逆选择,虽然事故真实,但车主在出险时未投保,最后利用欺诈手段获得保险赔偿,严重侵害保险人和广大被保险人的利益,属于车险骗赔案件。同时增加了保险公司的经营风险,是不诚信行为。诈骗实施人的行为一旦败露,将会受到法律的严惩。这类案件的特点是投保人购买车险生效后没多久就出险,原因是诈骗实施者"倒签单"后,考虑伪造事故现场、保险公司人员查勘等因素,往往不敢耽搁太长时间就报案。因此,查勘人员遇到类似才投保就出险的情况,需要格外留意。

案例分析 7-1 车被偷后"补保险",钱没骗到被罚 4 万

案情介绍:6 月 9 日上午,雷某向当地警方报案,称他前晚停靠在街道附近的一辆价值 25 万余元的黑色 SUV 被盗走。但是在他刚报案不久,警方还未出警,雷某就再次打来电话,电话里他称车是被朋友开走了,之前报案是个误会,希望警方谅解并撤销。但事情远没有结束,仅仅过去 2 周后,雷某再次报警,理由同样是一辆价值 25 万余元的黑色

SUV被盗走,而这次的被盗地点却换成了他的工作地点附近。"那个车子是我老板徐某的,价值在25万元左右,被人盗走了。"雷某向警方描述。随后,在向警方报案不久,雷某和徐某将车子"被盗"的情况告知了投保的保险公司,申请进行保险赔偿。经保险公司工作人员现场勘查和评估,如果确定该车是在保险期间被盗,车主将获得高达近20万元人民币的理赔额。由于才买保险就出险且2次报警车辆被盗,这种不正常的举动引起当地警方的重视,并展开相关调查,发现该车被盗地点和情况都存在问题。随后,警方将两名当事人分别进行问询,让他们还原车辆被盗的具体情况。但在面对警方针对各个疑点的发问时,雷某和徐某很快就露出马脚,并低头承认了整件事情的经过。原来,黑色SUV属于老板徐某,但平常都是雷某在驾驶和保管。6月8日,雷某驾驶老板徐某的黑色SUV回家后,将车子停靠在自家楼下。次日早上,准备驾车上班的他发现车辆被盗走,就立即拨打110报警。随后,他拨打老板徐某的电话,讲清楚情况后,远在外地出差的徐某告诉他,车子已经脱保了,现在报警的话是得不到保险赔偿的。两人合计后,雷某立马撤销了报警,徐某赶回来后找到保险公司为已经被盗的SUV续上保险。过了些日子后,两人再前往报案,企图通过这种方式骗取保险金。10月8日,法院开庭审理了此案,雷某、徐某二人以非法占有为目的,编造未曾发生的保险事故,骗取保险金的行为,已构成保险诈骗罪。根据具体情况,均判处二人有期徒刑3年,缓刑3年,并各处罚金2万元。

本案分析:以上为典型的"倒签单"骗保行为。多见于单车事故或车辆被盗事故。由于是单车事故,一般又不涉及人伤,有时又缺少关键目击者,诈骗实施人乘机浑水摸鱼,隐匿事故发生的真实时间,然后通过补办保险手续再报案并伪装事故现场的方式骗取保险赔偿。即使保险公司派人现场查勘,如果不深入调查也很难发现端倪,隐蔽性较高。

2. 偷梁换柱——利用废旧零件骗取保险金赔偿

这是较为常见的骗保方式,即诈骗实施者购买二手零件或废旧高价值豪华车辆,故意制造保险事故,然后通过与维修厂串通或取得假发票向保险公司索赔,骗取高额保险赔偿。诈骗实施者往往比较熟悉车辆维修或与维修人员直接串通,制造事故后又按正常索赔程序进行索赔,保险公司往往由于一时疏忽难以发现端倪而遭受损失。保险公司工作人员查勘和定损时,需认真检查损坏零件的使用程度是否与整车一致,是否有人为更换二手零件的迹象,是否有刻意掩盖零件标识、生产厂商、生产日期等重要信息的情况,车辆出险次数、理赔次数是否超过正常范围等情况。如存在上述情况,需认真调查是否存在骗保行为,必要时请警方予以协助。

案例分析7-2 维修工利用二手零件骗保

案情介绍:2012年12月19日,长航公安武汉分局经侦支队接到辖区某保险报案:该公司于2012年10月5日受理被保险人肖某交通事故索赔案,在理赔核保中发现诸多疑点,涉嫌故意制造交通事故,骗取保险金15万余元。民警初查发现,"10.5"交通事故案发生地段为偏僻路段,无监控探头查证,有蓄意选择路段嫌疑。两车碰撞痕迹不符合常理,双方碰撞时都没有刹车痕迹,气囊均未爆出,事故较大竟无人员受伤。事故双方车辆为2004年和2006年的老旧异型车,配件稀少昂贵,两车为2012年4月、6月从广东购买二手车过户到现车主。肖某的2004年款"雷诺风景"二手车市场价格4万元左右,另一事故车辆亮仔的2006年款斯"巴鲁力"狮二手车市场价格5万元左右;在事故发生后,两辆事故车辆均在东西湖一家很小的汽修行修理;"雷诺"车定损75600元已超出该车实际价值,该保险根据保险条例拟对该车实际价值全损赔付,但被保险人肖某执意修复车辆,后对肖某的"雷诺风景"轿车进行修复后复勘发现,该车维修更换的配件均为旧件。保险公司随即终止赔偿流程。肖某等竟派人至保险公司闹事、堵门,甚至追打保险公司工作人员,保险公司被迫赔偿15万余元后报警。

按照一般的规律,发生交通事故的双方都不会认识,但这起事故之前,警方调查发现,事故双方肖某与亮仔是熟人,在事故发生前即有通话往来。这一个证据可以作为骗保的一个佐证,但还不是铁证。由于保险金额较大,民警及时与税务局联系对修车发票比对,这些修车发票均为假发票。经审讯,肖某、亮仔、波仔合谋,制造两车正面相撞的车祸。民警历时一年,对近年来发生在武汉市的二手豪车交通事故赔付的案例和投保人进行数据碰撞和比对,发现一个以肖某为首的车辆骗保犯罪团伙,制造了至少4起骗保案,涉案金额高达39万余元。警方迅速将这一犯罪团伙一网打尽。落网的几个人,他们有些共同的经历:在一些小汽车修理厂打过工,懂得车辆结构,知道在碰撞时撞车不撞人,熟悉事故理赔的流程,还掌握了一些反侦查技巧。一旦被保险公司发现端倪有所怀疑时,就采用耍无赖、武力恐吓等方式逼迫保险公司进行赔偿。

本案分析:本案为典型的利用二手低价汽车零件故意制造事故骗取保险金赔偿的犯罪行为。保险公司在遇到有疑点的涉嫌骗保的交通事故时,现场的勘查理赔员一定要做大量细致的工作。比如,在事故现场,尽可能搜集到最为详尽的图片音像资料,一旦是骗保案,后期警方介入后,可以多几个突破口;对于现场调查,也要多做记录,不管真话假话,都做详尽记载;对于一些闹事的扯皮的,也要做好现场视频的录制,并进行保存。不要给犯罪分子任何可以钻空子的机会。

3. 李代桃僵——酒驾出事找人"顶包"

这种骗保行为主要是指由于车辆驾驶人酒驾或醉驾,在发生事故后,出于逃避法律制裁和骗取保险金赔偿的目的而找其他人替代自己的司机位置。在现场查勘时,如车辆载有醉酒乘客或车厢内有明显酒味,需通过调取监控录像、寻找目击者等方法确认司机身份,防止司机酒驾或醉驾发生事故后找人"顶包"。

案例分析7-3 司机酒驾出事找人顶包,骗保4万多办手续露马脚

案情介绍:2015年11月17日21时许,杜某与朋友在饭店喝完酒后自己开车回家,车辆因为变道与一辆同向行驶的机动车发生碰撞,致使两车均受损严重。想到酒后驾车会被追责,杜某慌张之下决定离开车辆并找人"顶包"。在给自己的堂兄杜某某联系后,

杜某某立刻找到其朋友盖某,并将盖某迅速送到事故现场。在交警和保险公司工作人员到达现场后,盖某向交警及保险公司工作人员谎称自己是驾驶员,编造了发生交通事故的经过。经过现场勘查,交警大队认定"司机"盖某负事故主要责任,另一辆机动车的司机何某负事故次要责任。成功骗过交警后,杜某又在盖某的帮助下,向保险公司申请理赔。不久,保险公司将4万多元赔偿金打到杜某的账户上。为此,杜某拿出5000元作为"报答"送给盖某。

本以为事情已经结束,谁料在盖某最后一次替杜某到保险公司办理手续的时候,保险公司工作人员发现盖某对事故经过说得漏洞百出,遂起了疑心,认为盖某有可能实施了保险诈骗,于是向公安机关报案,随后警方将盖某和杜某抓获。二人归案后,退还了保险公司支付的保险金。保险公司也对杜某、盖某表示谅解。法院经审理认为,被告人杜某、盖某编造虚假的保险事故原因,相互配合,共同骗取保险金4万余元,数额较大,均构成保险诈骗罪。庭审中二人自愿认罪,如实供述,且积极退赃,取得谅解,对二人酌情从轻处罚。最后依法判处杜某有期徒刑三年,缓刑五年,并处罚金一万三千元;判处盖某有期徒刑三年,缓刑四年,并处罚金一万三千元。

本案分析:本案为典型的酒后驾车出事故后找人"顶包"逃避法律制裁并骗取保险金赔偿的案例。如何及时识破这类骗保行为,确定事故发生时谁是驾驶员是关键。这就需要保险公司查勘人员认真细致地核对线索,对报案人的陈述、事故现场情况、目击者的反馈或视频监控等信息进行综合分析,判断司机身份,防止酒后驾车找人"顶包"逃避法律制裁和骗保事件的发生。

4. 虚张声势——故意扩大车辆损失或医疗费用

扩大车辆损失或医疗费用是指保险事故发生后,诈骗实施者为获得高额的保险金赔偿,故意扩大车辆损失程度或受伤人员的医疗费用。这类案件往往是团伙作案,被保险人通过勾结保险公司定损人员或修理厂家,擅自扩大修理范围,将不属于该次保险事故的修理费用纳入保险损失;或勾结医疗机构相关人员,采用伪造病例、医疗发票等资料夸大医疗费用,骗取赔偿。由于往往有保险公司、维修厂或医疗机构的内部人员参与,诈骗不易被发现,需要保险公司管理人员强化内部管理与监督以及加强对车辆损失范围、修理厂修理费用、医疗单据的核查。

案例分析7-4　好友酒后起争执砸车,三人合伙骗保

案情介绍:2016年1月某日晚上,闫某和几个朋友在一家饭店包间内聚餐,几人喝了一些白酒,其间闫某与好友王某因琐事发生争执并打架。王某离开房间后发现自己牙齿被打断,感到自己吃亏了,心中气愤难平,就爬到闫某停放在该饭店门口的"宝马"车引擎盖上对前挡风玻璃、引擎盖猛踹,导致该车多处损坏。

闫某知道车辆是王某损坏的,按照保险的规定最终应由王某来赔偿自己的损失。但是一心想走保险报销的闫某,却打电话跟保险公司说下楼就发现车被砸了,不知道谁砸

的,保险公司让其开到附近的 4S 店进行定损。之后闫某电话联系 4S 店的朱某,并告知朱某说车被朋友砸了,但是想仍然走保险报销维修费用。朱某告诉其如果走保险,在找不到第三方的情况下保险公司也只能赔付 70%。于是闫某让朱某帮忙把损失数额夸大一些以补足剩余 30% 的维修费用。朱某答应之后又联系了同在 4S 店工作的王某某,让其帮忙开一张假的发票,好多报销费用。在明知该车的实际维修费用在 4000 余元的情况下,王某某违法联系制作了一张面值 22000 元的假发票用于到保险公司报销维修费用,之后三人成功从保险公司骗取了保险赔偿 12600 元。

令闫某三人没有想到的是,公安机关对王某涉嫌故意毁坏财物一案立案侦查过程中,发现闫某三人涉嫌保险诈骗罪,并最终导致该案案发。2018 年 1 月,经法院依法审理,认为三被告人对发生的保险事故夸大损失程度,采用虚开发票的手段,骗取保险金,数额较大,考虑到三人已经退赔保险公司损失并取得谅解,法院以保险诈骗罪分别判处被告人闫某、朱某、王某某等三人拘役四个月至有期徒刑六个月,对三人判处缓刑,并处罚金。

本案分析:本案是典型的团伙作案,作案成员中有 4S 店员工共同参与,通过故意扩大车辆损失、虚开发票的方式达到骗取保险金的目的。这类案件由于犯罪分子熟悉保险理赔业务或者汽车修理,侦破难度大,需要保险公司谨慎对待。

5. 无中生有——人为制造事故或伪造损失骗保

这一欺诈手段主要是诈骗实施者对于不符合保险赔偿要求的损失或非本次事故损失,采用人为制造事故假象或伪造损失的方式骗取保险赔偿。这类案件需要保险公司查勘人员在事故现场仔细分析报案人的口述内容、事故痕迹、车辆损害情况、事故发生时间等,排除人为制造事故或伪造损失"搭便车"骗保的可能。

案例分析 7-5　二次碰撞伪造现场骗保

案情介绍:2010 年 12 月 24 日 14 时 04 分,李某报案称自己驾车行驶不慎撞上护栏,车辆左前部受损。查勘员在接到案件后及时联系客户来到现场,采集证据拍摄现场照片,如图 7-1 所示。

经过现场查勘,查勘人员发现本次事故现场存在一些疑问,如标的车受损部位有碰撞旧损;受损痕迹比较乱,大灯受损,但护栏高度对不上大灯;驾驶员为非被保险人,让被保险人来现场配合指认,当事驾驶员坚决不配合。后经查勘人员提出问题并反复教育和劝说,驾驶员承认与被保险人合谋骗保。原来在本次出险前两天,被保险车辆与另一车辆发生擦剐,双方私了解决。为了再骗取保险金,被保险人故意伪造了事故现场。最终被保险人签字放弃索赔。由于涉案金额不高,且被保险人认错态度较好,保险公司也网开一面,未要求司法机关介入。

第7章 汽车保险欺诈预防与识别

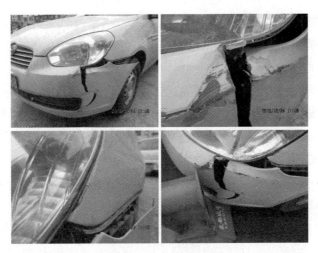

图7-1 李某车损现场

本案分析:利用故意伪造事故现场骗取本不属于本次事故损失的保险金赔偿是较为常见的骗保方式之一。如何识别这类欺诈行为,保险公司查勘人员在事故现场认真细致的调查取证是关键。及时发现问题,向保险欺诈者说明保险诈骗行为的严重后果,使得犯罪分子充分认识到自身行为的严重性而放弃犯罪行为的继续实施,既保护了保险公司的利益,也挽救了部分法律意识淡薄的诈骗者,避免受到法律的严惩。而如果保险公司怠于调查,不出现场,没有掌握第一手资料,对于这类骗保行为将很难识破。

案例分析7-6　调换零件伪造损失骗保

案情介绍:2011年8月11日10时,邵某报案称与其他车辆碰撞,经交警协调,来理赔中心处理。理赔中心查勘员对双方车辆仔细查勘后,发现被保险人的车子有问题:一是从双方的撞击痕迹看,力度应该不大,但被保险人车子的右大灯却整个可以晃动,说明三个灯脚都已断。二是从上方已断的灯脚可以看出,该灯脚断裂处灰尘很多,且断裂的灯脚残片没了,固定灯脚的螺帽已拧紧,而非有空隙,说明该大灯是拆过摆放上去的,如图7-2所示。

图7-2 邵某车大灯损坏情况

237

后保险公司查勘员向邵某详细分析了大灯非本次事故碰撞造成,并且将保险欺诈后果的严重性与邵某讲解,最后邵某承认大灯是摆放的,因此在事故定损中剔除大灯的赔偿。

本案分析:本案中邵某的行为是典型的伪造损失骗保行为。在勘察与定损实践中,被保险人在事故发生后伪造部分零件的损失往往具有较大的迷惑性,因此需要保险公司工作人员以严谨的态度,科学分析事故现场,认真履行自身职责,防止欺诈风险的发生。

7.2.2 汽车保险欺诈的主要特点

由于车辆保险的理赔程序相对简便,不法分子容易编造或故意制造保险事故,这也是车辆保险诈骗屡屡得逞的重要原因。

此外,车辆保险诈骗案件大多涉案金额较低,达不到立案标准,使得此类案件行为人的违法成本较低。由于保险诈骗行为复杂多样,调查取证比较困难。对于涉案金额较小的案件,一些规模较小的保险公司在理赔时,由于人力、财力不足而无法进行详尽的理赔调查;如果涉案金额较大,不法分子往往是团伙作案,欺诈行为较为隐蔽而难以发现。目前,我国汽车保险欺诈主要有如下特点:

1)犯罪主体涉及广

汽车保险欺诈犯罪分子涉及面较广,围绕保险合同以及理赔过程的任何一方或几方都有可能参与其中,主要包括投保人、被保险人、遭受损失的第三者、事故查勘员、定损员、事故责任认定人、证明人、车辆维修人员、医疗机构人员等。

2)犯罪分子专业化

汽车保险欺诈犯罪分子呈专业化趋势,大都具有比较丰富的社会经验,有些甚至具有比较丰富的保险法律和保险业务方面的专门知识,熟悉保险制度的各个环节和经营活动。他们善于钻法律的空子,披上"合法"外衣进行犯罪活动。

3)主观多为直接故意

投保人、被保险人受到保险射幸特性的诱惑,致使道德失衡,骗取保险赔款;而遭受损失的第三者多因被保险人侵权,认为侵权人应赔偿其因事故造成的一切损失,或利用自己的优势地位,伪造虚假单据和证明材料,夸大损失程度;车辆维修人员利用自己的专业技能,借保险事故人为扩大损失或精心策划、制造虚假保险事故,单独或与被保险人合谋骗取保险理赔,非法获取维修收入。

4)客观表现形式多样

车险欺诈行为的表现形式多样,如采取虚构保险标的、保险事故或者制造保险事故等方法,扩大车辆损失、医疗费用等。

案例分析 7-7　保险公司出内鬼,共同骗保

案情介绍:李某是一家保险公司的定损部主任,某汽车美容店的老板吴某在李某的帮助下,利用车主维修车辆的机会,用这些车辆制造虚假的交通事故。如"马路上两车相

撞""不小心撞上公共设施"……并精心伪造事故现场等候保险公司前来处理定损。李某、程某因为具有丰富的汽车行业经验,对事故认定、保险理赔、汽车修理等程序和法律规定都比较熟悉,他们利用保险业务中存在的漏洞伪造了保险理赔材料,骗取巨额的保险理赔金,2007年至2008年期间,短短一年多的时间里,诈骗数额近20万元;法院经审理后判决被告人七年有期徒刑不等。

本案分析:保险诈骗专业化,特别是保险公司内部人员参与共同骗保,使得我国保险欺诈的犯罪形势日趋复杂。

7.3 汽车保险欺诈防范与调查

汽车保险欺诈不但导致保险公司利润下降甚至亏损,还严重损害了保险行业的形象,进而影响其在社会当中的公信力。车辆保险欺诈也严重损害了消费者利益,扰乱了正常的市场秩序,必须加以防范和严厉打击。2014年9月,中保协成立反保险欺诈专业委员会,2018年4月1日,保监会实施《反保险欺诈指引》,说明了我国政府对于打击保险欺诈的努力和决心。

7.3.1 汽车保险欺诈防范措施

要做好保险欺诈的防范,应做到以下几点:

1) 完善立法,加大保险欺诈打击力度

随着保险欺诈犯罪情况的变化,我国《刑法》对"保险诈骗罪"的规定在主体、客观方面等问题上仍存在明显的缺陷,不能适应保险过程中出现的新情况,很大程度上困扰着司法实践工作。同时,本罪定罪标准比较模糊,追诉金额标准起点高而最高量刑却低,违法成本低也在客观上纵容了保险欺诈的发生,相关条款有待细化和强化。此外,可尝试制订财产保险合同法、人身保险合同法、保险业务法等相关法律,完善保险代理人、经纪人、公估人管理条例,在条件成熟时可推出反保险欺诈法。加大保险欺诈的打击,需要从完善立法方面加以重视。

2) 严格贯彻执行法律有关规定

我国《保险法》《刑法》中,对保险欺诈有不少具体规定,它们是预防和打击保险欺诈的重要武器。保险公司一方面要积极宣传法律法规,增强投保人的法律观念,树立守法意识;另一方面,保险公司要充分运用法律所赋予的权利,与保险欺诈行为做斗争,决不能姑息迁就。

3) 加强风险评估,提高承保质量

加强风险评估,提高承保质量,是防止保险欺诈发生的第一道防线,也是保险公司避免保险欺诈犯罪的绝佳机会。因此,当投保人提出投保申请后,保险公司应严格审查投保单中所填写的各项内容和与保险标的有关的各种证明材料。必要时,应对投保人、被保险车辆进行详细的调查,将保险欺诈拒之门外,防止"病从口入"。

4)完善保险条款,剔除欺诈责任

除使用商业车险行业示范条款的产品外,保险公司对于使用自主开发商业车险创新型条款的产品的合同格式、措辞、条款进行严格审查,可以定期或不定期接受基层反馈意见和主动收集败诉案例,适时修订,杜绝漏洞。如过去争议较多的"高保低赔"条款,就被诈骗分子利用,制造了大量高档旧车骗保案件。因此应努力避免这种条款出现。

通过制定保险单除外责任条款或限制承保范围条款,进行责任限制,以减少或剔除道德风险的发生。目前我国的保险条款均没有列明保险欺诈是除外责任,仅仅是在责任免除条款中规定"被保险人或其允许的驾驶人故意破坏、伪造现场、毁灭证据"以及"第三者、被保险人或其允许的驾驶人的故意行为、犯罪行为,第三者与被保险人或其他致害人恶意串通的行为"为除外责任。随着保险欺诈行为的日趋复杂,显然这样的规定没有包含保险欺诈的全部内容,需要对此加以完善。

5)建立科学的理赔程序,提高理赔人员素质

理赔是保险经营中的重要环节,做好理赔工作有助于保险公司的健康发展。建立科学的理赔程序,提高理赔人员的素质,对防止保险欺诈的发生有着举足轻重的作用。坚持,承保和理赔相分离,建立专门的、高水平的理赔队伍。条件具备的保险公司还可以借助专业代理人公司和求助专家理赔小组。经验表明,专业代理公司和专家理赔小组有充足的时间、丰富的经验和资料,与公安机关有良好的关系,可以进行更为深入和专业的调查,因此更有利于提高承保和理赔质量,提高工作效率,降低相关成本。

6)及时现场查勘,严格审查

保险公司在接到报案后,应尽可能地迅速赶到现场查勘,弄清保险事故发生的原因和损失情况,是识别车险欺诈行为的关键。而现状保险公司普遍"轻查勘、重定损"。车辆发生事故后,不是急于现场查勘,而是让被保险人直接将车移送至修理厂定损,这样给保险欺诈实施者在时间和空间上留有充分的作案机会,一些本来能够发现的欺诈案件也不能及时识破。赔偿金额的确定过分依赖有关单位的证明和单据:对车辆损失,凭维修厂或"4S店"的报价或发票;对事故责任的划分,凭交警队的事故责任认定书;对医疗费用,凭医疗机构的费用发票;对人员伤残鉴定,依据法医或医院的鉴定书;对于被扶养人的情况,仅凭基层政府或派出所的证明。由于上述单位都不是经济责任的直接承担者,鉴于各种原因,有些证明会与事实不相吻合,甚至相差很大。相关单据也没有经过仔细核对,使得一些不合理费用甚至是假单据也得到了赔偿。

7)严格核赔制度,实行理赔监督

保险公司的各级理赔人员必须严格依照规定的程序和权限进行理赔,每一起理赔都必须经过主管领导或上级公司的审批,必要时还要经过专家论证;同时,要实行责任追究制度,一旦发现问题,不仅要追究当事人的责任,还要追求有关领导的责任,切实做到有法必依、有章必循、从严治司。

8)提高员工素质,加强内外监控

保险公司要对所有员工加强思想教育,增强风险意识,把防范和化解风险作为公司生存和发展的根本所在。首先,应进一步端正领导人员的指导思想,转变经营观念,增强

风险意识,努力提高认识、分析风险的能力,自觉克服"重业务承保,轻风险防范;重速度发展,轻质量管理"的不良作风。其次,要加强监督队伍建设,强化纪检监察、稽核审计工作的职能。再次,要做好业务培训,使全体员工尤其广大营销员都能知法、懂法、守法,把个人利益同公司的整体利益联系起来,规范市场行为。

9) 建立反欺诈平台,发挥信息职能

信息管理是现代企业管理的一个重要特征。保险信息是保险企业的一个重要特征。将与保险有关的资料进行收集整理,建立风险客户"黑名单",建立反欺诈平台,对防止保险欺诈行为的发生有着不可忽视的作用。多家保险公司可联合建立反欺诈平台或行业反欺诈平台,借助现代计算机技术、信息技术、"大数据"等技术手段,使得保险公司之间加强业务联系,相互提供反欺诈支持,这对防止保险欺诈行为的发生作用巨大。

10) 加强行业监管,密切行业之间的协作配合

首先各保险公司应充分加强行业自律,树立良好的行业形象。但是,防范保险欺诈,仅靠保险公司的单方面努力是不够的,还需要社会各界通力合作。一方面,加强与司法机关的紧密合作,与司法机关建立反保险诈骗联合工作机制,合作开展调查研究、平台建设、案件办理、信息交流以及风险防范等工作,充分运用法律的、经济的、行政的多种手段,共同做好打击和防范工作。专业司法人员的及时介入,可以极大震慑犯罪分子,使其放弃实施犯罪行为;或迅速侦破案件,挽回公司损失,犯罪分子也得到了法律的严惩,能够起到良好的教育和警示作用。另一方面,加强与媒体合作,随着各种新兴媒体的兴起,社会传媒也发生了根本性的变化。保险行业应该充分抓住新媒体潮流,多方面宣传保险知识,宣传保险欺诈的危害和后果,做到"打防结合,以防为主"。此外,还应与汽车销售、维修、医疗等相关行业密切配合,协同作战,充分发挥各部门的职能和作用,从各个方面开展深入细致反欺诈工作。

7.3.2 汽车保险欺诈调查取证与分析

汽车保险欺诈是行为人故意实施的违法犯罪行为,此类案件大都有预谋和策划,隐蔽性较强,因此,为了有效地打击诈骗行为,保险公司反欺诈工作人员必须认真做好案件的调查取证与分析工作。

1. 汽车保险欺诈调查取证

汽车保险欺诈的调查取证思路可采取"四证一查一鉴定"法:"四证"指"第一现场取证、询问笔录书证、权威部门查证以及复勘现场补证";"一查"指对事故当事人展开外围调查;"一鉴定"指技术部门鉴定。

1) 第一现场取证

(1) 第一现场取证时机。

事故第一现场上遗留有各种痕迹的物证,记载着大量的能够真实反映事故发生、发展过程的信息,但这些痕迹和物证极易受到自然或人为的破坏。因此第一现场取证最佳时机应该是勘查人员发现疑点后立即进行,越快越能发现破绽,不给欺诈实施者喘息和继续筹划的时间,这些收集的资料将对揭露诈骗起到关键作用。

(2)做到"六个查清"。

① 查清出险时间。通过现场痕迹、车辆自身状况推断出险真实时间,特别是发生在保险合同刚刚生效或临近终止期的事故,需提防"倒签单"和故意制造事故等欺诈行为的发生。

② 查清出险地点。通过报案人指认、道路设施痕迹、车身痕迹对比等,确认出险地点,排除二次现场、谎报地点的可能。

③ 查清事故车辆基本情况。核对事故车辆外观、颜色、号牌号码、VIN 码、发动机号等重要信息是否与被保险车辆记录一致,有无违法改装情况,有无按规定进行年检,发生事故时是否符合装载规定,车辆使用性质是否与保险单一致。

④ 查清驾驶员情况。检查驾驶员驾驶证是否有效,准驾车型与实驾车型是否一致,驾驶员与被保险人关系,驾驶被保险机动车是否得到被保险人允许,驾驶员行为是否正常,有无喝酒、吸毒、服用管制药物的可能,有无替别人"顶包"的可能。

⑤ 查清事故损失情况。核查事故损失真实情况,包括有无人伤、受伤程度如何,受损财产种类、数量、价值,车辆损坏零部件是否存在异常,防止故意扩大损失、利用废旧零件骗保情况的发生。

⑥ 查清出险真实原因。通过现场分析确定事故发生原因,排除人为制造事故、除外责任事故骗保行为的发生。

2)询问笔录书证

询问笔录书证是汽车保险欺诈调查与取证的重要环节。调查人员通过询问事故当事人(被保险人、驾驶员、乘客、第三者)、现场目击者,了解事故详细经过,并且制作询问笔录、录音、录像等取得书证和视听资料,将其与报案记录、现场取证资料等进行比对,以发现欺诈线索。

询问笔录的主要目的是查清整个事故的经过。调查人员在询问事故当事人及现场目击者时,需要突出重点,避免问话冗长而引起被询问者的反感;同时需要注意沟通技巧,观察被询问者的神态、语气等,善于发现其言语上的破绽,防止被询问者规避要害和编造谎言。

询问笔录书证属于一般书证,特别是保险公司制作的询问笔录书证,在日后诉讼中的证明力较低,所以格外需要调查人员注意书证的规范性。询问记录需被询问者当场签署"以上记录情况属实"并签名和日期。笔录文字任何的改动之处也需要被询问者签名确认。调查人员可利用随身携带的录音设备、智能手机等在询问时同步进行录音、录像。如遇日后诉讼时,可与询问笔录共同举证,增加法律效力。

3)权威部门查证

权威部门查证指保险公司调查人员深入到交管部门、派出所、法院、司法鉴定机构等权威部门,通过查证事实真伪、事故证明材料真伪来分析事故事实真相的方法。上述部门出具的证明材料,对于交通事故的认定、调解、判决等均具有权威性。与这些部门建立良好的协作关系,对被保险人提交的司法文书、交通事故责任认定书、赔偿调解书、车辆被盗抢证明、车辆起火原因证明、伤残等级认定等重要证明材料进行查证,可以快速确定材料的真实性和发现关键问题,及时拆穿欺诈实施者弄虚作假的不法行为。

4) 复勘现场补证

复勘现场补证指调查人员已脱离事故第一现场,或发现案件疑点时已处于事后状态的情况下,通过复勘现场的方式重新获取物证、旁证的方法。

由于是复勘现场,调查人员应尽量利用尚保留的痕迹、残物进行勘查。如痕迹等已被破坏而又十分关键时,可使用痕迹推断法得出结果,即利用现存痕迹、物证等结合第一现场查勘已经得到的物证、痕迹等进行合理推断。将结果及时反馈给被保险人并征得其认可。如被保险人拒不认可,可要求被保险人将被保险车辆重新行驶至事故现场进行现场复原和比对。如被保险人拒不配合或现场无法复原,则说明保险欺诈的可能性较大,调查员需尽快向公司汇报并请求司法机关介入。

5) 当事人外围调查

除了事故现场调查外,有时对于当事人的外围调查往往能够成为揭露保险欺诈行为的突破口。调查人员应有针对性地对被保险人、投保人等保险利益相关人员的周围人员进行调查,重点了解其个人品行、工作状况、经营状况、近期的异常表现、被保险车辆情况等并作好调查记录。发现线索后进一步深挖,争取快速理清出案件脉络,制定出后续工作计划。

6) 技术部门鉴定

技术部门鉴定指保险公司聘请合法的技术鉴定机构对事故的关键信息进行技术上的鉴定。一般委托鉴定的内容包括:车辆起火原因检验,车辆被盗物证检验,车辆碰撞痕迹与后果关联性检验、文书笔迹检验等。可以接受委托的单位必须是获得国家认证资格的技术鉴定机构。在对案件存有疑问时,可以针对相关重要信息聘请合法鉴定机构进行鉴定,鉴定结果属于公文书证,具有很高的法律效力,在案件的侦破和日后的诉讼中都将会起到决定性的作用。

2. 汽车保险欺诈分析

在调查取证的同时,调查人员还需综合分析案情。要运用现场查勘和调查询问所掌握的证据材料,分析案件性质,甄别保险事故和保险诈骗,重点从以下三个方面分析:

(1) 分析投保动机。要特别注意两种情况:一是二手豪车投保,特别是经过多次转手或有脱保情况的,要对投保二手豪车的实际价值进行认真核实。采用纵火、盗车、制造交通事故等手段进行骗保的案件,绝大多数诈骗者都是以二手豪车及配件进行作案,企图骗取高额保险赔偿;二是对多次拒绝投保而后又主动上门投保的案件,要重点分析其投保动机。这类案件,有可能是先出险后投保,或是筹划制造事故骗取保险金赔偿。

(2) 将相关节点事件时间联系起来分析。即分析投保时间、出险时间、报案时间之间的内在联系。实践证明,有预谋的诈骗案件,在几个关键的时间上总有一些特殊联系。一般来说,投保时间与出险时间相隔越短、出险时间与保单责任终止时间相隔越近、出险时间与报案时间间隔越长等情况,应特别引起警惕,要仔细分析其中原因,发现疑点,迅速查证。

(3)将现场痕迹物证及有关证据结合起来分析。重点分析两个方面:一是将现场痕迹物证与保单、原始记账凭证进行对比,分析现场标的物及损失数目与书证记载的内容是否相符;二是将现场痕迹物证与有关证据进行对比,相互质证,辨明真伪。通过分析证据与事实、证据与证据之间的相互关系,识破欺诈者惯用的伪造、变造有关证明材料的伎俩。

各类保险诈骗案件发生后,只要严格把握好现场查勘和案情分析这两个环节,在充分占有第一手资料的基础上,认真分析研究涉嫌诈骗的动机、时间和有关证据,由表及里,透过现象看本质,就能从错综复杂的各类赔偿案中,揭露出以骗取保险金为目的的违法犯罪案件。

课后案例思考

2005年9月至2006年7月间,27岁的李某和梁某等人分别在北京市丰台区卢沟桥京石高速北辅路、丰台区西四环辅路岳各庄桥等地,7次故意制造车辆相撞事故,有时由李某开车撞自己的车,有时故意撞击停在路边的违章车。一次,李某还驾车故意撞向门头沟区108国道路边的大树之后以受损理赔为名,诈骗保险公司保险金4万余元。

试思考:本案例中犯罪分子为何能屡次骗保成功?试分析保险公司的问题有可能出在哪儿?

复习思考题

(1)汽车保险欺诈的原因是什么?

(2)汽车保险欺诈常见的表现形式有哪些?

(3)如何预防汽车保险欺诈案件的发生?

(4)汽车保险欺诈调查取证与分析的要点是什么?

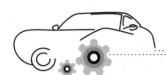

第8章

汽车保险法律体系

学习目标

本章主要介绍与我国汽车保险与理赔相关的法律法规的基本内容。通过本章的学习要求了解我国汽车保险与理赔相关的法律体系的组成以及各法律法规的主要内容。

重点难点

(1)汽车保险与理赔相关法律体系组成；
(2)汽车保险与理赔相关法律法规的主要内容。

引导案例

《保险法》是保险行业的基本法,是指导保险行业的纲领性文件。改革开放30多年来,我国保险行业成就瞩目。截至2014年年底,保险行业总资产超过10.2万亿,净资产1.3万亿,为全社会提供风险保障1114万亿,保险业赔款与给付7216.2万亿。保费收入、赔款支出、资金运用、总资产、防范风险、服务经济、服务微小企业、服务"三农"都创造了历史最好水平。这既得益于中国经济和金融业的高速发展,也得益于中国保险业法制的不断发展与完善,《保险法》对保险行业起到了巨大的基石作用。

保险业"新国十条"提出了现代保险服务业的发展目标:到2020年,力求从保险大国变为保险强国,保险深度达到5%,保险密度达到3500元/人,这意味着未来十多年保险业跟现在相比又是一番全新面貌,保险市场会极大发展,保险主体不断扩容,投资渠道会次第放开,政策藩篱会被一一击破。在这样的大背景下,显然《保险法》中有些原有规定会随着行业发展而变得不适应,必然要不断修正。因而《保险法》不但起着巨大的基石作用,还起着激发保险市场活力的巨大作用。

——选自《试论我国〈保险法〉四次修正对保险业的推动作用》,
马向东,《上海保险》,2015年11期

8.1 我国汽车保险立法

8.1.1 保险法的概念

保险法是指以保险关系为调整对象的一切法律规范的总称。保险法有狭义与广义之分。狭义的保险法仅是指保险法典或在民商法中关于保险业法和保险合同法等的立法;广义的保险法是指调整保险关系的一切法律法规的总称,不仅包括专门的保险立法,还包括其他法律中有关保险的法律规定,甚至包括习惯、条例和法理。

保险关系是一种社会经济关系。保险关系在社会再生产过程中,处于同生产、交换、消费相互联系和相互作用的分配环节,体现着保险人和被保险人之间的一种特殊的经济利益关系。这种关系实质上是组织保险参与者之间相互分摊风险,对一部分社会总产品进行再分配的关系。保险关系也是一种法律关系。保险关系是严格依据法律规定或者保险当事人双方约定,投保人承担支付保险费的义务,换取保险人对被保险人因发生意外事故或特定事件而造成的财产损失或人身伤害负担经济赔偿责任的法律关系。这种法律关系是通过保险合同或双方事先约定的条件,使保险人、被保险人双方的权利和义务得到明确。保险合同一旦确定,就得到了法律的保障。

凡是调整保险当事人权利义务关系和保险业行为规范的法律法规,都属于保险法的范畴。保险法不局限于以"保险"二字命名的法典,还包括其他法律、法规中有关调整保险关系的内容。例如《合同法》中关于保险合同的规定;《中华人民共和国海商法》中关于海上保险的规定等。

8.1.2 我国保险法律体系

我国保险法律体系是以《中华人民共和国保险法》《中华人民共和国海商法》《保险代理人监管规定》《保险经纪人监管规定》《保险公估人监管规定》等法律、法规为核心,以《中华人民共和国合同法》《中华人民共和国公司法》《中华人民共和国民事诉讼法》《中华人民共和国刑法》《中华人民共和国道路交通安全法》等法律的相关规定为补充,组成相互统一、紧密相连的我国保险法律系统。

8.1.3 我国汽车保险法律体系

我国汽车保险相关法律体系是以《中华人民共和国保险法》为核心,以相关部门法、规定为补充,组成相互统一、紧密相连的我国保险法律系统。

我国汽车保险的法律依据主要是《中华人民共和国保险法》。在保险实务中还涉及《中华人民共和国民法通则》《中华人民共和国民法总则》《中华人民共和国合同法》《中华人民共和国道路交通安全法》《中华人民共和国刑法》等法律以及《机动车交通事故责任强制保险条例》《最高人民法院关于审理人身损害赔偿案件适用法律若干问题的解释》《最高人民法院关于确定民事侵权精神损害赔偿责任若干问题的解释》等法规和司法解释。

在汽车保险与理赔的过程中,相关人员一定要准确理解和应用法律法规,确保保险人和被保险人的各项利益。下面将介绍部分与我国汽车保险相关的法律、法规,其他未涉及的部分请读者自行查阅相关资料。

8.2 我国汽车保险相关法律法规简介

8.2.1 中华人民共和国保险法

1. 修订与施行

《中华人民共和国保险法》于1995年10月1日起正式施行,到目前为止已经进行了四次修订,即2002年10月第一次修订、2009年2月第二次修订、2014年8月第三次修订以及2015年4月第四次修订。第四次修订版于2015年4月24日起施行,共8章185条。2015年10月14日,中华人民共和国国务院法制办公室发布《关于修改〈中华人民共和国保险法〉的决定(征求意见稿)》公开征求意见的通知,将对《保险法》做进一步地调整和修订最新修订版尚未正式对外发布。

《保险法》是中华人民共和国成立以来第一部保险基本法,它借鉴了其他一些国家和地区集保险业法、保险合同法为一体的立法体例,形成了一部比较完整、系统的保险法律。后经过四次修订,充分吸收了我国改革开放以来保险业改革发展的宝贵经验和有益探索,针对保险业的发展变化和保险监管作出了许多新的规定,进一步完善了商业保险的基本行为规范和国家保险监管制度的主体框架。

保险公司、保险代理人和经纪人等在开展汽车保险业务过程中涉及的理论、原则、实务等均需按照《保险法》的规定执行。

2. 主要内容

(1)第一章:总则。规定了商业保险含义、法律适用地域、经营单位、监管机构等内容。

(2)第二章:保险合同。规定了保险合同的一般规定及人身保险和财产保险合同的相关规定。

(3)第三章:保险公司。规定了保险公司设立条件、营业执照领取等内容。

(4)第四章:保险经营规则。规定了保险公司业务范围、资金运用、保险公司员工行为规范等内容。

(5)第五章:保险代理人和保险经纪人。规定了保险代理人和保险经纪人的相关内容。

(6)第六章:保险业的监督管理。规定了条款与费率的监管及对保险公司监管的方法等内容。

(7)第七章:法律责任。规定了对保险公司、保险中介等存在违法行为的具体处理规定等内容。

(8)第八章:附则。规定了保险公司应加入保险行业协会及海上保险、农业保险的适用法律等内容。

8.2.2　中华人民共和国民法通则

1. 修订与施行

《中华人民共和国民法通则》(以下简称《民法通则》)是我国对民事活动中一些共同性问题所作的法律规定,是民法体系中的一般法。1986年4月12日由第六届全国人民代表大会第四次会议审议通过,自1987年1月1日起施行。2009年8月27日第十一届全国人民代表大会常务委员会第十次会议对《民法通则》中明显不适应社会主义市场经济和社会发展要求的规定作出了修改,共9章156条。

在汽车保险与理赔实务中,如投保人或被保险人与保险公司发生纠纷,涉及民事行为权利、义务等,往往还需要参考《民法通则》。

2. 主要内容

(1)第一章:基本原则。规定了本法制定目的、用途、适用范围以及民事活动遵守的原则、要求等内容。

(2)第二章:公民(自然人)。规定了公民的民事权利能力、民事行为能力、监护、失踪和死亡等以及个体工商户、农村承包经营户、个人合伙的民事权利与义务等内容。

(3)第三者:法人。规定了法人的定义、条件以及企业法人、机关、事业单位以及社会团体法人、联营等相应的民事权利与义务等内容。

(4)第四章:民事行为。规定了民事法律行为的定义、民事法律行为的条件、生效与无效、代理民事法律行为的形式、责任与义务等内容。

(5)第五章:民事权利。规定了财产所有权以及与财产所有权有关的所有权、债权、知识产权、人身权的定义以及相关事项等内容。

(6)第六章:民事责任。规定了民事责任的定义、承担、追究以及违反合同的民事责任、侵权的民事责任的认定、处理以及承担民事责任的方式等内容。

(7)第七章:诉讼时效。规定了民事诉讼的时效期限等内容。

(8)第八章:涉外民事关系的法律适用。规定了涉外民事行为适用法律与解决方法等内容。

(9)第九章:附则。规定了民族自治地方试行本法的原则、期间计算方法以及条文中部分词汇涉及的范围等内容。

8.2.3　中华人民共和国民法总则

1. 修订与施行

《中华人民共和国民法总则》(以下简称《民法总则》)是我国民法典的开篇之作,在民法典中起统领性作用。2017年3月15日由十二届全国人民代表大会第五次会议审议通过,自2017年10月1日起施行,共11章206条。

《民法总则》旨在贯彻全面依法治国的要求,坚持人民主体的地位,坚持从我国国情和实际出发,坚持社会主义核心价值观,弘扬中华优秀传统文化,总结继承我国民事法治经验,适应新形势新要求,全面系统地确定了我国民事活动的基本规定和一般性规则。2018年8月27日,十三届全国人大常委会第五次会议审议民法典各分编草案,这是民法典分编草案首次提请审议。预计2020年3月,《民法总则》将同民法典各分编合并为一部完整的民法典草案,提请十三届全国人大三次会议审议,从而形成统一的民法典。

《民法总则》以《民法通则》为基础编纂,但前者并没有规定后者的失效时间,因此目前两法将并存一段时间。在并存共用阶段,对于两法均有规定的内容,按照新法优于旧法的原则,适用《民法总则》的规定;对于《民法总则》中没有规定但在《民法通则》中有规定,适用《民法通则》的规定。与《民法通则》一样,在汽车保险与理赔实务中,如投保人或被保险人与保险公司发生纠纷,涉及民事行为权利、义务等,往往还需要参考《民法总则》进行调解和维权。

2. 主要内容

(1) 第一章:基本规定。规定了本法制定目的、用途、适用范围以及民事活动以及处理民事纠纷应遵守的原则、要求等内容。

(2) 第二章:自然人。规定了公民的民事权利能力、民事行为能力、监护、失踪和死亡等以及个体工商户、农村承包经营户的民事权利与义务等内容。

(3) 第三章:法人。规定了法人的定义、条件以及营利法人、非营利法人、特别法人相应的民事权利与义务等内容。

(4) 第四章:非法人组织。规定了非法人组织的定义、设立、解散等相关事项。

(5) 第五章:民事权利。规定了自然人、法人、非法人组织等依法享有的各项民事权利,包括人身权、人格权、名称权、名誉权等内容。

(6) 第六章:民事法律行为。规定了民事法律行为的定义、形式、意思表示、效力、附条件和附期限等事项。

(7) 第七章:代理。规定了代理的定义、要求、委托代理的要求、效力以及委托代理、法定代理的终止等内容。

(8) 第八章:民事责任。规定了民事责任大小的划分、承担民事责任的方式以及无需承担民事责任的情形等内容。

(9) 第九章:诉讼时效。规定了各类民事诉讼的时效期间以及中止、中断的情形等内容。

(10) 第十章:期间计算。规定了期间计算的具体单位、计算方法等内容。

(11) 第十一章:附则。规定了条文中部分词汇涉及的范围等内容。

8.2.4 中华人民共和国合同法

1. 修订与施行

《中华人民共和国合同法》(以下简称《合同法》)是调整平等主体之间的交易关系的法律,于1999年3月15日由第九届全国人民代表大会第二次会议审议通过,自1999年10月1日起施行,共23章428条。

《合同法》从1999年实施至今未做修订,但最高人民法院从司法实务和不断发展的新形势出发,已颁布实施了针对《合同法》的多个司法解释,目前仍然生效的主要包括1999年12月29日起施行的《最高人民法院关于适用〈中华人民共和国合同法〉若干问题的解释(一)》,2005年1月1日起施行的《最高人民法院关于审理建设工程施工合同纠纷案件适用法律问题的解释》,2009年5月13日起施行的《最高人民法院关于适用〈中华人民共和国合同法〉若干问题的解释(二)》,2012年7月1日起施行的《最高人民法院关于审理买卖合同纠纷案件适用法律问题的解释》等。

在汽车保险与理赔实务中,如投保人或被保险人与保险公司发生合同保险合同纠纷,如遇《保险法》有关保险合同部分条文规定不全、不适用等情形,往往需要参考《合同法》相关规定。

2. 主要内容

(1)第一章:一般规定。规定了自然人、法人的定义以及合同当事人的权利和义务等内容。

(2)第二章:合同的订立。规定了合同订立过程中的要求、原则以及责任等内容。

(3)第三章:合同的效力。规定了合同生效的时间、条件以及合同无效、撤销的条件、判定等内容。

(4)第四章:合同的履行。规定了合同履行过程中的原则以及合同内容纠纷、价格调整的处理以及债权、债务关系的处理等内容。

(5)第五章:变更和转让。规定了合同变更和转让的要求以及转让后权利、义务的转移等内容。

(6)第六章:权利义务终止。规定了权利、义务终止的条件以及合同终止后债权、债务关系的处理等内容。

(7)第七章:违约责任。规定了违约责任的处理以及后果等内容。

(8)第八章:其他规定。规定了本法与其他法律、部门规定中涉及合同管理规定条款的关系等内容。

(9)第九章:买卖合同。规定了买卖合同的要求、争议的处理方法以及标的物的交付、钱款的支付等事项。

(10)第十章:供用电、水、气、热力合同。规定了在供用电、水、气、热力过程中双方的权利和义务等内容。

(11)第十一章:赠与合同。规定了赠与合同生效的条件以及赠与人、受赠人的权利和义务等内容。

(12)第十二章:借款合同。规定了借款合同双方的权利和义务等内容。

(13)第十三章:租赁合同。规定了租赁合同双方的权利和义务等内容。

(14)第十四章:融资租赁合同。规定了融资租赁合同双方的权利和义务等内容。

(15)第十五章:承揽合同。规定了承揽合同双方的权利和义务等内容。

(16)第十六章:建筑工程合同。规定了建筑工程合同双方的权利和义务等内容。

(17)第十七章:运输合同。规定了运输合同的定义、双方基本要求以及客运、货运、多式联运合同双方的权利和义务等内容。

(18)第十八章:技术合同。规定了技术合同的定义、条款组成、内容、专利、报酬等以及技术开发、技术转让、技术咨询和技术服务合同双方的权利和义务等内容。

(19)第十九章:保管合同。规定了保管合同双方的权利和义务等内容。

(20)第二十章:仓储合同。规定了仓储合同双方的权利和义务等内容。

(21)第二十一章:委托合同。规定了委托合同双方的权利和义务等内容。

(22)第二十二章:行纪合同。规定了行纪合同双方的权利和义务等内容。

(23)第二十三章:居间合同。规定了居间合同中居间人和委托人的权利和义务等内容。

(24)附则。规定了本法的生效日期以及同时废止的法律名称。

8.2.5 机动车交通事故责任强制保险条例

1. 修订与施行

我国《机动车交通事故责任强制保险条例》(以下简称《交强险条例》)的颁布实施,是国家以立法的形式强制机动车所有人或者管理人购买机动车交通事故责任强制保险,为机动车道路交通事故的受害人提供基本保障的重大举措。

《交强险条例》根据《中华人民共和国道路交通安全法》《中华人民共和国保险法》制定,由国务院于2006年3月21日发布,自2006年7月1日起施行。2012年3月30日国务院公布《国务院关于修改〈机动车交通事故责任强制保险条例〉的决定》,对《交强险条例》进行修订,并于2012年5月1日起施行,共47条。

2. 主要内容

(1)总则。规定了本条例的制定依据以及交强险定义、适用条件和监督、管理、实施部门等内容。

(2)投保。规定了保险公司开展交强险业务的条件、交强险费率的确定与调整、签订交强险合同双方的权利与义务、保险期间等内容。

(3)赔偿。规定了交强险赔偿的情形与范围、追偿的情形、免责的情形等内容。

(4)罚则。规定了保险公司违规开展交强险业务以及不规范业务行为的处罚标准、机动车所有人、管理人未按规定投保交强险、未放置交强险标志、伪造变造交强险标志等违规行为的处罚标准等内容。

(5)附则。规定了投保人、被保险人等名词解释以及施行日期等内容。

8.3 道路交通安全相关法律法规简介

8.3.1 中华人民共和国道路交通安全法

1. 修订与施行

《中华人民共和国道路交通安全法》(以下简称《道路交通安全法》)是我国第一部有关道路交通安全的法律,于2003年10月28日由第十届全国人大常务委员会第五次会议审议通过,自2004年5月1日起施行。2007年12月29日,第十届全国人大常务委员会第三十一次会议通过《关于修改〈中华人民共和国道路交通安全法〉的决定》,对《道路交通安全法》进行第一次修订,自 2008 年 5 月 1 日起施行。2011 年 4 月 22 日,第十一届全国人大常务委员会第二十次会议通过《全国人民代表大会常务委员会关于修改＜中华人民共和国道路交通安全法＞的决定》,对《道路交通安全法》进行第二次修订,自 2011 年 5 月 1 日起施行,共 8 章 124 条。

在汽车保险与理赔实务中,对于车辆与驾驶人是否涉嫌违法的判断,以及交通事故的处理程序规定等,对保险公司相关工作人员都至关重要,因此需要悉本法律的各项规定。

2. 主要内容

(1)第一章:总则。规定了法律适用对象、交通安全管理部门等内容。

(2)第二章:车辆和驾驶人。规定了对车辆管理和对驾驶人员管理的内容。

(3)第三章:道路通行条件。规定了道路交通信号、标志、标线以及特殊情况下的通行等内容。

(4)第四章:道路通行规定。规定了道路通行的一般规则及对机动车、非机动车、行人和乘车人、高速公路通行的相应规定等内容。

(5)第五章:交通事故处理。规定了事故后驾驶人义务、事故的自行协商处理、事故的认定、事故损害赔偿的争议处理、抢救费用的支付与垫付、责任的确定等内容。

(6)第六章:执法监督。规定了公安交管部门对交警的管理、考核、日常工作的要求以及交警执法规范性、接受监督等方面的要求。

(7)第七章:法律责任。规定了各类交通违法行为的处罚标准以及交警自身违法、违纪行为的处罚标准等内容。

(8)第八章:附则。规定了本法的部分重要名词解释、本法适用范围、施行日期等内容。

8.3.2 中华人民共和国道路交通安全法实施条例

1. 修订与施行

《中华人民共和国道路交通安全法实施条例》(以下简称《道路交通安全法实施条例》)是《道路交通安全法》的具体实施细则,于 2004 年 4 月 28 日由国务院第四十九次常务会议审议通过,自 2004 年 5 月 1 日起施行。2017 年 10 月 7 日,根据《国务院关于修改部分行政法规的决定》(国务院令第 687 号),对《道路交通安全法实施条例》进行了修订,共计 8 章 115 条。

与《道路交通安全法》一样,车险查勘、定损、核损、理赔、反欺诈调查等人员需要熟悉《道路交通安全法实施条例》的各项规定。

2. 主要内容

(1)第一章:总则。规定了本条例制定依据、调节对象等内容。

(2)第二章:车辆和驾驶人。规定了对于机动车、机动车驾驶人的相关管理内容。

(3)第三者:道路通行条件。规定了交通信号灯、交通标志标线、交警指挥的分类以及相关设施的设置要求等内容。

(4)第四章:道路通行规定。规定了道路通行的一般规则及对机动车、非机动车、行人和乘车人、高速公路通行的相应规定等内容。

(5)第五章:交通事故处理。规定了事故后当事人的处理方式以及交警的责任、事故的认定、事故损害赔偿的争议处理、抢救费用的支付与垫付等内容。

(6)第六章:执法监督。规定了公安交管部门依法接受监督的义务。

(7)第七章:法律责任。规定了各种机动车驾驶人各种违法行为的处罚标准等内容。

(8)第八章:附则。规定了拖拉机的定义、境外车辆入境行驶的要求、机动车驾驶证考核收费标准以及实施日期、同时废止的法律名称内容。

8.4 道路交通事故处理及车辆管理相关法律法规简介

8.4.1 道路交通事故处理程序规定

1. 修订与施行

《道路交通事故处理程序规定》是为了规范道路交通事故处理程序,保障公安机关交通管理部门依法履行职责,保护道路交通事故当事人的合法权益,根据《中华人民共和国道路交通安全法》及其实施条例等有关法律、法规而制定。

本规定共 12 章 114 条,经 2017 年 6 月 15 日公安部部长办公会议通过,2017 年 7 月 22 日发布,自 2018 年 5 月 1 日起施行。2008 年 8 月 17 日发布的原《道路交通事故处理程序规定》(公安部令第 104 号)同时废止。

本规定涉及公安机关交通管理部门对于道路交通事故的处理程序,对于保险公司现场查勘、定损、赔付工作均有重要指导作用。

2. 主要内容

(1)第一章:总则。规定了法规制定目的、道路交通事故的分类以及处理道路交通事故的交警应具备资格等内容。

(2)第二章:管辖。规定了道路交通事故在不同地区、军队及武警车辆和驾驶员、拖拉机发生道路交通事故的管辖权等问题。

(3)第三章:报警和受案。规定了道路交通事故当事人的报警义务、处理措施以及交警接报警后应记录的内容、处理措施等内容。

(4)第四章:自行协商。规定了自行协商的情形、简易程序的适用等内容。

(5)第五章:简易程序。规定了公安机关交管部门适用简易程序的情况、简易程序处理的过程、要求等内容。

(6)第六章:调查。规定了道路交通事故调查的交警出警规范、现场处置和调查时应进行的工作、调查项目以及抢救费用垫付、肇事逃逸查缉、检验鉴定规范等内容。

(7)第七章:认定与复核。规定了道路交通事故责任判定依据和道路交通事故认定书内容、下达时限以及复核的条件、时限等。

(8)第八章:处罚执行。规定了公安机关交管部门的处罚规范、专业运输单位六个月内两次发生一次死亡三人以上事故的处罚方法等内容。

(9)第九章:损害赔偿调解。规定了处理损害赔偿争议的解决方式、公安机关交管部门损害赔偿调解的程序、时间、参加人员等内容。

(10)第十章:涉外道路交通事故处理。规定了外国人在我国境内发生交通事故的处理方法、程序、管辖权限等内容。

(11)第十一章:执法监督。规定了公安机关交管部门及其交警在执法过程中依法接受监督的义务、回避的情形、行政不作为的处罚等内容。

(12)第十二章:附则。规定了道路交通事故处理资格等级管理规定、车辆发生非道路交通事故处理、法律文书式样、规定中重要名词解释、施行日期等内容。

8.4.2 最高人民法院关于审理道路交通事故损害赔偿案件适用法律若干问题的解释

1. 修订与施行

《最高人民法院关于审理道路交通事故损害赔偿案件适用法律若干问题的解释》是最高人民法院为了指导各级司法部门正确审理道路交通事故损害赔偿案件,根据《中华人民共和国侵权责任法》《中华人民共和国合同法》《中华人民共和国道路交通安全法》《中华人民共和国保险法》《中华人民共和国民事诉讼法》等法律的规定,结合审判实践而制定。

本解释于 2012 年 9 月 17 日由最高人民法院审判委员会第 1556 次会议通过,自 2012 年 12 月 21 日起施行,共计 29 条。

2. 主要内容

(1)关于主体责任的认定。规定了不同情况下承担赔偿责任的主体等。

(2)关于赔偿范围的认定。规定了道路交通事故损害案件的赔偿范围等。

(3)关于责任承担的认定。规定了道路交通事故损害赔偿责任的承担、赔偿顺序、赔偿数额等内容。

(4)关于诉讼程序的规定。规定了道路交通事故的损害赔偿案件的诉讼程序、原被告组成等内容。

(5)关于适用范围的规定。规定了本解释的适用范围等。

8.4.3 机动车驾驶证申领和使用规定

1. 修订与施行

《机动车驾驶证申领和使用规定》是由公安部出台的关于指导机动车驾驶证申领和使用的权威行政法令,自 2004 年 4 月 30 日发布,2004 年 5 月 1 日起施行(公安部令第 71 号)。后分别于 2006 年 12 月 20 日(公安部令第 91 号)、2009 年 12 月 27 日(公安部令第 111 号)、2012 年 9 月 12 日(公安部令第 123 号)进行了修订。最新版于 2016 年 1 月 29 日发布,自 2016 年 4 月 1 日起施行(公安部令第 139 号)。

机动车驾驶证是否有效,机动车是否是驾驶证规定的准驾车型,驾驶人违章情况等与保险赔偿责任免除、保险费率等有重要关联。

2. 主要内容

(1)第一章:总则。规定了本规定的制定依据、实施主体、对象、公安机关交管部门以及业务申请人的权利和义务等内容。

(2)第二章:机动车驾驶证申请。规定了驾驶证内容、准驾车型、驾驶证有效期、驾驶证申请条件和程序等内容。

(3)第三章:机动车驾驶人考试。规定了驾驶人考试内容、标准、要求、考试监督管理等内容。

(4)第四章:发证、换证、补证。规定了驾驶证发证、换证、补证的程序、要求等内容。

(5)第五章:机动车驾驶人管理。规定了驾驶人交通违法行为的计分标准、处罚措施、驾驶人审验内容、要求、监督管理以及校车驾驶人的管理要求等内容。

(6)第六章:法律责任。规定了驾驶人在申领驾驶证、驾校学习、驾驶证使用方面违规、违法的处理以及交警违规、违法的处理等内容。

(7)附则。规定了委托代理人办理业务的要求、驾驶证的样式、身体条件证明的有效期、拖拉机驾驶证管理、重要名词解释、施行日期等内容。

8.5　人身损害赔偿法律法规

8.5.1　最高人民法院关于审理人身损害赔偿案件适用法律若干问题的解释

1. 修订与施行

《最高人民法院关于审理人身损害赔偿案件适用法律若干问题的解释》是最高人民法院为指导各级法院正确审理人身损害赔偿案件,依法保护当事人的合法权益,根据《中华人民共和国民法通则》《中华人民共和国民事诉讼法》等有关法律规定,结合审判实践,对有关适用法律的问题作出的相关解释。该解释于2003年12月4日由最高人民法院审判委员会第1299次会议通过,于2003年12月26日颁布,2004年5月1日起实施,共计36条。

在汽车保险事故中,如涉及第三者人员伤亡引发诉讼的,其损害赔偿需参考本解释。

2. 主要内容

(1)内容一。规定了本解释的适用范围以及二人共同侵权、服务行业、未成年人教育行业、法人、其他组织的义务等内容。

(2)内容二。规定了雇员与雇主、承揽人与定作人、劳动者与用人单位、帮工人与被帮工人、设施管理人或所有人等前者遭受人身损害或第三者遭受人身损害的赔偿责任等。

(3)内容三。规定了受害人人身损害、伤残、死亡等赔偿费用的组成以及精神损失赔偿等相关规定。

(4)内容四。规定了医疗费用、误工费、护理费、交通费、住院伙食补助费、营养费、残疾赔偿金、残疾辅助器具费、丧葬费、被扶养人生活费、死亡赔偿金等费用的计算依据和方法等。

(5)内容五。规定了赔偿权利人继续请求赔偿金、赔偿义务人以定期金方式进行赔偿以及重要名词解释、施行日期等相关内容。

8.5.2 人体损伤致残程度分级

1. 修订与施行

2016年4月18日,最高人民法院、最高人民检察院、公安部、国家安全部以及司法部发布《关于发布＜人体损伤致残程度分级＞的公告》,规定该标准自2017年1月1日起施行。此前,关于道路交通事故受伤人员伤残的评定标准一直采用2002年12月1日起施行的公安部标准《道路交通事故受伤人员伤残评定》(GB 18667–2002)。为避免两个标准同时存在造成的问题,国家标准化管理委员正式发布了《关于印发强制性标准整合精简结论的通知》,其中《道路交通事故受伤人员伤残评定》正式获批废止。

在汽车保险事故中,如涉及第三者人员伤残,其伤残等级评定需参考本最新的《人体损伤致残程度分级》。

2. 主要内容

(1)范围。规定了本标准适用的范围。

(2)规范性引用文件。规定了标准必要的引用文件。

(3)术语与定义。规定了损伤和残疾的定义。

(4)总则。规定了鉴定原则、鉴定时机、伤病关系处理、致残等级划分以及判断依据等原则。

(5)致残程度分级。规定了致残程度从一级(最重)到十级(最轻)各级的伤残评定标准。

8.5.3 最高人民法院关于确定民事侵权精神损害赔偿的司法解释

1. 修订与施行

《最高人民法院关于确定民事侵权精神损害赔偿责任若干问题的解释》于2001年2月26日由最高人民法院审判委员会第1161次会议审议通过,于2001年3月10起施行,共12条。

交强险以及精神损害抚慰金附加险对于精神损害赔偿是予以支持的,因此涉及第三者或车上人员精神损害赔偿的理赔案件,需参考本解释。

2. 主要内容

(1)第一条。规定了可以请求精神损害赔偿的范围。

(2)第二条。规定了监护关系被损害请求精神损害赔偿的情况。

(3)第三条。规定了在自然人死亡后被侵权,近亲属可以请求精神损害赔偿的情况。

(4)第四条。规定了具有人格象征意义的物品被侵权,物品所有人请求精神损害赔偿的情况。

(5)第五条。规定了法人或其他组织以人格权遭受侵害为由不能获得精神损害赔偿。

(6)第六条。规定了请求精神损害赔偿的时间。

(7)第七条。规定了自然人因侵权致死或死亡后被侵权,原告的确定规则。

(8)第八条。规定了不同精神损害程度所对应的侵权人所应承担的精神损害赔偿方式。

(9)第九条。规定了精神损害抚慰金的类型。

(10)第十条。规定了确定精神损害赔偿数额的因素。

(11)第十一条。规定了受害人有过错的情况下侵权人精神损害赔偿责任的调整。

(12)第十二条。规律了本解释的法律效力。

课后案例

先行《保险法》(2015年第四次修订)刚发布不久,2015年10月14日,国务院法制办公室公布保监会《关于修改<中华人民共和国保险法>的决定(征求意见稿)》及其说明,征求社会各界意见,说明了我国对于不断完善《保险法》的决心。本次保险法修改共新增24条,删除1条,修改54条,修改后共9章208条。具体修改说明如下:

一、修改的必要性

近几年,我国保险市场快速发展,内外部环境都发生了很大变化,有必要对保险法进行修改,主要体现在以下几个方面:

一是保险业适应经济新常态,全面深化市场改革的必然要求。党的十八届三中全会作出了全面深化改革的重大决定,《国务院关于加快发展现代保险服务业的若干意见》明确了保险业要深化体制机制改革,保险立法有必要与改革决策相衔接。

二是加强保险法治建设,推进简政放权放管结合的必然要求。在国务院持续推进简政放权、放管结合的大背景下,保险监管向"放开前端、管住后端"转变,取消了一批事前审批事项,需要相应在保险法中进一步完善事中事后监管手段。

三是强化监管,加强投保人、被保险人和受益人权益保护的必然要求。当前,保险业处于高速发展时期,面临的风险因素更加复杂,而现行保险法规定的监管执法手段不够完善,市场主体违法成本过低。因此,有必要修改完善保险法,加大对违法行为的处罚力度。

二、修改的指导思想和基本原则

本次保险法修改的指导思想:深入贯彻落实党中央全面深化改革、全面依法治国的重大决定,围绕党中央、国务院部署的保险领域各项改革创新任务,通过修改保险法,进一步规范保险活动,防范市场风险,保护投保人、被保险人和受益人合法权益,加快发展现代保险服务业。

本次保险法修改遵循以下基本原则:一是充分发挥市场在资源配置中的决定性作用,优化监管,鼓励改革创新,既释放市场活力,又确保市场公平竞争和保险业可持续发展。二是贯彻推进简政放权、转变政府职能要求,放开前端管制,加强事中事后监管。三是立足保险业发展和监管实际,集中对保险业法部分进行修改,重点修改实践需求强烈、各方意见一致的内容。四是把握行业发展趋势,为改革创新预留法律空间。

三、修改的主要内容

本次保险法修改共新增24条,删除1条,修改54条,修改后共9章208条。

主要修改内容如下:

(一)放松管制,改革创新,释放市场发展动力

1. 进一步放松业务管制,扩大保险公司经营自主权。一是在人身保险业务范围中增加年金保险,在保险公司的业务范围中增加年金业务。二是拓宽保险资金运用形式,允许保险资金投资股权、保险资产管理产品和以风险管理为目的运用金融衍生品。

2. 适度放松资金管制,释放保险资本运作活力。一是取消财产保险公司自留保费限额。二是明确保险公司保证金为"资本保证金",资本保证金按照公司注册资本总额的10%提取,达到2亿元后可以不再提取。

3. 着眼长远,为保险业创新发展提供法律支持。一是规定国家建立有财政支持的巨灾保险制度。二是授权国务院保险监督管理机构就再保险、互联网保险等制定管理办法。三是增加保险业务信息安全的原则性要求,增加保险业信息共享平台的有关规定。

4. 明确协会及其他市场组织作用,发挥保险社团组织自律和服务功能。增加"保险行业协会及其他市场组织"一章,明确保险行业协会、精算师协会、保险资产管理业协会和保险中介行业协会的性质、章程和基本职责等。

(二)加强消费者保护,完善投保人、被保险人和受益人权益保护措施

1. 明确引入保险消费者概念。进一步突出保险消费者权益保护的监管导向,为保险消费者保护工作和制度建设提供法律基础。

2. 建立人身保险合同犹豫期法律制度。将业务实践中有关犹豫期约定的做法上升为法律规定,明确规定保险期间超过1年的人身保险合同应当约定犹豫期,期限不少于20日。

3. 加强个人信息保护。增加禁止保险公司及其工作人员、保险代理人、保险经纪人及其从业人员泄露、出售或者非法向他人提供投保人、被保险人的个人信息的规定。

4. 完善保险客户信息完整性的规定。增加规定保险合同内容应当包括保险人、投保人、被保险人和人身保险的受益人的联系方式。

5. 完善治理销售误导的执法依据。增加规定保险公司、保险代理人、保险经纪人及其工作人员不得对保险产品作引人误解或者与事实不符的宣传或者说明,并设定行政处罚。

6. 新增治理"理赔难"的规定。对保险公司违反法定或者合同约定期限不履行赔付义务的行为设定法律责任。

(三)科学监管,防范风险,推进保险监管现代化

1. 完善以"偿二代"为核心的偿付能力监管法律制度。一是将中国保监会自主创新的新一代偿付能力监管体系在保险法中确立下来。二是将"偿二代"核心的资本分级制

度、测算评价标准、行业资本补充机制写入保险法。三是建立偿付能力风险的市场约束机制,增加完善保险公司偿付能力不符合规定的监管处置措施。

2. 加强保险公司治理监管。一是明确保险公司治理监管的总体要求,明确保险公司治理不符合规定、情节严重的监管处置措施。二是防止不合格投资人通过收购保险公司现有股权间接入股保险公司,规避监管审核。三是规定保险公司股东及实际控制人应当配合保险监管部门的调查工作,增加保险公司股东存在虚假出资、抽逃出资及其他损害保险公司利益行为时的监管处置措施。

3. 规定重大风险处置提前介入和干预机制。增加规定:保险公司存在重大风险隐患时,国务院保险监督管理机构可以派出工作组,进行专项检查,对其划拨资金、处置资产、履行合同等经营管理重大事项进行管控。

4. 规范重大风险处置的监管权力行使。一是明确规定对保险公司采取整顿、接管措施的启动条件,细化接管组的职责权限。二是根据实际需要扩大保险保障基金使用范围。

5. 放管结合,完善保险中介监管。一是在放开代理、经纪从业人员资格考试的同时,规定中介从业人员的执业登记制度。二是规定保险公估人的定义及业务范围,授权国务院保险监督管理机构制定管理办法。三是强化中介机构事中事后监管,明确重要事项变更应当符合规定的条件、开业后自行停业连续6个月以上的撤销业务许可等事宜。

(四)落实责任,加大对保险违法行为打击力度

1. 适度调整罚款幅度,提高违法成本。参考有关法律法规,对违法行为罚款的下限和上限作了适度上调。如将现行保险法第一百七十条规定的编制或者提供虚假的报告、报表、文件、资料的罚款幅度由"10万元以上50万元以下"提高到"20万元以上100万元以下"。

2. 强化资金运用违法行为处罚措施。根据违法情形和危害程度,将资金运用违法行为分为两类:一类是未执行资金运用决策程序、风险管控等要求的行为;另一类是不具备相应投资管理能力从事资金运用业务,未按照规定的投资形式、投资范围、投资比例从事资金运用业务,以及委托不符合规定的机构从事资金运用业务的行为。对上述两类违法行为分别规定了处罚措施。

3. 增加规定应受处罚的违法情形。一是规定保险公司未按照规定建立保险代理人管理制度、未加强对保险代理人培训管理的法律责任。二是加强对保险中介机构相关行为的事后监管,对未按照规定动用保证金、未按照规定的条件分立、合并、变更组织形式或者设立分支机构的行为,增加处罚规定。三是针对保险公司及其工作人员、保险中介机构及其从业人员办理保险业务活动时的销售误导行为,增加处罚规定。

试思考:现行《保险法》(第四次修订)颁布后,我国保险市场出现了哪些新变化?后续如果《保险法》(第五次修订)正式颁布,其内容的修订将体现在哪些方面?

复习思考题

(1) 保险法的概念是什么？
(2) 我国保险法律体系与汽车保险法律体系组成有哪些？
(3) 我国汽车保险与理赔相关法律法规的主要内容是什么？

参考文献

[1] 李景芝,赵长利. 汽车保险与理赔[M]. 3版. 北京:机械工业出版社,2017.

[2] 王绪瑾. 论中国保险市场模式的选择. 中国模式与中国经济学的发展国际学术研讨会暨中国经济学教育第三届年会[C]. 北京:[出版者不详],2008.

[3] 李文昱. 论车险核保体系的建立[J]. 保险研究,2003(11):45-46.

[4] 王云鹏,鹿应荣. 车辆保险与理赔[M]. 2版. 北京:机械工业出版社,2010.

[5] 付铁军,杨学坤,常兴华,等. 汽车保险与理赔[M]. 2版. 北京:北京理工大学出版社,2008.

[6] 董国恩. 汽车保险与理赔[M]. 北京:清华大学出版社,2009.

[7] 董国恩,陈立辉,张蕾,等. 汽车保险与理赔[M]. 北京:北京理工大学出版社,2008.

[8] 隗海林,李仲兴. 汽车保险与理赔[M]. 北京:人民交通出版社,2006.

[9] 陈雪梅,胡仁喜. 汽车保险与理赔[M]. 北京:北京航空航天大学出版社,2008.

[10] 王永盛. 车险理赔查勘与定损[M]. 2版. 北京:机械工业出版社,2009.

[11] 周卫东. 保险单证精细化刍议[J]. 上海保险,2009(08):14-15.

[12] 杨芮. 商业车险改革续:新版行业示范条款公开征求意见[N]. 第一财经日报,2015-2-4.

[13] 杨世东. 我国汽车保险理赔中存在的问题及对策研究[J]. 现代经济信息,2011(9):191-194.

[14] 王霞,冯增雷,叶芳. 浅析汽车保险欺诈的调查取证思路[J]. 现代企业教育,2013(12):332.

[15] 马向东. 试论我国《保险法》四次修正对保险业的推进作用[J]. 上海保险,2015(11):39-42.

[16] 李敏. 汽车保险法律法规[M]. 北京:人民交通出版社,2005.